Zu diesem Buch

Haß, Neid, Angst, Schuldbewußtsein, Aggressivität, sexuelle Verdrängungen, Schüchternheit, Vereinsamung, Lieblosigkeit – kurz, all die Gefühle und Reaktionen, die uns vom erfüllten Leben zusammen mit anderen Menschen fernhalten und uns im engen Käfig unserer Seele abkapseln, können auch ohne Drogen und ohne Sanatoriumsbehandlung überwunden werden. Die negativen und lebensfeindlichen Kräfte müssen nur gleichsam umgepolt werden, und schon durchströmt uns jene prickelnde Lebenslust, die heute viel zu selten empfunden wird: Freude!

Der amerikanische Psychologe Dr. Schutz berichtet von den neuen, revolutionären Methoden, mit denen das «Freudenpotential» in erwachsenen Menschen reaktiviert wird. Als schöpferischer Therapeut, gestützt auf langjährige Erfahrungen in der Praxis des kollektiven Psycho-Trainings, beschreibt er die mannigfaltigen Techniken zur Auflösung, ja Entladung körperlicher Spannungszustände und damit zur Lockerung emotionaler Beklemmungen.

William C. Schutz, 1925 in Chicago geboren, studierte Psychologie an der University of California, promovierte dort 1951 und lehrte ein Jahr lang an ihrem Psychology Department; 1954 bis 1958 übernahm er einen Lehr- und Forschungsauftrag an der Harvard University; anschließend Psychologe und Dozent für Psychiatrie in Berkeley; seine Methodik der Gruppentherapie entwickelte er vor allem während der Tätigkeit am Esalen Institute, Big Sur; Berater öffentlicher und privater Organisationen in Fragen der Gruppenpsychologie; seit 1963 Direktor der Abteilung für Gruppentherapie am Albert Einstein College of Medicine an der Yeshiva University, New York.

William C. Schutz

Freude

Gruppentherapie, Sensitivitytraining, Ich-Erweiterung

Rowohlt

Die Originalausgabe erschien bei Grove Press, New York, unter dem Titel «Joy»
Aus dem Amerikanischen übertragen von Wolfram von Wilmersdorf
Umschlagentwurf Jan Buchholz und Reni Hinsch

1.–20. Tausend April 1973
21.–30. Tausend August 1973
31.–40. Tausend Mai 1974

Ungekürzte Ausgabe
Veröffentlicht im Rowohlt Taschenbuch Verlag GmbH, Reinbek bei Hamburg, April 1973

Satz Garamond (Linofilm-Super-Quick)
Gesamtherstellung Clausen & Bosse, Leck/Schleswig
Printed in Germany
ISBN 3 499 16811 1

Für Laurie, Caleb und Ethan,
die mir (fast immer!)
eine *reine Freude* sind.

Inhalt

Vorwort

Ich glaube, angefangen hat alles, als Ethan auf die Welt kam. Die Idee, über die Freude zu schreiben, hatte ich schon seit einiger Zeit mit mir herumgetragen, aber jetzt, bei seiner Geburt, nahm sie feste Gestalt an. Es war eine ganz natürliche Geburt (nach der Lamaze-Methode), und ich bin dabeigewesen. Ich sah, wie er das Licht der Welt erblickte, wie er, mit dem Kopf nach unten, ein wenig geschüttelt wurde, ein bißchen schrie, aber gleich wieder aufhörte, und wie er dann gebadet und gewikkelt wurde. Schließlich legte man ihn wohlverpackt in meine Arme.

Ich blickte ihn an. Er war ruhig und schien sehr neugierig. Er lag ganz still da und konzentrierte sich auf die ihn umgebende, neue verwirrende Welt. Augenscheinlich war er entzückt. Eine Stunde lang hielten wir ihn in den Armen, und er war ganz warm und friedlich. Ich überraschte mich dabei, wie ich ihm zu erklären versuchte, was ihn hier auf dieser Welt erwartete – und er schien aufmerksam zuzuhören. Ich mußte immer wieder daran denken, daß dies vielleicht die bedeutungsvollste Stunde seines Lebens war. Was für ein herrlicher Anfang – das Leben zu beginnen, indem man den Eltern Freude bereitet!

Die Freude hält an. Lächelt Ethan, dann lächelt jede Zelle seines Körpers, bis hinunter zu den kleinen, gekrümmten Zehen. Ist er unglücklich, so ist er es gründlich, von Kopf bis Fuß. Interessiert er sich für einen neuen Gegenstand, dann existieren nur er und dieser Gegenstand. Er faßt ihn an, steckt ihn in den Mund, schnuppert daran, legt ihn in andere Dinge, legt andere Dinge in ihn hinein, gibt ihn den Umstehenden, nimmt ihn den Umstehenden wieder weg, und er betrachtet ihn von nah und fern. Es ist beglückend, dieses völlige Versunkensein zu beobachten.

Während der ersten fünfzehn Monate seines Lebens sind seine Freuden und Vergnügungen hauptsächlich physischer Natur – er läßt sich in die Luft werfen und wieder auffangen, er läßt sich oben vom Kühlschrank in die Arme seines Vaters gleiten, läßt sich kitzeln und innig umarmen, und er mag es gern, wenn man ihn in die Wangen oder in den Popo kneift, sein Gesicht zärtlich streichelt, oder wenn er seine Bäckchen an der Wange eines anderen Menschen reiben kann. Vor allem macht er Tastversuche. Es ist ein ganz unvergleichliches Gefühl, wenn er mit seinem kleinen Finger eine Entdeckungsreise in meinem Mund unternimmt, die Zähne der Reihe nach betastet und alles mit aufmerksam-neugierigen Augen beobachtet.

Ethan ist selbst voller Freude und erfüllt seine Umgebung mit Freude. Wenn er morgens aufwacht, ist sein Sinnen und Trachten auf neue Abenteuer gerichtet. Heute ist es vielleicht ein Stück Bindfaden oder

der Knopf der Toilettenspülung, die es zu «erforschen» gibt, morgen das Telefon oder Töpfe und Pfannen, vielleicht auch – doch das verhältnismäßig selten – ein neues Spielzeug.

Ethan *ist* Freude. Alle Aspekte seines Lebens genießt er in vollen Zügen. Seine Freude überträgt sich auf die Menschen in seiner näheren Umgebung. Sie ist ansteckend.

Aber ich frage mich, ob es Ethan ebenso ergehen wird wie uns allen. Was wird aus seiner Freude werden? Bei den meisten Menschen nimmt sie im Laufe der Zeit immer mehr ab, sie wird entstellt und verstümmelt. Schuld- und Angstgefühle zehren an ihr. Irgendwie wird auch Ethans Freude nachlassen und nie wieder in vollem Glanz erstehen.

Vielleicht gelingt es uns, etwas von dieser Freude wiederzuerlangen, etwas von den körperlichen Tastfreuden wiederzugewinnen und unsere Freude mit anderen Menschen zu teilen – so wie es uns im frühen Kindesalter möglich war. Mein Buch soll in dieser Richtung einen Weg bahnen und einige Gedanken und Methoden darlegen, mit deren Hilfe man mehr Freude erlangen kann. Es ist ein Versuch, dem Leser eine Art Leitfaden für verschiedene Wege zur Freude und zur Entfaltung der im Menschen angelegten Möglichkeiten an die Hand zu geben. Die Methoden stammen aus der Psychotherapie, dem therapeutischen Training der zwischenmenschlichen Beziehungen, aus den Bereichen der Kunst – besonders der Tanzkunst und des Dramas –, der fernöstlichen Philosophie und Religion sowie der Existenzphilosophie. Nach meiner Überzeugung ist es an der Zeit, daß die meisten dieser Methoden auch den Laien zugänglich gemacht werden. Häufig gehen wir allzu vorsichtig und geheimnisvoll mit ihnen um. So könnten zum Beispiel verschiedene Methoden der Psychotherapie ohne weiteres im Alltagsleben wirkungsvoll angewandt werden, ohne daß dabei die Mitwirkung oder auch nur die Aufsicht eines Therapeuten erforderlich wäre.

Eckpfeiler dieser Methoden sind absolute Offenheit und Ehrlichkeit. Das klingt zwar recht einfach, ist es aber keineswegs. Menschen dazu zu bringen, nicht unaufrichtig zu sein, sondern offen und ehrlich, und ihre Gefühle aufrichtig zum Ausdruck zu bringen – das ist ein schwieriges und häufig riskantes, aber auch sehr lohnendes Unterfangen. Offenheit vertieft und bereichert die zwischenmenschlichen Beziehungen: sie löst Gefühle der Wärme und der menschlichen Nähe aus, wie sie uns bei unseren meisten Erlebnissen und Erfahrungen nur selten zuteil werden. Bei der Beschreibung der erwähnten Methoden wird deutlich werden, daß für die Entfaltung der im Menschen angelegten Möglichkeiten und für das Erlebnis der Freude aufrichtige zwischenmenschliche Beziehungen von grundlegender Bedeutung sind.

Das widerspricht in vielfacher Hinsicht den Gepflogenheiten unserer Kultur. Wir kennen eine ganze Anzahl von Umschreibungen für das Wort «Heuchelei», wie zum Beispiel Takt, Diplomatie und Diskretion:

Begriffe, die im öffentlichen Leben dominieren und kaum auf Widerspruch stoßen. Gelegentlich führen sie zu spektakulären Mißerfolgen. Man denke an die gegenwärtig bestehende «Glaubwürdigkeitslücke», die das Ansehen der politischen Institutionen verschleißt, oder an die Situation, die dazu geführt hat, daß die Jugend die Forderung erhebt, «die Dinge so darzustellen, wie sie wirklich sind». Nach meiner Ansicht wären größere Offenheit und Aufrichtigkeit für alle Teile erfreulicher.

Bei den hier dargelegten Methoden geht es darum, nicht nur zu reden, sondern wirklich etwas zu tun. In diesem Sinn weichen sie häufig von der mehr traditionellen Psychotherapie ab und stellen sie, wie ich glaube, vor eine Reihe wichtiger Probleme. Das Reden allein erweist sich in der Regel für das geistige Verständnis einer persönlichen Erfahrung als ausreichend; es ist jedoch weit weniger wirksam, wenn man einem Menschen helfen will, etwas wirklich zu *erfahren*, das heißt zu empfinden. Die Kombination von nichtverbalen mit verbalen Faktoren scheint ein weit wirksameres Instrument zur Entfaltung der im Menschen angelegten Möglichkeiten zu sein.

Das gegenwärtige Interesse an LSD und anderen psychedelischen Drogen zeigt einen gewissen Zusammenhang mit den Methoden, mehr Freude zu gewinnen. Die Ziele ähneln einander – das bewußte Erleben soll erweitert und intensiviert werden. Die hier beschriebenen Methoden versuchen jedoch, dieses Ziel ohne Drogen zu erreichen. Wie weit in der Praxis die Erfahrungen einander ähneln, kann ich selbst nicht beurteilen, aber Menschen, die beides ausprobiert haben, versichern, daß einige starke Ähnlichkeiten bestehen.

Zum Schluß noch einige zur Vorsicht mahnende Hinweise. Bei den im folgenden beschriebenen Erfahrungen handelt es sich in keiner Weise um Allheilmittel. Häufig wird in den angeführten Beispielen von einem bemerkenswerten Erfolg berichtet, und soweit sie nachprüfbar sind, entsprechen die Angaben den Tatsachen. Doch in der Regel werden in den Beispielen nur die erfolgreichsten Ergebnisse der jeweiligen Methode beschrieben. Daneben gibt es Fälle, in denen die gleiche Methode erfolglos blieb oder nur zu einem geringen Erfolg führte.

Aus der Tatsache, daß es keine Methode gibt, die bei allen Menschen gleich gut anschlägt, ergibt sich das Bedürfnis nach einer Vielzahl von Methoden. Steht eine ganze Skala von Möglichkeiten zur Verfügung, ist es wahrscheinlicher, daß jeder Mensch eine oder mehrere Methoden finden kann, die sich für ihn als nützlich erweisen. Hinzu kommt, daß sich jeder Mensch in einem anderen Stadium seiner psychischen Entwicklung befindet. Für den einen kann eine bestimmte Technik gerade das sein, was er braucht, um in eine neue und bessere Lebensphase hinüberzuwechseln. Bei dem anderen löst vielleicht dieselbe Technik nur eine Reihe von Ereignissen aus, die dann mit Hilfe ähnlicher Erfahrungen bewältigt werden müssen. Bei einigen Methoden ist Vorsicht geboten. Wo in diesem Buch zu solcher Vorsicht gemahnt wird, sollte diese Mahnung strikt beachtet werden, damit aus den verschiedenen Techniken der größtmögliche Nutzen gezogen werden kann.

Die Zukunft bietet ein erregendes Bild. Das Streben nach Freude ist kaum weniger erregend. Wir dürfen keine Zeit verlieren. Ohne Zögern sollten wir mit unserem Bemühen beginnen. Unsere «Kultur» greift schon nach Ethan – es sieht ganz so aus, als machten sich bei ihm bereits die ersten Anzeichen von Angst- und Schuldgefühlen bemerkbar.

1 Die Suche

Wenn *eine* Feststellung auf alle heute lebenden Menschen zutrifft, dann die, daß wir alle die in uns angelegten Möglichkeiten nicht voll ausgeschöpft haben. Es gibt zahllose verborgene Fähigkeiten, schlummernde Talente und ungenutzte Möglichkeiten, sich auszuzeichnen und sich zu freuen. Die Folgen dieses allen Menschen gemeinsamen Schicksals sind weitreichend. Häufig werden die im Menschen angelegten Möglichkeiten als unsere größte, noch unerschlossene natürliche Hilfsquelle bezeichnet. Daß unsere Freizeit ständig zunimmt, unterstreicht noch die Bedeutung dieser ungenutzten Möglichkeiten. Am wichtigsten aber ist vielleicht: die Tatsache, daß vieles ungenutzt und unausgedrückt bleibt, beraubt uns vieler Vergnügungen und Freuden im Leben, und wir werden daran gehindert, «nach den Sternen zu greifen».

Dieses Buch handelt von der Freude. Die im folgenden dargestellten Theorien und Methoden zielen darauf ab, Freude zu gewinnen. Freude ist die Empfindung, die sich einstellt, wenn die in einem Menschen angelegten Möglichkeiten Erfüllung finden. Eine solche Erfüllung gibt dem einzelnen das Gefühl, daß er seiner Umwelt gewachsen ist; er gewinnt Selbstvertrauen und fühlt sich als ein bedeutender, kompetenter, liebenswerter Mensch, der in der Lage ist, alle sich ergebenden Situationen zu meistern, von seinen Fähigkeiten uneingeschränkt Gebrauch zu machen und seine Empfindungen frei auszudrücken. Die Voraussetzungen dafür sind Gesundheit und Vitalität, innere Ausgeglichenheit, ersprießliche und zufriedenstellende Beziehungen zu den Mitmenschen und ein ausgewogenes Verhältnis zur Gesellschaft.

Der Verwirklichung solcher Möglichkeiten stehen zahlreiche Hindernisse entgegen. Die bei der Organisation von gesellschaftlichen Institutionen angewandten Methoden führen häufig dazu, daß das Schöpferische unterdrückt und die Mittelmäßigkeit zur Regel wird. Die Gesellschaft scheint gerade diejenigen menschlichen Beziehungen zu fördern, deren hervorstechendste Merkmale Heuchelei und Oberflächlichkeit sind – Beziehungen also, die zwar allgemein toleriert werden, die aber alles andere als eine Quelle von Glück und Freude sind. Die Praktiken der Kindererziehung, die sexuellen Verhaltensweisen, ein Großteil der religiösen Dogmen, die Einstellung zum materiellen Erfolg – das alles macht es für den einzelnen schwer, sich selbst richtig kennenzulernen, sich selbst zu schätzen, mit den eigenen Empfindungen und Wunschregungen vertraut zu werden und zu lernen, wie man sich selbst verwirklichen und daraus Freude gewinnen kann.

Auch unser Körper kann uns hindern, Freude zu entfalten. Eine schlechte physische Verfassung, ein physisches Trauma oder psychische

Probleme (die wiederum körperliche Schmerzen, Schwäche oder Mißbildungen auslösen können) schränken die Möglichkeiten der Selbstverwirklichung ein. Ein schmerzgeplagter, müder, abgestumpfter Körper ist nicht in der Lage, sich voll zur Geltung zu bringen und als Gefäß für jene Empfindungen zu dienen, die eine unerläßliche Voraussetzung für die größtmögliche Erfüllung des Einzelmenschen sind.

In den vergangenen Jahrzehnten haben viele Forscher Theorien und Methoden zur Entfaltung der dem Menschen gegebenen Möglichkeiten ausgearbeitet. Bisher ist es zwar nicht gelungen, die einzelnen Theorien in einer einheitlichen Methode zusammenzufassen, doch jede von ihnen setzt sich mit *einem* entscheidenden Aspekt des Problems auseinander. Von den gesellschaftlichen Organisationen bis zu den zwischenmenschlichen Beziehungen, von der körperlichen Gesundheit bis zu den schöpferischen Fähigkeiten reichen die Aspekte, mit denen sich die Forscher befassen, um die Entfaltung der im Menschen angelegten Möglichkeiten zu fördern.

Diese verschiedenen Methoden miteinander in Einklang zu bringen, wurde bisher nur selten versucht, doch sind wir in zunehmendem Maße darauf angewiesen. Das am 28. Juni 1966 von der Zeitschrift *Look* herausgegebene Sonderheft über Kalifornien war ein bemerkenswerter journalistischer Versuch, das Wesen der um die menschlichen Möglichkeiten bemühten Bewegung darzustellen; man konzentrierte sich dabei auf jenen Staat der USA, in dem auf diesem Gebiet bisher die regste Aktivität zu verzeichnen war. Mit diesem Buch erhält der Leser die Möglichkeit, die Methoden richtig einzuordnen und sie zu begreifen; daneben bietet es eine Beschreibung der verschiedensten Techniken.

Das philosophische Prinzip, das dem Bemühen um die im Menschen angelegten Möglichkeiten zugrunde liegt, ist das der Offenheit und Aufrichtigkeit. Ein Mensch muß bereit und willens sein, sich selbst zu kennen und sich auch anderen gegenüber zu öffnen. Er muß seine Empfindungen erforschen und zum Ausdruck bringen, und er darf auch die Erkundung lange schlummernder, vielleicht sogar schmerzlicher Bereiche nicht scheuen; dabei sollte er darauf vertrauen, daß auf weite Sicht hin das Schmerzliche abfallen und den Weg freigeben wird für die Entfaltung schöpferischer und Freude auslösender Kräfte. Hier eröffnen sich zugleich bedrückende und heiter-freudige Aspekte. Nicht selten wird man unterwegs von Pein und Marter befallen, aber am Ziel wird man meist durch eine rauschhafte Freude belohnt.

Um die Bereiche erforschen zu können, die bei der Entfaltung der im Menschen liegenden Möglichkeiten eine Rolle spielen, ist es nützlich zu wissen, wie ein Mensch beschaffen ist, der die ihm gegebenen Möglichkeiten voll entfaltet hat, oder sagen wir, der sich selbst verwirklicht hat. Welches sind die Hemmnisse, die einer solchen Verwirklichung entgegenwirken können? Und welche Methoden lassen sich zur Überwindung dieser Hemmnisse entwickeln? Der Mensch ist ein biologisches, ein psychisches und ein soziales Wesen, und seine Freude wird aus eben diesen Quellen gespeist.

Zunächst einmal ist der Mensch ein biologischer Organismus. Die ersten Hemmnisse ergeben sich infolgedessen aus seiner physischen Struktur. Ist ein Mensch kränklich und schwächlich, besitzt er nur wenig Energie, oder sind die Lebensfunktionen bei ihm gestört, dann besteht kaum die Möglichkeit, daß er wirklich «funktioniert». Der erste «Verwirklichungs»-Bereich ist also die physische Struktur. Körperliche Freude rührt allerdings nicht einfach von einem athletisch gebauten Körper her, sondern von einem Körper, der ohne unnötige Anstrengung reibungslos und selbstverständlich funktioniert – einem Körper, in dem sich die Gelenke locker bewegen, die Muskeln Spannkraft besitzen, das Blut die Adern kräftig durchpulst, der Atem frei und tief geht, der Verdauungstrakt störungsfrei arbeitet, die Sexualorgane leistungsfähig und das Nervensystem einwandfrei funktioniert. Dieser Bereich wird im 2. Kapitel («Der Körper») erörtert.

Freude kann auch die volle Entfaltung der persönlichen Fähigkeiten auslösen. Die Wirksamkeit der einzelnen Körperteile läßt sich durch gezieltes Training erhöhen und erweitern. Auch die Sinne lassen sich durch Übung schärfen, so zum Beispiel der Geruchssinn und das Sehvermögen. Bei den Muskeln kann man Kraft und Ausdauer erhöhen. Das Bewußtsein der Sinne kann so geweckt werden, daß sich ein verstärktes Empfindungsvermögen für alle Körpergefühle und natürlichen Vorgänge herausbildet. Die Kontrolle der Bewegungen kann so weit vervollkommnet werden, daß sich daraus die Entwicklung rein mechanischer und kunsthandwerklicher Fähigkeiten sowie eine größere körperliche Gewandtheit und ein besseres Zusammenwirken der Muskeln ergeben, Das Nervensystem läßt sich dadurch stärken, daß man es intensiv studiert und entsprechende Kenntnisse und Erfahrungen erlangt. Logisches Denken und die schöpferischen Möglichkeiten lassen sich fördern und fruchtbar machen. Auch die den Emotionen zugrunde liegenden körperlichen Funktionen lassen sich weiterentwickeln. Durch Training läßt sich erreichen, daß man sich der eigenen Emotionen bewußt wird und für die eigenen Empfindungen (und ihre Beziehung zu anderen Funktionen wie Denken und Handeln) eine angemessene Ausdrucksform findet. Dieser Bereich wird im 3. Kapitel («Die Entfaltung der Persönlichkeit») erörtert.

Der Mensch, den wir uns hier vorstellen, besitzt also einen harmonisch funktionierenden Körper, und er hat seine persönlichen Fähigkeiten voll entwickelt. Soll er sich weiter entfalten, muß er in der Lage sein, mit anderen Menschen Beziehungen zu unterhalten, um ein Höchstmaß an Freude zu gewinnen. Da unsere Kultur auf der Basis der Gemeinschaft aufbaut, bedeutet das, er muß sich so verhalten, daß die wechselseitigen Beziehungen mit anderen Menschen für alle Beteiligten förderlich sind. Es ist ziemlich schwierig, Methoden für ersprießliche Beziehungen zu anderen Menschen darzulegen, doch haben einige Autoren praktikable Lösungen für dieses Problem vorgeschlagen. Ich will mich hier auf eine These stützen, die ich bereits in einer früher erschienenen Veröffentlichung[1*] aufgestellt habe.

Diese Theorie geht davon aus, daß unsere wechselseitigen Beziehungen zu anderen Menschen von drei Bedürfnissen beherrscht werden: *Zugehörigkeit, Steuerung* und *Zuneigung*. Freude an den zwischenmenschlichen Beziehungen erleben wir dann, wenn es uns gelingt, auf jedem dieser Gebiete ein befriedigendes, flexibles Verhältnis zwischen uns und anderen herzustellen. Bei der *Zugehörigkeit* handelt es sich um das Bedürfnis, sowohl mit anderen Menschen zusammen als auch allein zu sein. Das Bestreben geht dahin, genügend Kontakt zu den Mitmenschen zu haben, um nicht zu vereinsamen und um sich an der Gegenwart anderer zu freuen; andererseits will man aber auch oft genug allein sein, um eine allzu enge Verstrickung zu vermeiden und sich an der Einsamkeit zu freuen. Der Mensch, der sich selbst verwirklicht hat, kann sich sowohl allein als auch zusammen mit anderen Menschen wohl fühlen und Freude empfinden, und er weiß sehr wohl, in welchem Ausmaß – und wann – ihm beides am besten bekommt. Bei der *Steuerung* geht das Bestreben dahin, genügend Einfluß auszuüben, um so die eigene Zukunft in einem günstig erscheinenden Maße mitbestimmen zu können, andererseits aber auch so viel Einfluß preiszugeben, daß man in der Lage ist, sich von anderen belehren, unterstützen und zuweilen ein gewisses Maß an Verantwortung abnehmen zu lassen. Der Mensch, der sich selbst verwirklicht hat, ist imstande, je nach Lage der Dinge zu führen oder zu folgen, und er weiß genau, was ihm jeweils am zuträglichsten ist. Bei der *Zuneigung* geht es darum, zu vermeiden, daß man durch eine allzu starke innere Beteiligung in emotionale Schwierigkeiten gerät, aber auch darum, zu vermeiden, daß man zu wenig Zuneigung gibt und empfängt und ein ödes, steriles Leben führt – ohne Liebe, Wärme, Zärtlichkeit und ohne einen Menschen, dem man sich anvertrauen kann. Der Mensch, der sich selbst verwirklicht hat, ist sich seiner Bedürfnisse bewußt und bewährt sich nicht nur in Situationen, die eine starke innere Beteiligung verlangen, sondern auch in Situationen von geringerer emotionaler Intensität. Wie in den beiden anderen Bereichen ist er auch hier fähig, in ausgewogener Weise zu geben und zu nehmen und dadurch Freude zu empfinden. Diese «zwischenmenschlichen Beziehungen» werden im 4. Kapitel erörtert.

Um uns von dem Menschen, der sich selbst verwirklicht hat, ein vollständiges Bild zu machen, müssen wir uns noch mit einem letzten

* Anmerkungen Seite 185 f.

Bereich befassen. Nehmen wir also an, er befindet sich in ausgezeichneter körperlicher Verfassung, hat seine persönlichen Fähigkeiten entwikkelt und unterhält die denkbar besten Beziehungen zu seinen Mitmenschen. Nun lebt und wirkt er aber auch in der Gesellschaft, und ohne die Mitwirkung dieser Gesellschaft ist eine vollständige Entwicklung nicht möglich. Ist die Gesellschaft repressiv, kann er sich nicht voll entfalten. Haben die gesellschaftlichen Einrichtungen destruktiven Charakter, hemmen sie seine Entwicklung. Wirkt das Familienleben einengend, ist die Arbeit menschenunwürdig, sind die Gesetze demütigend, sind die geltenden Normen unerträglich, bilden Bigotterie und Vorurteile die Grundlage des gesellschaftlichen Lebens, dann gerät der Mensch bei seiner Selbstverwirklichung in große Schwierigkeiten. Im gesellschaftlichen Bereich ist Freude nur dann möglich, wenn Gesellschaft und Kultur die Selbstverwirklichung unterstützen und fördern. Versuche auf dieser Ebene werden im 5. Kapitel («Beziehungen im gesellschaftlichen Bereich») erörtert.

Das ist also der Rahmen, in dem wir uns bewegen werden. Freude entfaltet sich in den Bereichen der physischen Struktur, der persönlichen Fähigkeiten, der zwischenmenschlichen Beziehungen und der Beziehungen innerhalb der Gesellschaft. Freude ist das Gefühl, das sich einstellt, wenn der Mensch alles das verwirklicht, was *ihm* an Möglichkeiten gegeben ist: intensiv zu empfinden, innerlich frei und aufrichtig zu sein, sich selbst auszudrücken, alles zu tun, was er zu tun imstande ist, und ersprießliche Beziehungen zu anderen Menschen und zur Gesellschaft zu haben.

Wie gewinnt man Freude? Unglücklicherweise muß ein wesentlicher Teil der Bemühungen darauf gerichtet werden, etwas zu ändern oder etwas zu überwinden. Schuld- und Schamgefühle, Verlegenheit oder Angst vor Strafe, Mißerfolg, Erfolg und Vergeltung – all das muß überwunden werden. Hindernisse, die einer Selbstbefreiung im Wege stehen, müssen gemeistert werden. Zerstörerische und hemmende Verhaltensweisen, Gedanken und Empfindungen müssen geändert werden. Talente und Fähigkeiten müssen entwickelt und geschult werden. Das klingt beängstigend, doch besteht durchaus Grund zu Optimismus. Auf allen Gebieten wird heute gründlich gearbeitet. Im folgenden werden wir diese Gebiete im einzelnen erörtern und einige der aufregenden Methoden beschreiben, mit deren Hilfe man heute versucht, die im Menschen angelegten Möglichkeiten zu verwirklichen.

In der Mehrzahl stammen diese Methoden nicht von mir, sondern ich habe sie von anderen übernommen. Eines jedoch ist ihnen allen gemeinsam: ich habe sie selbst ausprobiert, ich habe sie in allen Fällen bei der Behandlung anderer Menschen angewandt, und sie haben sich als außerordentlich wirksam erwiesen. Die meisten kann auch jeder Laie anwenden, der daran interessiert ist, sich selbst, seine Beziehungen zu anderen Menschen, seine Beziehungen zur Gesellschaft und seine eigenen schöpferischen Möglichkeiten zu erforschen. In einigen Fällen ist die Aufsicht eines Therapeuten erforderlich. Wo das der Fall ist, wird ausdrücklich darauf hingewiesen.

Die meisten hier zur Erläuterung der einzelnen Techniken angeführten Beispiele stammen aus dem Bereich der «Kontaktgruppen» (*encounter groups*)[2]. Eine solche Kontaktgruppe besteht im allgemeinen aus etwa sechs bis zwölf Personen, die mit dem erklärten Ziel zusammenkommen, sich bei der Entwicklung ihrer Persönlichkeit gegenseitig zu fördern. Die Mitglieder einer solchen Gruppe sind gewöhnlich nicht im eigentlichen Sinn des Wortes psychisch «krank», das heißt, sie leiden nicht an einer Psychose oder an einer schweren Neurose. Es sind meist ganz normale Menschen und normale Neurotiker, wie sie die Mehrzahl unserer Bevölkerung ausmachen.

Die Kontaktgruppe handelt nicht nach einem vorher festgelegten Plan, vielmehr konzentriert sie ihre Aufmerksamkeit auf die Empfindungen und die wechselseitige Beeinflussung der Gruppenmitglieder untereinander. Der Prozeß der Entwicklung der Persönlichkeit beginnt mit der Erforschung der Empfindungen innerhalb der Gruppe und setzt sich dann in einer von den Gruppenmitgliedern selbst zu bestimmenden Richtung weiter fort. Besonderer Wert wird darauf gelegt, für den gegenseitigen Austausch eine Atmosphäre der Offenheit und Aufrichtigkeit zu schaffen. In der Regel entwickelt sich bald ein starkes Gefühl der Gruppensolidarität, und die einzelnen Gruppenmitglieder sind dann in der Lage, sich gegenseitig stark zu fördern.

Als Leiter einer solchen Gruppe fungiert im allgemeinen ein Sozialwissenschaftler mit einer speziellen Ausbildung in der Leitung von Kontaktgruppen. Oft verfügt er auch über einige Erfahrung in der Gruppentherapie. Die Aufgabe dieses Leiters besteht darin, alles Erforderliche zu tun, um den Gruppenmitgliedern dabei zu helfen, daß sie die von ihnen angestrebten Ziele erreichen; er kann schweigen, bekräftigen, herausfordern, informieren, unnachgiebig, aufhellend, liebevoll, aggressiv oder einsichtsvoll agieren – je nachdem, was seiner Meinung nach die Gruppe fördert. Natürlich verhalten sich die Gruppenleiter entsprechend ihrer Persönlichkeit sehr unterschiedlich. Bei den Gruppen, aus denen die angeführten Beispiele stammen, habe ich als Gruppenleiter fungiert, und wenn von «Bill» oder – in einem Fall – von «Dr. Schutz» die Rede ist, so bezieht sich das auf mich in dieser Eigenschaft.

Kontaktgruppen werden in den USA häufig im Rahmen sogenannter *«laboratories»* oder *«workshops»* arrangiert, wo mehrere Gruppen gleichzeitig arbeiten, von denen allerdings jede ihren eigenen Leiter hat.[3] Diese Arbeitsweise bietet zusätzlich die Möglichkeit, die einzelnen Gruppen aufeinander einwirken zu lassen, und sie trägt ferner dazu bei, ein Gemeinschaftsgefühl zu wecken, das sehr förderlich sein kann. In der Regel dauern solche Gruppenzusammenkünfte ein bis zwei Wochen. In einigen der später angeführten Beispiele wird auf solche *«laboratories»* oder *«workshops»* ausdrücklich Bezug genommen.

Meist bezeichnet man Gruppen dieser Art als «T-Gruppe» (T steht für Training) oder als «Reaktionstrainingsgruppe». Im allgemeinen werden diese Bezeichnungen als Synonyme für den Begriff «Kontaktgruppe» verwendet. Wenn es überhaupt einen Unterschied gibt, mag er darin bestehen, daß der Begriff «T-Gruppe», ursprünglich von den *National Training Laboratories* verwendet, sich auf eine Reihe verschiedener Gruppenarten bezieht, zu denen auch solche gehören, deren Arbeit mehr auf Dynamik im institutionellen Bereich hinzielt. Dem Begriff «Kontaktgruppe» begegnet man vornehmlich an der amerikanischen Westküste, und er bezieht sich in der Regel ganz speziell auf Gruppen, die auf eine individuelle Entwicklung und Entfaltung der Persönlichkeit hinarbeiten. Die Bezeichnung «Reaktionstraining» wird für die Tätigkeit beider Gruppen-Arten verwendet.

Wir wollen mit unserer Suche auf der fundamentalen biologischen Ebene beginnen: beim Körper.

2 Der Körper

Der Einfluß der Funktionsweise des Körpers auf seelische Zustände wurde lange Zeit fast völlig ignoriert. Heute jedoch wird er in zunehmendem Maße erkannt und bei der Persönlichkeitsbildung ausgewertet. Eine geradezu faszinierende Entdeckung ist die Ergiebigkeit bestimmter sprachlicher Wendungen, die zur Beschreibung seelischer Zustände und Verhaltensweisen nahezu wörtlich Begriffe übernehmen, die gemeinhin zur Beschreibung körperlicher Zustände und Funktionen verwendet werden. Dieses «Übertragen» im Bereich der Sprache hat sich im hohen Maße auf gewisse Methoden zur Bewältigung physischer Zustände ausgewirkt. So besteht zum Beispiel eine Methode, mit der man einem Menschen dazu verhilft, ein durch andere ausgelöstes Gefühl der Immobilität auszudrücken und zu überwinden, einfach darin, daß man ihn in einen dichten Kreis von Menschen stellt und ihn dann auffordert, den Versuch zu machen, physisch aus diesem Kreis auszubrechen. Die Methode basiert darauf, daß man bei ihm die psychische Empfindung der Immobilität in das Erlebnis einer physischen Immobilität umwandelt und ihm Gelegenheit gibt, die nach seiner Meinung unlösbaren Fesseln aufzubrechen ... Aber damit eilen wir den Dingen weit voraus.

Daß der enge Zusammenhang zwischen psychischen und physischen Faktoren allgemein erkannt wird, zeigt sich in den idiomatischen Wendungen, die sich im gesellschaftlichen Zusammenleben entwickelt haben. Empfindungen und Verhaltensweisen werden mit Begriffen aus den Bereichen der einzelnen Körperteile, der Körpergebärden und der Körperfunktionen ausgedrückt. Die folgende, keineswegs vollständige Liste enthält eine Anzahl der allgemein gebräuchlichen Begriffe und Redewendungen, in denen Verhaltensweisen und Empfindungen mit Begriffen aus dem körperlichen Bereich beschrieben werden:

den Kopf verlieren
Kopf hoch!
ein saures Gesicht machen
das Gesicht wahren
doppelgesichtig
die Stirn bieten
bis zum Kinn (Hals) in etwas stecken
bis über beide Ohren verliebt
die Ohren steif halten
sich die Haare raufen
haarsträubend

Haare auf den Zähnen haben
die Zähne zusammenbeißen
mit den Zähnen knirschen
nicht in jemandes Haut stecken mögen
den Hals (das Genick) umdrehen
ein Schlag ins Genick (Gesicht)
die Nase rümpfen
sich an die eigene Nase fassen
einen guten Riecher haben
die Nase in alles stecken
etwas hinter die Ohren schreiben
ein geneigtes (offenes) Ohr finden
auf den Magen schlagen
mit hängendem (knurrendem) Magen
blutenden Herzens
gebrochenen Herzens
herzlos
zu offenherzig sein
sein Herz verlieren
frei von der Leber weg reden
Gift und Galle speien
seinem Ärger Luft machen
mit erhobenen Augenbrauen
im Schweiße des Angesichts
ein Dorn im Auge sein
Augenwischerei
ins Auge fallen
ins Auge gehen
große Augen machen
Großmaul
die andere Wange hinhalten
mit den Achseln (Schultern) zucken
(kein) Rückgrat haben
den Buckel hinunterrutschen
in die Arme nehmen
auf den Arm nehmen
mit offenen Armen
sich aus den Fingern saugen
den Finger auf eine offene Wunde legen
auf die Finger klopfen
die Daumen drücken
mit der Faust auf den Tisch hauen
die Hand reichen
mit Herz und Hand

mit vollen Händen
aus den Händen gleiten
Ellbogenfreiheit
sich ein Bein ausreißen
mit beiden Beinen auf der Erde stehen
mit dem falschen Bein zuerst aufstehen
mit zitternden (schlotternden) Knien
mit weichen Knien
übers Knie brechen
auf eigenen Füßen stehen
bis in die Zehenspitzen hinein
keine Nerven haben
Nerven wie Stricke haben
auf die Nerven gehen (fallen)
unter die Haut gehen
aus der Haut fahren
mit Haut und Haar
eine dünne Haut haben
in Berührung bleiben
etwas abschütteln
sich ausschleimen
Schiß haben
es juckt mich, etwas zu tun
das kratzt mich nicht

Der Tatsache, daß im Alltag die engen Zusammenhänge zwischen physischen und geistig-seelischen Zuständen erkannt werden, entspricht die ständig wachsende Anzahl theoretischer Schriften, in denen diese Zusammenhänge und die Art und Weise, wie sie sich entwickeln und manifestieren, beschrieben werden.

Die psychosomatische Medizin vertritt seit geraumer Zeit nachdrücklich die Auffassung, daß psychische Zustände sich auf das körperliche Befinden auswirken. In jüngster Zeit ist man zu der Auffassung gekommen, daß sich umgekehrt auch die Körperstruktur und die Physiologie auf die Gefühlszustände auswirken – eine Anschauung, die man als «somatopsychisch» bezeichnet. Psychische Einstellungen beeinflussen die Haltung und die Funktionsweise des Körpers, und die so geprägte Körperstruktur übt wiederum einen nachhaltigen Einfluß auf die Empfindungen aus. In ihrem einer neuen Methode zugrunde liegenden theoretischen Werk schreibt Ida Rolf[1] darüber:

«Ein Mensch, der vorübergehend Angst, Kummer oder Zorn empfindet, legt häufig eine Körperhaltung an den Tag, die von seiner Umgebung als die äußere Manifestation der betreffenden Emotion erkannt wird. Verharrt er in dieser Dramatisierung seiner Empfindungen oder kehrt er jeweils zu ihr zurück, entsteht das, was man gewöhnlich als ‹Verhaltensmuster› bezeichnet, und die Muskelstruktur nimmt eine entsprechende Form an. Einige Muskeln verkürzen und verdicken sich, in andere dringt Bindegewebe ein, und wieder andere werden durch die Verhärtung des Gewebes immobilisiert. Sobald das eingetreten ist, bleibt die körperliche Haltung unverändert: sie wird jetzt unfreiwillig eingenommen und kann nicht mehr grundlegend geändert werden – weder willensmäßig noch auf Grund einer entsprechenden geistigen Bereitschaft. Eine solche physische Reaktion begründet zugleich ein psychisches Verhaltensmuster. Da ein freier Bewegungsfluß im Körper nicht mehr möglich ist, wird auch die subjektive psychische Spannkraft in zunehmendem Maß eingeschränkt und zeigt die Tendenz, in einem reduzierten, engumgrenzten Bereich zu verharren. Der Mensch ist jetzt nicht mehr zu einer echten Empfindung fähig, zu einer Reaktion auf eine Augenblickssituation, sondern er lebt, bewegt sich und existiert von nun an in einer fixierten Haltung.»

Ida Rolf schildert sodann im einzelnen die nachteiligen Folgen, die sich aus einem Zustand körperlicher Unausgeglichenheit für das physische und psychische Wohlbefinden ergeben können:

«Der Mensch, dessen hervorstechender Charakterzug die Angst ist, wird dies mit Sicherheit auch in der Haltung seines Kopfes, seines Nakkens, seiner Schultern und seines Brustkorbs ausdrücken. Sein defensives, gezwungenes Verhalten macht sich sowohl in einer physischen als auch in einer psychischen Spannung bemerkbar. Natürlich gibt es viele Arten von mangelnder Zusammenarbeit im körperlichen Bereich. So kann zum Beispiel das Zusammenwirken des sympathischen und des parasympathischen Nervensystems gestört sein, das für die Aufrechterhaltung einer guten Verdauung unerläßlich ist. Spannungen und Unregelmäßigkeiten im Brustkorb können sich als Asthma manifestieren oder sogar als Störung der normalen Herzfunktionen. Hält man den Kopf nicht aufrecht, sondern neigt ihn ständig nach vorn, führt das zu einer schiefen Nackenhaltung, die sich weder aus freien Stücken noch durch den strikten Befehl: ‹Kopf hoch!› ändern läßt. Die sich daraus ergebenden Symptome reichen von ständig wiederkehrenden Kopfschmerzen bis zu einer Schulterbursitis (Schleimbeutelentzündung). Auch können verschiedene Funktionen des viszeralen Bereichs durch eine Kontraktion des Vagus (des zehnten Gehirnnervs) beeinträchtigt werden.»

Ida Rolf schildert dann, inwiefern nicht nur ein psychisches, sondern auch ein physisches Trauma – Unfälle in der Kindheit, Sportunfälle usw. – eine Störung der körperlichen Ausgeglichenheit hervorrufen kann. Derartige Unfälle führen zu einer Reihe körperlicher Kompensationen, die physische Behinderungen und Verzerrungen sowie ein Gefühl der Schwäche oder der Labilität im Körper auslösen können, das sich dann seinerseits auf geistige und seelische Zustände überträgt.

Was aber ist ein «normaler» Körper? Wie ist er beschaffen, wenn er richtig «funktioniert»? Ida Rolf hat eine sehr präzise Vorstellung vom idealen Endresultat ihrer Arbeit; sie basiert auf der menschlichen Entwicklung, auf einer gründlichen Kenntnis der Anatomie und der Physiologie des Körpers und auf ihrer langjährigen Erfahrung mit körperlichem Training. Was den «normalen» Körper angeht, so will sie folgende Ergebnisse erzielen: 1. Jede Bewegung wird mit einem Minimum an Energieaufwand vollzogen. 2. Eine Bewegung kann nach jeder beliebigen Richtung hin mit einem Maximum an Gelöstheit und Schnelligkeit ausgeführt werden. 3. Eine Bewegung kann jederzeit und überall mit einem Minimum an vorausgehender körperlicher Vorbereitung erfolgen. 4. Der Körperbau ist der geeignetsten funktionellen Position der inneren Organe und des Nervensystems angemessen; mit anderen Worten, die Organe sind nicht zusammengedrängt oder ungestützt. 5. Die einzelnen Körperteile erfahren ein Minimum an natürlicher Abnutzung. Sind diese Kriterien einmal erfüllt, hat der Körper ein längeres Leben, ist physisch gesünder, besitzt mehr Energie und Ausdauer, reagiert rascher und ist angemessener Empfindungen fähig.

Alexander Lowen, ein Psychiater, dessen Interesse vor allem der Integration physischer und psychischer Zustände gilt, legt besonderen Nachdruck auf die Feststellung, daß alle neurotischen Probleme sich in der Struktur und in der Arbeitsweise des Körpers manifestieren. Diese These impliziert, daß man – bei entsprechendem Training in der Beobachtungsweise – über einen Menschen vieles aussagen kann, wenn man ihn nur genau betrachtet. Lowen beschreibt diese Zusammenhänge sehr überzeugend:[2]

«Es gibt kein neurotisches Problem, das sich nicht in jeder Funktionsart des einzelnen Menschen manifestiert ... Da wir unsere Persönlichkeit beziehungsweise unseren Charakter bei jeder Handlung und in jeder Haltung zum Ausdruck bringen, ist es durchaus möglich, bestimmte Charakterzüge auf Grund so verschiedener Ausdrucksformen wie Handschrift, Gang usw. zu bestimmen ... Am wichtigsten ist jedoch das physische Erscheinungsbild des Menschen im Ruhezustand und in der Bewegung. Keine Sprache ist so klar und deutlich wie die Sprache der Körpergebärde. Man muß nur lernen, sie zu lesen und zu deuten ... Die Beine und die Füße sind das Fundament und die Stütze der Persönlichkeitsstruktur. Aber sie haben noch andere Funktionen. Mit Hilfe unserer Beine und unserer Füße halten wir den Kontakt zu der einzigen unveränderlichen Realität in unserem Leben: dem Erdboden. Wir sagen von manchen Menschen, sie stehen ‹mit beiden Beinen auf der Erde› und wollen damit ausdrücken: sie haben ein sicheres Gefühl für die Realitäten des Lebens. Im Gegensatz dazu sagt man von jemandem, dem es an Wirklichkeitssinn mangelt, ‹er schwebt in den Wolken› ...

Der Mangel an Kontakt zu den eigenen Füßen und zum Erdboden hängt eng mit einem anderen weitverbreiteten Symptom zusammen, der ‹Fallangst›. Dieses Symptom manifestiert sich in Träumen, in denen man zu fallen meint, in der Höhenangst und in der Furcht, sich zu verlieben (*to fall in love*). Besteht eine fundamentale Unsicherheit in den unteren Körperpartien, gleicht der Mensch sie dadurch aus, daß er sich mit Armen und Augen an die objektive Realität klammert. Alle Formen der ‹Fallangst› sind Ausdrücke der Furcht, die Kontrolle über das Ich zu verlieren.

Wenden wir unsere Aufmerksamkeit zunächst der Körperhaltung des Menschen zu. Hält er sich gerade, hat er einen Hohlrücken oder eine krumme Haltung? ... Ruht das Körpergewicht unmittelbar auf den Fersen, kann man im Stehen durch einen kleinen Stoß (*push*) nach rückwärts leicht aus dem Gleichgewicht gebracht werden. Im Englischen bezeichnet man jemanden, bei dem dies zutrifft, als *pushover* (eine Anspielung auf Mangel an Standfestigkeit in der direkten und übertragenen Bedeutung des Wortes). Auf Mädchen angewandt, bezieht sich dieser Ausdruck eindeutig auf den sexuellen Bereich. Eine Patientin beklagte sich bei mir darüber, daß sie sexuell aggressivem Verhalten von Männern keinen Widerstand entgegensetzen könne. Ich beobachtete, daß sie die Angewohnheit hatte, sich im Stehen auf den Fersen hin und her zu wiegen. Man sagt von solchen Mädchen, sie haben ‹runde Fersen›.

... Da die Wirbelsäule ein für die Körperstruktur wesentliches Element ist, muß sich eine Mißbildung an ihr auch in einer ernsthaften Störung der Persönlichkeitsstruktur spiegeln. Ein Mensch mit einem Hohlrücken kann nicht das gleiche starke Selbstgefühl haben wie ein Mensch mit geradem Rücken. Andererseits vermittelt zwar die Festigkeit des Rückgrats ein Gefühl der Stärke, aber sie vermindert auch zugleich die Flexibilität.

[Einen zentralen Platz bei diesen Betrachtungen nehmen die Atemfunktionen ein.] Wir achten darauf, ob die Brust geschwellt und starr erscheint oder ob sie natürlich und entspannt ist. Eine geschwellte Brust ist die untrügliche Begleiterscheinung eines aufgeblasenen Ichs. Man erinnert sich unwillkürlich an die Fabel vom Frosch, der sich bis zur Größe eines Bullen aufblasen wollte. Andererseits spricht eine lockere Brusthaltung zwar für ein stärkeres Empfindungsvermögen, braucht jedoch nicht unbedingt ein Zeichen guter Gesundheit zu sein ... [Erstrebenswert ist eine entspannte Haltung, bei der in der Atembewegung die Einheit von Brust, Zwerchfell und Bauchpartie zum Ausdruck kommt.]

Die Stellung und das Bewegungsvermögen der Schultern sind für die Funktionen der Persönlichkeit ebenso bedeutungsvoll wie die Beine und das Becken für die sexuellen Funktionen. Verschiedene Verhaltensweisen lassen sich leicht an ihnen ablesen. Zurückgezogene Schultern deuten auf unterdrückten Zorn, auf einen im Zaum gehaltenen aggressiven Impuls hin; hochgezogene Schultern stehen mit Angstgefühlen im Zusammenhang; breite und stämmige Schultern sind Ausdruck mannhafter Bereitschaft, Verantwortung auf sich zu nehmen; gebeugte Schultern vermitteln den Eindruck einer drückenden Last, einer schweren Bürde, die nur mit großer Anstrengung getragen werden kann.

Mitunter sieht man einen breitschultrigen Mann mit schmalen Hüften und dünnen, schwächlich wirkenden Beinen. Man hat fast das Gefühl, alle Energie habe sich in der oberen Körperhälfte konzentriert und die unteren Partien seien kraftlos. In der Praxis stellen wir fest, daß sich mit dem Stärkerwerden der Beine und der Zunahme der sexuellen Potenz gleichzeitig die Schultern senken, die Brust schmaler wird und das Gravitationszentrum sich ein erhebliches Stück nach unten verlagert... Die Muskeln der oberen Körperpartien sind von den Funktionen der Stützung und der Bewegung des Körpers befreit. Sie sollen lokken, entspannt und ständig bewegungsbereit sein.

Die Kopfhaltung steht in direktem Zusammenhang mit der Qualität und Kraft der Persönlichkeit. Wir kennen den langen, stolzen Hals und den kurzen, stiernackigen Hals, die beide Ausdruck vertrauter Geisteshaltungen sind.

Wenn wir den Gesichtsausdruck als ein Maß für den Charakter und die Persönlichkeit des Menschen studieren, befinden wir uns in einem noch vertrauteren Bezirk... Unsere Aufmerksamkeit sollte sich in erster Linie auf die Augen richten... sicherlich nicht ohne Grund bezeichnet man die Augen als den ‹Spiegel der Seele›...

Manche Augen glänzen und funkeln, manche leuchten wie Sterne, andere sind matt und glanzlos, und viele sind leer und ausdruckslos. Natürlich ändert sich der Ausdruck in den Augen. Deshalb suchen wir nach dem typischen Blick. Manche Augen sind traurig, andere zornig; manche sind kalt und hart, andere mild und gewinnend.

Nicht selten finden wir in ein und demselben Gesicht zwei kontrastierende Ausdrucksformen. So kann zum Beispiel der Blick schwach und in sich gekehrt wirken, während die Kinnpartie stark und hervorstechend ist. Oder die Kinnpartie wirkt schwach, während der Blick stark ist. Sind die Muskeln der Kinnbacken unverhältnismäßig stark entwikkelt, wird der Energiefluß zu den Augen hin blockiert. Die Kinnpartie ist eine mobile Struktur, die in ihren Bewegungen Ähnlichkeit mit der Beckenpartie aufweist... Viele Ausdruckselemente stehen in enger Beziehung zur Haltung der Kinnpartie. Springt sie vor, drückt sie zunächst Entschlossenheit aus; bei weiterem Vorspringen nimmt sie einen kämpferischen Ausdruck an, und ein extremes Vorspringen – wie etwa bei Mussolini – läßt sich eindeutig als Trotzhaltung interpretieren...

Von noch größerer Bedeutung sind die unbewußten Ausdruckselemente, die sich so stark in den Gesichtsausdruck eingeprägt haben, daß wir sie ganz selbstverständlich als Teil der Persönlichkeit werten. Ich kannte einen Professor, dessen Augenbrauen ständig so hochgezogen waren, daß sich ein Ausdruck der Überraschung und des Erstaunens in seine Stirn gegraben hatte. Niemand, am wenigsten der Professor selbst, schenkte diesem Umstand die geringste Aufmerksamkeit. Zieht man die Augenbrauen kräftig hoch, stellt sich normalerweise ein geradezu beunruhigender Ausdruck der Überraschung und des Erstaunens ein. Wie kommt es, daß sich der Professor seines Gesichtsausdrucks nicht bewußt war? Wir müssen daraus schließen, daß man einen bestimmten Ausdruck, sobald er sich fest in die Gesichtszüge eingeprägt hat, nicht mehr bewußt wahrnimmt. Ähnlich wie alte Kleidungsstücke werden diese Ausdrucksformen so sehr zu einem Bestandteil unseres Ichs, daß wir uns ihrer nur dann bewußt werden, wenn sie einmal fehlen. Eine weitverbreitete Ausdrucksform, die wir als selbstverständlich hinnehmen, ist die Geste des Abscheus, die durch Hochziehen der Nasenflügel entsteht. Gewiß haben Sie auch schon Menschen gesehen, deren Gesicht ständig einen leidenden Zug hat. Empfinden diese Menschen wirklich Schmerz? Ganz ohne Zweifel. Eine tiefenpsychologische Analyse würde deutlich machen, daß sich in den hier erwähnten Ausdrucksformen unterdrückte Empfindungen spiegeln – Überraschung, Abscheu oder Schmerz.»

Lowen geht also den spezifischen Zusammenhängen zwischen seelischen Zuständen und ihren körperlichen Manifestationen nach. Diese Zusammenhänge erscheinen einem, wird man einmal im einzelnen darauf hingewiesen, durchaus plausibel, und es ergeben sich daraus weitreichende Folgerungen.

In engem Zusammenhang mit dieser Betrachtungsweise – angewandt auf ein spezielles Gebiet – stehen die Bemühungen um eine «natürliche Geburt», insbesondere die Lamaze-Methode[3]. Diese Methode basiert darauf, daß die bei den Wehen und der Geburt auftretenden Schmerzen weitgehend ausgeschaltet werden, indem man die Gedanken und Empfindungen der Mutter entsprechend konditioniert; auf diese Weise wird ein sehr schmerzhaftes Erlebnis (bei dem die Mutter gegen ihren Körper ankämpft) in ein ekstatisches Erlebnis verwandelt (bei dem die Mutter sich in Harmonie mit den natürlichen Bewegungsabläufen ihres Körpers befindet und so die natürliche Funktionsweise steigert). Hier haben wir ein hervorragendes Beispiel dafür, wie man im Gleichklang mit der Körperstruktur mehr Freude gewinnen kann.

Aus diesen mehr allgemeinen Überlegungen über die Beziehungen zwischen Gedanken und Empfindungen einerseits und dem Körper andererseits hat man verschiedene Methoden und Techniken entwickelt. Die Rolf-Methode beginnt mit physischen Manipulationen des

Körpers mit Hilfe der Hände und Ellbogen; auf diese Weise sollen chronisch verkrampfte, kontrahierte Muskeln und die sie überziehenden Muskelbänder entspannt und wieder in die richtige Lage gebracht werden; zugleich soll dadurch ihre natürliche Länge und Flexibilität wiederhergestellt werden. Als nächster Schritt wird versucht, allen Gelenken des Körpers zu einer maximalen Bewegungsfähigkeit zu verhelfen, um so «die permanente Wandlung der Persönlichkeit, sowohl im physischen als auch im psychischen Bereich, also eine strukturelle Integration» zu bewirken.

Eine verwandte Methode, die sich in Europa entwickelt hat, ist die Bindegewebsmassage, die ebenfalls darauf hinzielt, Spannungen und Verkrampfungen in den Muskeln zu lösen. Zwar ist die physische Manipulation selbst nicht so tiefgreifend, aber die Methode basiert auf ähnlichen Prinzipien[4]. Das Ziel der Rolf-Methode ist jedoch die «Integration» des Körpers, während die Bindegewebsmassage mehr der Entkrampfung dient.

Hat man die Körperstruktur so abgestimmt, daß sie voll funktionsfähig ist, ist das keineswegs schon eine Garantie dafür, daß sie nun auch wirklich richtig funktioniert. Blockieren psychische Hemmungen ein angemessenes Funktionieren, dann liegen die entsprechenden körperlichen Systeme auch weiterhin brach und fallen unter Umständen nach und nach wieder in den von Funktionsstörungen gekennzeichneten Zustand zurück. Hat beispielsweise die ständige Besorgnis um ein richtiges Funktionieren der Sexualorgane bei einem Menschen zu chronisch verkrampften und kontrahierten Muskeln im Genitalbereich geführt – mit der damit verbundenen Fettanhäufung an den Hüften und an den Oberschenkeln sowie einer gewissen Immobilität des Beckens –, läßt sich durch eine strukturelle Änderung, zum Beispiel mit Hilfe der Rolf-Methode, erreichen, daß die Immobilität des Beckens aufgehoben, die Muskeln entspannt und die Fettpolster reduziert werden, so daß die ganze Körperpartie wieder ihre natürliche Bewegungsfreiheit erhält. Eine solche physische Lockerung trägt häufig auch zur Beseitigung der Angstzustände bei. Bleibt jedoch ein sexueller Schuldkomplex zurück, dann werden bei der Bewegung der Beckenpartie nach wie vor starke Angstgefühle aufkommen, und das Becken wird auch weiterhin immobil bleiben, obschon es seine volle Bewegungsfreiheit wiedererlangt hat. Für einen Autofahrer, der Angst hat, mehr als 50 Stundenkilometer zu fahren, hat ein Auto, mit dem man 100 Stundenkilometer fahren kann, wenig Sinn. Für eine dauerhafte Änderung ist eine Integration der psychischen Elemente und der physischen Struktur erforderlich.

Bei Lowens therapeutischer Methode kommt es vor allem darauf an, die physische Arbeit am Körper mit der auf geistiges Verständnis ausgerichteten analytischen Arbeit zu verbinden. So kann zum Beispiel jemand seinen Eltern feindselig gegenübergestanden und das Bedürfnis gehabt haben, ihnen etwas anzutun, aber Schuld- und Angstgefühle mögen ihn daran gehindert haben, diesem Zorn unmittelbar Ausdruck zu verleihen. Die willentliche Unterdrückung dieses Bedürfnisses mag eine Kontraktion der Schulter- und Armmuskeln und eine Versteifung der Nackenpartie ausgelöst haben – eine Kombination, die zu einer vorgebeugten Kopfhaltung, zu einer Schulterbursitis und sogar zu einer Arthritis führen kann. Lowens Methode besteht nun darin, daß er die Empfindungen des Menschen psychoanalytisch interpretiert und ihn zugleich physisch auf irgend etwas losschlagen läßt, zum Beispiel auf eine Couch. Während der Patient auf die Couch losschlägt, fordert Lowen ihn auf, seine zornigen Empfindungen zu intensivieren und mit entsprechenden Worten herauszuschreien. Häufig brechen sich die Empfindungen tatsächlich Bahn, die aufgestaute Wut macht sich Luft, und der Patient hämmert bis zur Erschöpfung auf die Couch ein. Das fördert Begebenheiten aus der Kindheit, die für die Analyse wichtig sind, zutage, und weitere «Übungen» führen schließlich eine Entkrampfung der Schulter- und Nackenmuskeln herbei. Wesentlich ist, daß nicht nur die Muskeln entspannt sind, sondern daß auch die psychische Ursache für die Verkrampfung bewältigt ist und in Zukunft kaum noch eine Bedrohung für die physische Struktur darstellen wird.

Obwohl bisher noch keine Versuche in dieser Richtung unternommen wurden, glaube ich, daß eine Verbindung der Methoden von Ida Rolf und A. Lowen recht erfolgversprechend sein müßte. Eine Kombination dieser beiden Verfahren müßte unserem idealen Menschen zu einem gut funktionierenden Organismus und einem Selbstverständnis verhelfen, so daß er in der Lage wäre, auf unangemessene Körpergefühle in der richtigen Weise zu reagieren. Sein größeres Selbstverständnis würde ihn, geriete er in Schwierigkeiten, zu geeigneten Korrekturmaßnahmen anspornen.

Im folgenden werden einige spezifische Techniken beschrieben, die auf Arbeit an der Körperstruktur hinzielen, um die im Menschen angelegten Möglichkeiten freizusetzen. Wie bereits erwähnt, stammen die Beispiele aus den Erfahrungen, die der Autor als Leiter verschiedenartiger Gruppen gewonnen hat. Es handelte sich dabei um Psychotherapie-Gruppen, die sich teils aus Krankenhauspatienten zusammensetzten, teils aus Menschen, die zur Lösung ihrer neurotischen Probleme zusammengekommen waren. In der überwiegenden Zahl waren es «Kontaktgruppen».

Körperliche Entspannung

Wann: Die Art und Weise, wie ein Mensch sich hält, drückt seine Gefühlslage aus, seine Vergangenheit und seine jeweilige Bereitschaft, mit anderen Menschen Kontakt zu pflegen. Zurückliegende Erlebnisse haben zu gewohnheitsmäßigen Körperhaltungen geführt, die solche

Kontakte erleichtern oder erschweren; erstrecken sich die Erlebnisse auf einen längeren Zeitraum, dann sind die entsprechenden Körperhaltungen infolge chronischer Muskelspannungen oder anderer struktureller Veränderungen meist von längerer Dauer. Einige dieser Blockierungen im physischen Bereich lassen sich sofort mit Erfolg behandeln, andere, die tiefer sitzen, bedürfen einer längeren Behandlung.

Wie: Um einem Menschen durch Änderung seiner Körperhaltung eine Wandlung seiner Persönlichkeit zu ermöglichen, lassen sich mehrere Methoden anwenden.

Oft sitzen Menschen in einer Gruppe mit fest verschränkten Armen bzw. steif übereinandergeschlagenen Beinen da. Begleiterscheinungen dieser Haltung sind häufig Spannungen im Kopf und im Nacken sowie kurzes Atmen. In einer solchen Haltung manifestiert sich meist ein unbewußter Widerstand dagegen, von einem anderen Menschen «erreicht» zu werden. Die betreffende Person errichtet sozusagen eine Mauer, um sich gegen alle etwaigen Anstürme abzuschirmen. Meist ist es sehr schwierig, mit einem in dieser Haltung verharrenden Menschen Kontakt aufzunehmen, denn er läßt sich nur schwer «durchdringen».

Eine Technik zur Bewältigung einer solchen Situation besteht darin, daß man den Betreffenden auffordert, sich «aufzuschließen», das heißt, die Verschränkung seiner Arme und seiner Beine zu lösen und tief durchzuatmen. Sehr häufig bringt ihn bereits diese geringfügige Korrektur der Körperhaltung der Gruppe näher und erleichtert es anderen, mit ihm Kontakt aufzunehmen.

Bei vielen Menschen tritt eine Verkrampfung so häufig ein, daß sie sich dieses Zustands gar nicht mehr bewußt werden. Natürlich schmälert jede Verkrampfung die Möglichkeit freien und tiefen Erlebens. Diese Situation läßt sich mit einer ganz einfachen Methode beheben: man fordert alle Anwesenden auf, langsam im Kreis herumzugehen und den Versuch zu machen, sich so entspannt wie möglich zu fühlen. Dann fordert man sie auf, alle Muskeln nach und nach anzuspannen; man beginnt mit Gesicht und Nacken, geht dann über zu den Schultern, der Brust, den Armen, den Händen, der Bauch- und Beckenpartie, den Oberschenkeln, den Unterschenkeln, bis zu den Füßen und schließlich den Zehen. Die Anspannung soll bis zu einem möglichst hohen Grad intensiviert werden. Dann läßt man die Teilnehmer ihre Muskeln langsam wieder entspannen, beginnend bei den Zehen und dann weiter, Schritt für Schritt, bis schließlich auch der Kopf wieder entspannt ist. Die Prozedur kann nach Bedarf wiederholt werden. Manchen Menschen bringt sie große Erleichterung; einige versetzt sie in die Lage, das Ausmaß ihrer Verkrampfung zu erkennen und verhilft ihnen auf diese Weise zu einem Mittel, ihre Verkrampfung in Zukunft allein zu lösen.

Verschiedene Probleme aus der Zeit der frühen Kindheit haben Beklemmungsgefühle in den oberen Atemwegen sowie zu kurzes Atmen und eine «gepreßte» Stimme zur Folge. Oft werden diese Erscheinungen von Hustenreiz begleitet, gelegentlich auch von Asthma. Meist sind Zustände dieser Art die Folge eines unterdrückten Verlangens, einen der Elternteile anzuschreien. Aus Angst vor Vergeltung oder Entzug der elterlichen Liebe oder aus einem Schuldgefühl heraus wurde der Schrei nie ausgestoßen, aber die Stimme hat ihren charakteristischen gedämpften und gepreßten Klang bekommen. In der Regel kann man sich nicht erinnern, jemals mit erhobener Stimme gesprochen zu haben.

Eine Methode zur Bewältigung dieser Situation besteht darin, daß man den Betreffenden veranlaßt, so laut wie nur irgend möglich zu schreien und das immer wieder und mit ständig zunehmender Lautstärke zu tun. Ist er dazu wirklich imstande, kann dies dramatische Auswirkungen haben. Er kann in einen Weinkrampf oder in einen Wutanfall ausbrechen, oder aber er fühlt eine große Erleichterung und Entspannung. Ist es ihm nicht möglich, im Beisein anderer zu schreien, sollte er wenigstens versuchen, es in der Badewanne zu tun oder wenn er im Wagen auf der Autobahn dahinrast.

Um die Wirkungsweise solcher Methoden noch präziser darzulegen, sollen hier zwei bisher nicht erwähnte Techniken – zur Verbesserung des Atmens und zur Befreiung von aggressiven Impulsen – im einzelnen beschrieben werden.

Streckübungen

Wann: Nach den somatopsychischen Anschauungen von Ida Rolf kommt es häufig vor, daß eine Verkrampfung des Brustkorbs das Atmen beeinträchtigt oder verhindert, daß Empfindungen den Körper durchströmen, und verantwortlich ist für ein allgemeines Gefühl der Beengtheit, der Beklemmung sowie für einen Mangel an Vitalität und/oder Beweglichkeit. Auch in solchen Fällen helfen physische Maßnahmen.

Wie: Es gibt zwei Möglichkeiten, die Muskeln, die den Brustkorb und die Lunge umgeben, mit Hilfe von Streckübungen wieder auf ihre natürliche Länge zu bringen und so die Atmung zu normalisieren. Der Körper läßt sich entweder nach oben hin oder nach der Seite hin strekken. Bei der Aufwärtsstreckung stehen zwei Personen Rücken an Rükken, die Arme hoch über den Kopf hinaus ausgestreckt, die Hände fest miteinander verbunden. Der «Strecker» geht leicht in die Knie, um dafür zu sorgen, daß sich sein Kreuz etwa in gleicher Höhe wie das Gesäß seines Partners befindet. Dann beugt er sich langsam nach vorn, bis sein Rücken ungefähr parallel zum Boden verläuft, und hebt dabei den Partner vom Boden hoch. Der Partner entspannt sich und atmet tief durch den Mund, wobei er die Luft kräftig einsaugt und wieder ausstößt.

Hat sich dieser Vorgang rhythmisch eingespielt, dann beugt sich der Strecker während des Einatmens nach vorn, und richtet sich während des Ausatmens ein wenig auf; so fördert er das tiefe Atmen. Das wird so lange wiederholt, wie der Partner es aushält. Dann nimmt der Strecker langsam wieder seine aufrechte Ausgangsposition ein. Je weiter die chronische Muskelverkrampfung in der Brustpartie des Partners fortgeschritten ist, um so schmerzhafter ist für ihn diese Übung und um so kürzer kann er vermutlich durchhalten. Diese Streckübung wirkt sich in erster Linie auf die Muskeln unterhalb der Schultern und in der Bauchpartie aus.

Auch bei der Seitwärtsstreckung stehen die beiden Partner Rücken an Rücken, doch werden die Arme jetzt seitwärts gerade ausgestreckt und die Finger miteinander verschlungen. Der Strecker placiert sein Gesäß unmittelbar unter dem Gesäß seines Partners und beugt sich dann langsam vorwärts, bis sein Oberkörper parallel zum Boden verläuft. Der Partner entspannt sich und atmet tief durch, wobei der die Luft kräftig einsaugt und wieder ausstößt. Im gleichen Rhythmus zieht der Strecker die Arme beim Einatmen hinunter, zum Boden hin, und läßt sie beim Ausatmen wieder nach oben zurückgleiten, um so das tiefe Atmen zu fördern. Will der Partner aufhören, nimmt der Strecker langsam wieder seine aufrechte Ausgangsposition ein. Diese Übung führt vor allem zu einer Entspannung der Muskeln in der Brustpartie.

Nach diesen beiden Streckübungen geht in der Regel der Atem des Partners tiefer. Er hat das Gefühl, sein Brustkorb sei weiter und lockerer geworden. Seine Gesichtsfarbe ist gesünder, und sein Körpergefühl ist intensiver.

Vorsichtsmaßregeln: Hat der Partner einmal ein Rückenleiden gehabt oder gar einen Bandscheibenschaden, oder ist er in irgendeiner Weise besorgt, ob sein Rücken die Strapaze aushalten wird, sollte man von dieser Übung absehen. Der Strecker sollte auf keinen Fall sehr viel weniger wiegen als sein Partner, obwohl der Rücken eine erstaunliche Tragfähigkeit besitzt. Ich habe erlebt, daß ein Mann von nur 185 Pfund ohne weiteres einen Partner von 270 Pfund auf den Rücken nahm, doch sollte man solche Diskrepanzen vermeiden. Frauen von durchschnittlicher Größe sollten in der Regel nur Frauen zu Streckübungen auf den Rükken nehmen.

Beispiel: Zu Johns größten Problemen gehörten Schuld- und Angstgefühle. Sie hinderten ihn daran, sein Bestes zu geben. Er brachte es nie über sich, bei irgendeinem Wettstreit zu gewinnen – auch wenn seine Fähigkeiten dazu ausgereicht hätten. In jeder Wettbewerbssituation versuchte er es so einzurichten, daß es keinen Verlierer gab. Das führte natürlich dazu, daß er nur selten alle seine Fähigkeiten einsetzte und auf diesem Gebiet in immer neue Konflikte geriet. Dieser Charakterzug zeigte sich auf dramatische Weise, als er in einer «Kontaktgruppe» gegen einen anderen Teilnehmer zum «Schieben» antreten mußte (eine Prozedur, bei der zwei Menschen gegenseitig ihre Hände umklammern und jeder versucht, den anderen nach rückwärts zu schieben – siehe Kapitel 4, Seite 137). Der Wettstreit endete unentschieden, obwohl die Gruppenteilnehmer – Johns Gegner eingeschlossen – deutlich erkannten, daß John der stärkere war. Die Gruppe war verärgert über John, weil er seinen Gegner sichtlich geschont und nicht alle Kräfte gegen ihn aufgeboten hatte. John blieb nichts anderes übrig, als sich für diese Unhöflichkeit zu entschuldigen und die anderen zu bitten, ihm deswegen nicht böse zu sein. Er gestand dabei ein, er habe Angst vor seiner eigenen Kraft und Aggressivität.

Nach mehreren Zusammenkünften äußerte John den lebhaften Wunsch, von den Schuldgefühlen und der Verantwortlichkeit befreit zu werden, die so schwer auf ihm lasteten. Während er sprach, saß er mit gesenktem Kopf und eingezogenen Schultern da, seine Arme hingen locker zwischen den Beinen herab, und er sah in der Tat so aus, als habe er eine ungeheure Last zu tragen. Es schien genau der richtige Zeitpunkt, ihm physisch etwas von dieser Last abzunehmen. Also mußte er zur Streckübung antreten, und zwar obwohl zur Aufwärtsstreckung als auch zur Seitwärtsstreckung. Danach hellte sein Gesicht sich auf, seine Reaktion war ungläubiges Staunen darüber, um wieviel leichter er sich jetzt fühlte, und er war dem «Strecker» dankbar, daß er ihm geholfen hatte, seine Last zu tragen.

Bald darauf äußerte John den Wunsch, erneut zu einem «Schiebematch» gegen seinen ehemaligen Partner anzutreten. Diesmal setzte sich John von Anfang an voll ein; er schob seinen Gegner quer durch den Raum und wieder zurück, bis der Partner schließlich aufgab. John fühlte sich heiter und gelöst. Er hatte seine ganze Kraft aufgeboten, ohne Furcht, als Gewinner aus dem Wettkampf hervorzugehen, und sein Gegner hatte dabei keinen Schaden genommen. Im Gegenteil, dieser Gegner brachte ihm jetzt mehr Sympathie entgegen, und das gleiche galt für die gesamte Gruppe. Um einen lebendigeren Eindruck von diesem Vorgang (und späteren Beispielen) vermitteln zu können, habe ich mehrere Gruppenteilnehmer gebeten, über den Fall so, wie sie ihn erlebten, schriftlich zu berichten.

Es folgt Johns Bericht über das, was geschehen war.

Johns Bericht: Als ich aufgefordert wurde, gegen Fred zum Schiebematch anzutreten, wollte ich zwar selbst nicht verlieren, aber ich wollte auch nicht, daß er verliert. Ich wußte, was es bedeutet, zu verlieren, und ich wollte ihm das nicht antun. Deshalb zog ich in Gedanken genau in der Mitte des Raumes eine Linie: bis dahin wollte ich ihn schieben, kein Stück weiter. Die Reaktion der Gruppe auf mein Verhalten verwirrte mich, und ich war sehr niedergeschlagen. Sogar Fred, dem ich ja eigentlich einen Gefallen hatte tun wollen, kritisierte mich. Ann war die lautstärkste von allen. (Außerhalb der Gruppe waren Fred und ich, was Rendezvous mit Ann belangt, Rivalen, und auch dabei hatte ich klein beigegeben.) Ich fühlte mich im Stich gelassen. Ich kam mir vor wie eine Art römischer Gladiator, der aufgefordert worden war, vor der Volksmenge eine Schau abzuziehen, und jetzt, nachdem ich keinen Erfolg gehabt hatte, wandten sich alle gegen mich und hielten die Daumen nach unten. Sie kamen mir geradezu blutrünstig vor und ekelten mich an. Aber ich stand allein da, und ich war auf ihr Wohlwollen angewiesen.

An diesem Abend sah ich in Gedanken ständig vor mir, wie ich meinen Gegner weiter und weiter zurückschob, und wie es mir leichter und leichter fiel und mir mehr und mehr Spaß machte, bis ich ihn schließlich durch das Fenster am anderen Ende des Raumes hinausstieß. Dann sah ich ihn in Gedanken immer wieder blutüberströmt und elend zugerichtet draußen auf der Veranda liegen ...

An diesem Nachmittag wurde ich gefragt, um welchen Preis ich meine Last hergeben würde. Ich sagte, ich würde sie gratis abgeben, aber niemand schien sie mir um diesen Preis abnehmen zu wollen. Die anderen versuchten, mir die Last von den Schultern zu rollen, aber irgendwie war es doch nur eine Spielerei. Dann schlugen Sie mir die Streckübung vor, um festzustellen, ob ich mich noch gerade aufrichten konnte, nachdem ich die Last solange getragen hatte. Das war wichtig für mich. Erstens, Sie haben sich um mich gekümmert, und zweitens, Sie haben mich berührt. Beides erschien mir damals außerordentlich wichtig. Nach der Streckübung war meine erste Reaktion, daß ich wahrnahm, wie wichtig es der Gruppe war, daß diese Übung bei mir einen Erfolg gehabt hatte. Es war allerdings nur eine ziemlich flüchtige Reaktion, denn plötzlich wurde mir bewußt, daß die Übung wirklich geholfen hatte. Ich hatte das berauschende Gefühl, plötzlich sechsmal so groß zu sein wie bisher. Mein Kopf schien irgendwo in den Wolken zu schweben, und ich mußte gewissermaßen von oben auf die anderen Gruppenmitglieder herabschauen. Diese sehr seltsame Empfindung hielt noch einige Zeit lang an.

Danach fühlte ich mich verpflichtet, etwas für die anderen zu tun. Sie waren über mein Verhalten beim Schiebematch so enttäuscht gewesen, daß ich dachte, ich könnte meine Skrupel vielleicht hinreichend überwinden, um das Match zu wiederholen – besonders, wenn ich Fred dabei nicht auf das Fenster zu, sondern zum Kamin hin schob. Die Zeit für unsere Zusammenkunft war schon fast abgelaufen. Jemand machte die Bemerkung, Schuhe böten einen leichten Vorteil – also zog ich meine Schuhe aus. Ich schob, und Fred schob. Nach einer Weile wich er zurück. Ich schob kräftiger, und er wich noch rascher zurück. Ich wußte, daß ich gewann, und hatte ein gutes Gefühl dabei, und ich drückte ihn fest gegen die Wand. Dort war allerdings eine Lampe im Wege, und ich hörte es krachen. Im gleichen Augenblick war ich entsetzt darüber, was ich getan hatte. In meiner Vorstellung sah ich bereits große Glassplitter von der zerbrochenen Lampe aus Freds Rücken herausragen und Ströme von Blut herunterrinnen. Aber in Wirklichkeit war die Lampe gar nicht zerbrochen, und kein Tropfen Blut war zu sehen. Nur der Lampenschirm war ein wenig eingebeult. Fred dankte mir rasch, die Zeit war abgelaufen, und wir alle brachen auf. Ich war nicht ganz sicher, ob die anderen nun mit mir zufrieden waren oder nicht. Ich hatte eine neue Verhaltensweise ausprobiert, aber es war mir nicht klar, ob mir das etwas nutzte oder nicht. Und ebensowenig wußte ich, ob sich der Vorgang in irgendeine Beziehung zur Außenwelt bringen ließ oder nicht.

Ich fühle mich immer noch ein bißchen gehemmt, wenn ich von meinen Fähigkeiten Gebrauch mache, aus Furcht, dies könnte mich anderen Menschen entfremden. Das gilt besonders für das Verhalten an meinem Arbeitsplatz, aber ich bin jetzt bereit, ein größeres Risiko einzugehen.

Ich möchte noch etwas sagen, das für Sie nützlich sein kann, wenn Sie all dies in eine Art System bringen wollen. Genau wie Sie und wahrscheinlich auch viele andere Menschen habe ich immer eine direkte Beziehung zur Umwelt gesucht. Ich erinnere mich lebhaft, daß mein Vater mich, als ich noch ein Kind war, niemals hochhob und in die Arme nahm oder mich auch nur berührte. Nur wenn ich mir große Mühe gab und erhebliche Opfer auf mich nahm, hat er überhaupt von mir Notiz genommen. Die eigentliche Wirkung der Streckübung bestand für mich, glaube ich, darin, daß man von mir Notiz genommen, mich berührt und mich vom Boden aufgehoben hat.

Was geschehen war: Die Streckübungen schienen John auf zweifache Weise zu befreien. Physisch fühlte er sich danach tatsächlich freier: er konnte wieder frei atmen, und er fühlte nicht mehr eine Bürde auf seiner Schulter lasten. Empfindungen begannen seinen ganzen Körper zu durchströmen. Im Bereich der zwischenmenschlichen Beziehungen erhielt er die Gewißheit, daß es jemanden gab, der bereit war, ihm seine Last abzunehmen. Diese Erfahrung half John später dabei, einige der Ursachen für Empfindungen, die aus seinen Kindheitsbeziehungen stammte, zu erforschen, und diese Erkundung trug wiederum dazu bei, sein neues Lebensgefühl und seine neue Verhaltensweise zu stabilisieren.

Die Umwandlung der psychischen Empfindung, daß man Hilfe braucht, in den physischen Akt des tätigen Helfens ist nichts anderes als eine praktische Anwendung der Theorien von A. Lowen und Ida Rolf, die auf den engen Zusammenhang zwischen Physischem und Psychischem nachdrücklich hinweisen. Bei der Umwandlung in eine den Körper einbeziehende Erfahrung enthält jede Empfindung einen wesentlich höheren Sinn. Dieses Grundprinzip gilt für viele der in diesem Buch beschriebenen Methoden.

Wir wollen uns nun der Umwandlung aggressiver bzw. feindseliger Empfindungen in eine den Körper einbeziehende Erfahrung zuwenden.

Schlagen

Wann: In dem Kulturbereich, in dem wir leben, ist es sehr schwierig, sich feindseliger und aggressiver Empfindungen bewußt zu werden und ihnen Ausdruck zu verleihen. Oft werden feindselige Empfindungen schon im frühesten Kindesalter durch Erziehung unterdrückt, und nach einigen Jahren ist es für einen Menschen schwierig, sich solcher Empfindungen, wenn sie tatsächlich existieren, auch nur bewußt zu werden. Die geltenden Normen, Furcht vor Vergeltung, Verlegenheit oder Angst vor den eigenen Impulsen hindern uns daran, unsere feindseligen Empfindungen zum Ausdruck zu bringen. Führt ein Erlebnis dazu, daß ein Mensch sich mit seinen aggressiven Empfindungen auseinandersetzt und sie in produktiver Weise ausdrückt, so kann das zu einer Klärung und Eliminierung solcher Empfindungen beitragen.

Wie: Es gibt mehrere Möglichkeiten, Zorn und Aggressivität körperlich zum Ausdruck zu bringen. Dazu gehören zum Beispiel das In-die-Luft-Schlagen, das Auswringen eines nassen Handtuchs und das Schattenboxen. Die wirkungsvollste Methode besteht wohl darin, daß man auf eine Couch oder auf ein Kissen einschlägt. Je mehr der ganze Körper dabei beteiligt ist, um so nachhaltiger und wirkungsvoller ist gewöhnlich die Erfahrung. Mit anderen Worten: ein Boxhieb, bei dem nur die Arme und die Rückenmuskeln beteiligt sind, ist bei weitem nicht so befriedigend wie ein Faustschlag, der mit der Wucht des ganzen Körpers ausgeführt wird. Um die Beteiligung des ganzen Körpers zu erreichen, fordert man die betreffende Person auf, sich vor eine Couch zu stellen; die Zehen sind dabei leicht nach innen gerichtet und der Abstand zwischen den Beinen beträgt etwa 30 Zentimeter. Die Arme werden hoch über den Kopf hinaus ausgestreckt und dann nach rückwärts geneigt. Der Körper wird ebenfalls bogenförmig zurückgenommen, der Unterkiefer wird vorgestreckt, und das Gesicht nimmt einen zornigen Ausdruck an. Die nach rückwärts geneigten ausgestreckten Arme haben die natürliche Tendenz, wieder nach vorn zu schnellen. Die betreffende Person «macht diese Bewegung mit» und läßt beide Arme auf die Couch niedersausen; beim Heruntergehen beugt sie die Knie, so daß die Bewegung aus dem ganzen Körper heraus erfolgt. Das Gefühl des Zorns läßt sich noch dadurch steigern, daß die Hiebe mit Knurrlauten, Schreien oder Schimpfwörtern begleitet werden. Diese Aktion wird so lange fortgesetzt, bis der Betreffende erschöpft ist.

Bei dieser Übung hat es – ebenso wie bei verschiedenen anderen in diesem Buch beschriebenen Übungen – zunächst den Anschein, als handle es sich um eine unechte und gekünstelte Aktion; setzt man sie jedoch fort, nimmt sie gewöhnlich bald einen durchaus realen Charakter an. Um die Empfindungen wirklich zu erleben, ist es entscheidend, die Übung trotz des anfänglichen Gefühls der Gekünsteltheit fortzusetzen.

Bei Menschen, die große Angst vor ihrer eigenen Aggressivität haben, erweist sich oft eine zusätzliche Übung als nützlich. Solche Menschen halten mit ihren Empfindungen häufig deshalb zurück, weil sie fürchten, sie könnten die Kontrolle über ihre Zornimpulse verlieren und sich zu Zerstörung, ja sogar zu einem Totschlag hinreißen lassen. In solchen Fällen ist es für die Betreffenden meist besser, wenn sie, statt unter großem Kräfteaufwand in dieser prekären Situation zu verharren, ihren Zorn unter Aufsicht und Beistand – beispielsweise im Rahmen einer Kontaktgruppe – auslassen und sich dann bemühen, diese Empfindung unter Kontrolle zu bringen. Das geschieht am besten folgendermaßen: Zunächst läßt man einen solchen Menschen in der beschriebenen Weise auf die Couch einschlagen, bis er erschöpft ist. Das verhilft ihm oft zu der Erkenntnis, daß sein Zorn nicht ganz so schrekkenerregend ist, wie er selbst ihn sich vorgestellt hatte. Dann wird der Akteur aufgefordert, die gleiche Ausgangsposition einzunehmen wie zuvor – mit dem Ausdruck des Zorns im Gesicht, dem vorgestreckten Kinn und den erhobenen Armen –, nun aber die Empfindung und die Aktion in dieser Position zu stoppen und den Schlag nicht auszuführen. Diese Übung wird mehrmals wiederholt, und jedesmal wird die Aktion gestoppt, bis der Impuls loszuschlagen ausbleibt. Das ist zuweilen recht schwierig, und in der Regel wird der Betreffende die ersten Male wie unter einem Zwang zuschlagen. Bei entsprechender Ausdauer wird es ihm jedoch meist gelingen, seinen Willen aus eigenem Antrieb unter Kontrolle zu bringen. Diese Erfahrung kann eine sehr ermutigende Wirkung haben, die oft durch eine darauffolgende Diskussion noch erhöht wird. Hat der Betreffende die Erfahrung gemacht, daß er durchaus imstande ist, seine Impulse bewußt zu steuern, dann ist er meist auch viel eher dazu bereit, über seine aggressiven Impulse zu diskutieren. Solche Gespräche können dazu beitragen, lange aufgestaute Spannungen abzubauen.

Manchmal mag sich eine andere Variante der Übung als hilfreich erweisen. Wird deutlich, daß die aggressiven Impulse sich in den Schlägen auf das Kissen nicht entladen, fordert man die betreffende Person auf, jemanden in der Gruppe auszuwählen, gegen den sie eine Abneigung hegt. Dieses Gruppenmitglied wird aufgefordert, sich ein Kissen vor die Brust zu halten, auf das der Betreffende nun einschlägt. Manchmal löst das Vorhandensein eines wirklichen «Opfers» intensivere Empfindungen aus.

Vorsichtsmaßregeln: Herzkranke oder sonst körperlich behinderte Menschen sollten auf diese Übung verzichten, da die konzentrierte Anstrengung ihnen schaden könnte. Die Kissen bzw. die Couch sollten zwar aus festem Material sein, aber eine weiche Oberfläche haben, damit Handverletzungen vermieden werden.

Beispiel: Toms Unfähigkeit, einigen seiner feindseligen Empfindungen Ausdruck zu verleihen, hatte ihm innerhalb der Gruppe eine gewisse Unbeweglichkeit eingetragen. Hier folgt sein eigener Bericht.

Toms Bericht: Ich hatte ständig das Gefühl, außerhalb der Gruppe zu stehen. Die anderen aber hielten zusammen – manche sogar überaus intensiv. Ich hatte das Gefühl, mich innerlich «festgefahren» zu haben. Ich hatte das dringende Bedürfnis, von der Gruppe akzeptiert zu werden und die innere Bremse zu lockern.

Ich begann über die Gefühle zu sprechen, die ich meinen Eltern und meiner Frau gegenüber empfand, und darüber, wie schwer es mir immer gefallen ist, meine Gefühle gegenüber anderen, besonders gegenüber mir nahestehenden Menschen zum Ausdruck zu bringen. Ich wollte das in einer Art Spiel mit verteilten Rollen oder in einer Art Psychodrama vorführen. Bill schlug ein Psychodrama mit einem Mädchen vor. Ich wählte ein Mädchen aus, das mich an Helen, meine Frau, erinnerte. Wir sprachen über eine Situation, in der ich das Gefühl hatte, sie habe mich in die Klemme gebracht und mir hinterher noch Vorwürfe gemacht. Die anderen Gruppenmitglieder, die im Raum um uns herum saßen, agierten sozusagen als Alter ego für uns. Es kam eine Menge Material dabei heraus, nichts Neues, doch immerhin die Bestätigung einer Reihe von Dingen, die ich bereits wußte. Dazu gehörte unter anderem die Zaghaftigkeit, mit der ich meine eigenen Empfindungen, Forderungen und Wünsche vorzubringen pflege, so daß mein jeweiliger Partner nie weiß, woran er bei mir eigentlich ist, und das erst mühsam herausfinden muß.

Nach dem Psychodrama sprach ich über die Unfähigkeit meines Vaters, seinen Gefühlen Ausdruck zu verleihen, und darüber, wie zornig ich auf ihn war. Ganz plötzlich empfand ich das Bedürfnis, auf die Matratze einzuschlagen. Ich legte ein Kissen aufs Bett, und ohne jede Hast stellte ich mich auf die Zehenspitzen und schlug mit beiden Händen zu. Ich tat das alles ganz langsam und stieß dabei irgendwelche Laute aus. Der Rhythmus wurde jedoch schneller, und ich begann immer heftiger auf das Kissen einzuschlagen. Dabei redete ich mich mehr und mehr in Zorn, bis ich schließlich wie wild drauflos hämmerte, auf das Kissen fluchte und meinen Vater mit den schlimmsten Schimpfwörtern bedachte, die mir in den Kopf kamen. Ich war psychisch stark erregt und konnte in meiner Vorstellung den Kopf meines Vaters auf dem Kissen vor mir sehen. Wieder und wieder schlug ich auf ihn ein, und als ich ihn schon ziemlich übel zugerichtet hatte, durchflutete mich plötzlich ein starkes Gefühl der Wärme und der Sehnsucht nach ihm. Ich hatte mich inzwischen körperlich völlig verausgabt, und schwer nach Luft ringend, brach ich über dem Bett zusammen, umarmte das Kissen und sagte: «Paps, ich liebe dich» und ähnliche Dinge. Ich fühlte mich vollkommen erschöpft, hatte aber zugleich eine sehr positive Einstellung zu meinem Vater.

Danach spielten wir eine weiteres Psychodrama durch. Bill übernahm dabei die Rolle meines Vaters und erforschte seine Gefühle für mich. Am Ende umarmten wir uns. Mir schien das übereilt und was mich anlangte, nicht ganz aus dem Herzen zu kommen. Ich tat es hauptsächlich deswegen, weil ich den Mann umarmen wollte, der in dem Psychodrama die Rolle meines Vaters verkörperte.

Nachdem ich mich von der Strapaze des Schlagens erholt hatte, fragte Bill mich, ob ich das gleiche mit meiner Mutter tun wolle. Ich sagte, erstens sei ich viel zu erschöpft, und zweitens empfände ich dafür eine zu starke Zuneigung zu ihr. Ich hatte nicht das Bedürfnis, sie zu schlagen. Er fragte, ob ich es nicht wenigstens mit ein paar leichten Klapsen versuchen wolle, dann werde man ja sehen, was geschehe. Schließlich raffte ich mich zu einem Versuch auf. Ich legte ihren «Kopf» auf das Bett – wie ich es zuvor mit meinem Vater gemacht hatte – und wiederholte die ganze Prozedur. Nach und nach geriet ich in Rage. Da verwandelte sich das Gesicht meiner Mutter in das *ihres Vaters*, und nun prügelte ich auf ihn los. Schließlich hieb ich auf beide munter drein. Der Prozeß war nicht so intensiv wie der vorausgegangene, aber wieder geriet ich ziemlich in Erregung und in einen Zustand physischer Erschöpfung. Diesmal spürte ich jedoch keine positive Regung in mir. Nach der Prozedur warf ich das Kissen mit dem Gefühl beiseite, daß mich dieses inzestuöse Paar nicht im geringsten kümmerte.

Erfolg dieser Übung: ich fühlte mich irgendwie gereinigt und innerlich gelockert. Ich hatte das Gefühl, daß ich von der Gruppe akzeptiert wurde und daß ich jetzt in der Lage war, sowohl selbständig als auch im Rahmen der Gruppe vernünftig zu handeln.

Drei Monate später reiste ich zu meinen Eltern und verbrachte ein paar Wochen bei ihnen. Einige Veränderungen fielen mir auf: ich schien jetzt besser imstande, mich damit abzufinden, daß es mir niemals gelingen würde, meinen Vater so umzukrempeln, daß er dem «Image» entsprach, das ich mir von ihm gemacht hatte. Damit akzeptierte ich zugleich, daß es Dinge gibt, über die wir einfach nicht miteinander reden können, daß es zwischen uns Probleme gibt, die wir nie lösen werden. Mir schien, ich war mit dem Kontakt, der sich aus unseren gemeinsamen Berührungspunkten ergab, zufrieden, und das, was uns trennte, störte mich nicht. Wir lachten mehr als früher. Ich neckte ihn mehr als sonst, und ihm machte das offenbar Spaß.

Es geschah noch etwas anderes. Zwei meiner Kinder waren etwas verwirrt, als mein Vater sie bat, etwas für ihn zu tun. Sie reagierten nicht gerade begeistert, und mein Vater sagte verärgert, dann werde er es eben selbst tun. Ich ging zu ihm und stellte ihn wegen des Vorfalls zur Rede. Er versuchte sein Verhalten zu rechtfertigen, und ich vertrat beharrlich meinen Standpunkt. Ich sagte ihm, was ich an seiner Auffassung unhaltbar fände, und brachte meine gegenteilige Meinung klar zum Ausdruck. Das war für mich ein absolut neuartiges Verhalten. Bisher hatte ich mich in solchen Fällen stets in eine Phantasiewelt zurückgezogen und meine Zuflucht zu Gewaltakten innerhalb dieser Phantasiewelt genommen. Bei diesem Vorfall war ich jedoch in der Lage, mit dem Verstand zu reagieren, meinem Vater gegenüber Argumente vorzubringen und wirklich mit ihm zu diskutieren. Wir gingen in Freundschaft auseinander. Ob er die von mir vorgebrachten Argumente akzeptiert hat oder nicht, weiß ich allerdings nicht.

Als wir uns auf dem Flugplatz verabschiedeten, umarmte ich meinen Vater und sagte: «Ich liebe dich, Paps». Während ich diesen Satz niederschreibe, fühle ich einen leichten Druck auf meinen Tränendrüsen.

In den Beziehungen zu meiner Mutter wurde ich mir jetzt stärker der Tatsache bewußt, wie sehr sie an ihrem Vater und an seinen Wertvorstellungen hing. Sie hatte ein echtes Bedürfnis, diese Vorstellungen auch anderen Menschen oder der Gesellschaft im allgemeinen aufzudrängen. Es schien mir einfach zuviel verlangt, mich eingehender damit zu befassen. Ich fühlte, wie sie hinter ihrer nach außen zur Schau getragenen Maske laut aufschrie. Einiges kann ich mir ungefähr ausmalen. Ein kleiner Vorfall: Eines Morgens beim Frühstück zog Paps wegen irgend etwas, was Mama getan hatte, über sie her. Meine Schwester Marie hieb in die gleiche Kerbe. Etwas später sagte Mama zu meinem Sohn Bobby, er solle sich ein hübscheres Hemd anziehen. Ich stellte sie zur Rede und sagte, was Bobby für ein Hemd anziehe, das sei meine Sache. Sie brauste auf und sagte, sie habe es satt, sich von allen heruntermachen zu lassen, schließlich habe sie auch ihre Gefühle, und es sei ihr gutes Recht, so und nicht anders zu empfinden. Ich beglückwünschte sie dazu, daß sie ihren Gefühlen Luft gemacht hatte. Wir sprachen die Sache durch und schafften sie damit aus der Welt. Als ich sie später fragte, wie ihr jetzt zumute sei, sagte sie, besser, aber nicht sehr viel. Ich nahm sie in die Arme. Es war gut, zu spüren, daß sie ihre Gefühle zeigte.

Zusammenfassung: Ich habe das Gefühl, daß mein Verhältnis zu meinen Eltern realistischer geworden ist. Ich kenne *sie* besser und kenne *mich* besser. Ich kann mit beiden besser über strittige Fragen diskutieren, ohne daß ich dabei in ein Meer von Emotionen gerate und den Faden verliere. Ich kann beiden, besonders meinem Vater gegenüber, meine Zuneigung besser zum Ausdruck bringen.

Was geschehen war: Dadurch, daß Tom seinen feindseligen Empfindungen in nichtverbaler Form Ausdruck gab, kam etwas von ihm zum Vorschein, das vorher verborgen geblieben war. Bestimmte Empfindungen wurden von seinem Bewußtsein nicht akzeptiert, so zum Beispiel seine Ressentiments gegenüber seiner Mutter und seinem Vater. Von der Schlagübung konnte er das Verhältnis zu seiner Mutter nur als innig und problemlos bezeichnen; das war es im allgemeinen auch, aber die verdeckte Feindseligkeit wirkte sich nachteilig auf einige seiner anderen zwischenmenschlichen Beziehungen aus, vor allem auf das Verhältnis zu seiner Frau und zu einigen einflußreichen Menschen in seiner Umgebung. Die durch die Schlagübung herbeigeführte Klärung der Empfindungen reduzierte Toms Verwirrung wegen dieser Situation und ermöglichte es ihm, sich mit dem eigentlichen Problem auseinanderzusetzen. Interessant ist, daß Tom, obwohl er verwirrt war, offenbar in einer tieferliegenden, verdeckten Bewußtseinsschicht doch instinktiv ahnte, worin die Lösung für seine Schwierigkeiten bestand; er hatte eindeutig den Wunsch, auf die Couch einzuschlagen. Das brachte ihn zwar auf den richtigen Weg, aber er benötigte dennoch die Hilfe der Gruppe, als er sich weigerte, auf das die Mutter repräsentierende Kissen einzuschlagen. Zu diesem Zeitpunkt war ein entschiedenes Eingreifen der Gruppe nötig, um Tom dabei zu helfen, seinen inneren Widerstand zu brechen. Die Aktion erforderte also Toms eigene Initiative und dazu die Hilfe der Gruppe, die auf den an ihm gemachten Beobachtungen basierte.

Hier muß nachdrücklich darauf hingewiesen werden, wie wichtig es ist, über die eigentliche Katharsis hinauszugehen. Daß Tom ein zweites Mal in die schwierige Situation gestellt wurde und die Möglichkeit erhielt, seine Fähigkeiten an einem realistischen Problem zu Erproben, ist deshalb so wichtig, weil es die Voraussetzungen für eine Lösung der Situationsproblematik war und ihm das Vertrauen gab, daß er das Problem nicht nur genau erkannte, sondern auch imstande war, es erfolgreich zu bewältigen. Die unmittelbare Folge der Schlagübung war, daß er sich seiner Unmöglichkeiten, mit der Situation fertig zu werden, deutlicher bewußt wurde. Die Beziehungen zu seinen Eltern besserten sich, und sein Selbstgefühl erstarkte.

Die hier erörterten Methoden basieren auf dem Grundsatz, daß Empfindungen sich in spezifischer Weise in einzelnen Körperpartien niederschlagen. Beobachtet man einen Menschen aufmerksam, während er von einer beklemmenden Situation erzählt, kann man häufig schon die Verkrampfung lokalisieren – sei es, daß er gepreßt atmet, die Hände ringt, mit den Zähnen knirscht, die Augenbrauen hochzieht, mit den Beinen zappelt, sich die Hand vor den Mund hält usw. Konzentriert man sich auf die in Mitleidenschaft gezogene Körperpartie, besonders mit Hilfe von körperlichen Entspannungsübungen wie den Streck- oder Schlagübungen, so trägt das gewöhnlich dazu bei, die Verwirrung im Empfindungsbereich zu klären. Auf diese Weise kann man sich angemessener mit den Empfindungen selbst befassen. In Toms Fall kamen als Folge der allgemeinen Entkrampfung seiner Empfindungen der unterdrückte Zorn, die spezifische Eigenart dieses Zorns und die Ziele, auf die er gerichtet war, deutlich zum Vorschein. Das sich daran anschließende Psychodrama ermöglichte es ihm, auf der Basis dieser nunmehr geklärten Empfindungen eine mehr realistische Beziehung zu seinen Eltern herzustellen. Oft sind die Methoden der körperlichen Entspannung dann am wirkungsvollsten, wenn sie mit anderen Techniken kombiniert werden.

Erfolgreiche körperliche Aktivität löst ein Gefühl größerer Freiheit aus und stärkt das Vertrauen auf die eigenen Fähigkeiten – beides wesentliche Bestandteile der Freude. Das Prinzip der Umwandlung psychischer Empfindungen in körperliche Erfahrungen läßt sich mit Erfolg auch auf den Bereich der persönlichen Fähigkeiten übertragen. Die Methoden zur Verbesserung der persönlichen Fähigkeiten führen in dieser Richtung weiter.

3 Die Entfaltung der Persönlichkeit

Die erfolgreiche Anwendung der bisher beschriebenen Methoden kann einen Menschen so weit bringen, daß er in der Lage ist, von allen körperlichen Fähigkeiten, über die er verfügt, wirksam Gebrauch zu machen. Sind wir jedoch an optimalen Leistungen interessiert, müssen wir dieses sehr brauchbare Vehikel zu einem erstklassigen, kraftvollen Rennwagen ausbauen. In jeder Beziehung läßt sich der Körper durch entsprechende Arbeit über seinen normalen Zustand hinaus verbessern. Wir wollen hier die einzelnen Organsysteme des Körpers der Reihe nach betrachten, um sie auf ihre Verbesserungsfähigkeit hin zu prüfen.

Das Skelettmuskelsystem ist bei den meisten Menschen gut entwickelt. Die Muskeln lassen sich durch Gymnastik stärken. Training und Übung wie beim Tanzen und beim Sport können ein besseres Zusammenspiel der Muskeln bewirken. Mit Hilfe von Leichtathletik läßt sich erhöhte Muskelkraft sowie ein besseres Funktionieren des Atmungs- und Kreislaufsystems erreichen. Gewandtheit und Geschicklichkeit lassen sich ebenfalls verbessern, wenn man zum Beispiel Klavier oder Geige spielt, sich an Zauberkunststücken versucht oder in Geschicklichkeitsspielen übt. Eine stärkere Kontrolle über die Muskeln kann mit Hilfe einiger östlicher Methoden der Konzentration und Meditation gewonnen werden.

Die speziell beanspruchten Sinnesorgane sind bei manchen Spezialisten weit über ihre normale Leistungsfähigkeit hinaus entwickelt. So besitzen zum Beispiel Weinprüfer einen durch Training hochentwickelten Geschmackssinn, der sie befähigt, weit mehr Geschmacksnuancen zu unterscheiden als der normale Weintrinker. Bei Parfümeuren gilt das gleiche für die Entwicklung des Geruchssinns. Klavierstimmer und die meisten Musiker sind auf Grund ihres Gehörsinns zu weitaus feineren Unterscheidungen in der Lage als der durchschnittliche Musikfreund. Allgemein gilt auch, daß bei Blinden der Tastsinn und der Gehörsinn erheblich stärker entwickelt sind als bei anderen Menschen. Beim Sehvermögen ist die Sache fraglicher. Die Bates-Methode[1] behauptet, dem sehschwachen Auge die normale Sehschärfe wiedergeben zu können, erhebt aber nicht den Anspruch, die normale Sehfähigkeit steigern zu können. Spezielles Training, beispielsweise das genaue Betrachten von Röntgenaufnahmen oder mikroskopischen Objekten, kann dazu anregen, vorher nicht gesehene Nuancen wahrzunehmen. In ähnlicher Weise läßt sich auch der Tastsinn schulen.

Anders als bei den Muskeln, deren Funktionsfähigkeit sich durch entsprechende Übungen erhöhen läßt, scheint es keine Möglichkeit zur Vervollkommnung der Sinnesorgane zu geben. Das normale Auge zum

Beispiel sieht offenbar stets gleich gut. Doch läßt sich eine Verbesserung der Sinne unter Umständen dadurch erzielen, daß man sie auf zunehmende Differenzierung hin trainiert. Kombiniert mit einigen mehr emotionalen und abwägenden Elementen, kann ein solches Training zugleich die Fähigkeit kritischer Würdigung erhöhen.

Eine Steigerung der Wirksamkeit der Atemorgane, des Kreislaufsystems, des Verdauungstrakts, des Urogenitalsystems, der endokrinen Drüsen und des Lymphgefäßsystems ist bisher hauptsächlich mit Hilfe der östlichen Techniken der Meditation und Konzentration sowie durch bestimmte Übungen erreicht worden. Das Meditieren erfreut sich in den Vereinigten Staaten zunehmender Beliebtheit. Am bezeichnendsten dafür ist wohl der Versuch, das Zen Mountain Center im mittleren Abschnitt des kalifornischen Küstengebirges, nahe Carmel Valley und Big Sur einzurichten, ein wunderschönes, 65 Hektar großes Gelände, wo man sich vornehmlich der Meditation widmet. Die Fähigkeit, tiefer zu atmen, gründlicher zu verdauen usw. ist oft das unmittelbare Ergebnis eines besseren Zusammenspiels der Muskeln. Beseitigt man die Verkrampfung chronisch kontrahierter Muskeln, die sich in der unmittelbaren Umgebung von Blutgefäßen befinden, fließt das Blut freier durch die Lungen, der Atem geht tiefer usw. Daß Langstreckenläufer die Kapazität ihrer Lungen vergrößern können, hat Roger Bannister bewiesen, als er sich intensiv darauf vorbereitete, einen neuen Meilenrekord unterhalb der Vier-Minuten-Grenze aufzustellen. Die bereits beschriebenen Methoden von Ida Rolf und A. Lowen erweisen sich in diesem Bereich als wirksam.

Verschiedene Methoden sind entwickelt worden, die auf eine größere sensorische und motorische Bewußtheit und Wirksamkeit hinzielen. So haben Charlotte Selver in New York und Kalifornien, Mary Whitehouse in Los Angeles und Irmgard Bartenieff in New York Methoden zur Förderung des sensorischen Bewußtseins und der Körperbewegungen entwickelt, die ursprünglich aus dem Bereich des Tanzes stammen. Andere haben andersartige Methoden erarbeitet, um das Bewußtsein der körperlichen Empfindungen und Bewegungen zu intensivieren. Das sensorische Bewußtsein ist ein spezielles Interessengebiet von Bernard Gunther[2] und anderen Forschern, die sich auf den Tastsinn, den Geruchssinn und den Gehörsinn konzentrieren und auf ein stärkeres Differenzierungsvermögen und eine größere Aufgeschlossenheit hinarbeiten. Den wahrscheinlich wesentlichsten Beitrag auf diesem Gebiet leistete Fritz Perls mit seiner «Gestalt-Therapie»[3], in der auch eine Reihe von Übungen beschrieben sind.

Die über die normale Entwicklung hinausgehende Förderung des Nervensystems macht einen großen Teil des üblichen Bildungsprozesses aus. Man nimmt Informationen in sich auf, lernt logisch denken, ist schöpferisch tätig und erweitert dadurch die Kapazität des Gehirns und der mit ihm verbundenen Strukturen. Das Aufnehmen von Informationen und das Lösen von Problemen lernt man gewöhnlich auf der Schule. Anders verhält es sich mit der Erziehung zu schöpferischer Tätigkeit. Sie wurde bisher ausgeklammert, obwohl in den vergangenen Jahren verschiedene Methoden entwickelt worden sind. Für die schöpferische Tätigkeit auf wissenschaftlichem Gebiet haben sich als besonders wirksam die Methoden der Synektik[4] erwiesen, bei denen das metaphorische und analogisierende Denken im Mittelpunkt steht. Auch um Methoden, die der Erziehung zu schöpferischer Tätigkeit im schulischen Rahmen dienen, hat man sich ernsthaft bemüht. Die schöpferische Tätigkeit auf dem Gebiet der Kunst ist ein noch komplexeres Phänomen, da sie das gleichzeitige Zusammenwirken mehrerer Organsysteme bedingt.

Voraussetzung für den Erwerb bestimmter, insbesondere künstlerischer, sportlicher und geistiger Fertigkeiten ist eine Kombination und Integration der verschiedenen Organsysteme. So ist ein Geiger auf ein komplexes Zusammenwirken muskulärer, geistiger und emotionaler Fähigkeiten angewiesen. Ein Läufer oder Schwimmer muß muskuläre, atemtechnische, geistige und emotionale Fertigkeiten kombinieren. Bei komplexen Tätigkeiten wie Maschineschreiben oder Bergsteigen werden innere Systeme koordiniert, um eine äußere Situation zu bewältigen.

Gehen wir davon aus, daß die Hauptquelle der Freude die Verwirklichung der uns gegebenen Möglichkeiten ist, muß es naturgemäß zu einem Mangel an Freude führen, wenn wir von diesen Hilfsquellen keinen oder nur unzureichenden Gebrauch machen. Sehen wir einmal von den unterschiedlichen emotionalen Reaktionen ab, so besagt dies, daß jemand an einer Tätigkeit, die er meisterhaft beherrscht, weit mehr Freude hat, als wenn er sie nur stümperhaft ausüben kann. Einem guten Skiläufer macht das Skilaufen entschieden mehr Spaß als einem Anfänger. Das gleiche gilt natürlich auch für einen Geiger, einen Weinprüfer, einen klugen Menschen, eine gute Stenotypistin, einen gesunden Menschen, einen guten Sportler usw. Je mehr Fähigkeiten ein Mensch entwickelt hat und anwenden kann, desto mehr Freude empfindet er.

Die Vorstellung, daß Freude durch eine optimale Entwicklung der persönlichen Fähigkeiten erlangt wird, findet ihren adäquaten Ausdruck im Begriff des Schöpferischen. Schöpferische Tätigkeit bedingt nicht nur, daß man von seinen Fähigkeiten ohne Einschränkung Gebrauch macht, sondern erfordert darüber hinaus ein Vordringen in unerforschte Bereiche. Im Mittelpunkt der im folgenden erörterten Methoden steht der schöpferische Prozeß.

Der schöpferische Prozeß schließt folgendes ein:

1. *Aufgeschlossenheit und Aufnahmefähigkeit:* Bevor man in der Lage ist, seine Erfahrungen auf ungewöhnliche, produktive und zufriedenstellende (das heißt schöpferische) Weise anzuwenden, muß man

sich ein gewisses Repertoire an Erfahrungen aneignen. Man muß aufgeschlossen für neue Erfahrungen und imstande sein, die eigene Umwelt wahrzunehmen und zu begreifen. Zugleich muß man sich seiner eigenen inneren Empfindungen bewußt sein.

2. *Assoziation:* Die erworbenen Erfahrungselemente müssen innerhalb der Vorstellungswelt des Menschen miteinander in Beziehung gebracht werden. Ein Mensch muß die Fähigkeit besitzen, zwei oder mehr Erfahrungen so miteinander zu «assoziieren», daß ihre Verbindung zu einem schöpferischen Ergebnis führen kann.

3. *Ausdruck:* Sind die Elemente miteinander verbunden, müssen sie mündlich, schriftlich oder körperlich zum Ausdruck gebracht werden. Jede Assoziation bleibt sinnlos, wenn sie nicht in adäquater Form mitgeteilt werden kann.

4. *Bewertung:* Im Verlauf der schöpferischen Tätigkeit können viele Ergebnisse entstehen, entscheidend jedoch ist die Bewertung, welche von ihnen der Situation angemessen und welche wertlos sind. In dieser Phase wird das Bizarre vom Schöpferischen und das Produktive vom Oberflächlichen unterschieden.

5. *Ausdauer:* Nach dem Hervorbringen eines schöpferischen Gedankens oder Produkts ist gewöhnlich noch viel Kleinarbeit erforderlich. Ein Beitrag, der Bestand haben soll, verlangt viel Ausdauer.

Diese Schritte können nicht nur im bewußten und unbewußten Bereich, sondern auch im Rahmen einer Diskussion der Rolle emotionaler Hemmungen vollzogen werden. Die bewußten Versuche, die *Aufnahmefähigkeit* eines Menschen zu vergrößern, sind im Bildungswesen institutionalisiert – hier wird der Versuch gemacht, dem bereits vorhandenen Wissen eines Menschen neue Kenntnisse hinzuzufügen. Die Wissenschaft – die Methode, den Wert einer gegebenen Aussage zu bestimmen – ist die gesellschaftliche Institution, die auf den Bereich der *Bewertung* hinzielt. Und die bewußten Versuche zur Erweiterung der *Ausdrucks*möglichkeiten sind in der Kunst institutionalisiert, wo eine Vielzahl von Ausdrucksformen zur Verfügung steht.

Die Methoden zur Intensivierung des schöpferischen Prozesses, soweit er sich mehr im Bereich des Unbewußten vollzieht, sind indes nicht institutionalisiert worden. Gerade für diesen Bereich werden zur Zeit viele verschiedene Methoden entwickelt, die den Horizont des Menschen zu erweitern versprechen, indem sie ihm neue Wege zu sich selbst eröffnen und ihm Mittel zur Ausschöpfung seiner latenten inneren Fähigkeiten an die Hand geben.

Aufgeschlossenheit und Aufnahmefähigkeit

Der Erwerb von Kenntnissen und Erfahrungen bedeutet für den Menschen Energiezufuhr. Will ein Mensch schöpferisch tätig sein und seine Persönlichkeit entfalten, dann muß er über Material verfügen, womit er arbeiten kann. Er muß über Informationen und Erfahrungen verfügen, die er sich selbst angeeignet und voll in sich aufgenommen hat.

Die Fähigkeit zu lernen ist Vorbedingung für die Aufnahme von Informationen. Für den Erwerb von Erfahrungen gilt eine andere Voraussetzung. Eine gesteigerte Wahrnehmung der eigenen Umwelt durch schärfer entwickelte Sinne trägt erheblich zur Vermehrung des für eine schöpferische Tätigkeit nötigen Materials bei. Sherlock Holmes, der aus dem Geruch des Pfeifentabaks eines Klienten darauf schließt, woher dieser Klient kommt; ein Arzt, der einen kleinen Schatten in einer Röntgenaufnahme wahrnimmt; ein Psychologe, der beobachtet, daß sich ein Patient fortwährend am Kopf kratzt; ein Musiker, der im Geräusch der Räder eines fahrenden Zuges einen bestimmten Rhythmus hört – alle diese Beobachtungen erhöhen die Chance, sich in den entsprechenden Situationen richtig zu verhalten.

Neben der Aneignung von Informationen und der Schärfung der Sinne gibt es nicht einen anderen Bereich, aus dem wir Erfahrungsbestandteile beziehen. Das bewußte Wahrnehmen von Empfindungen und Emotionen ermöglicht es, eine Erfahrung bewußt zu erleben und sich zu eigen zu machen. Ein Mensch, der Erfahrungen gegenüber aufgeschlossen und zu bewußter Empfindung und richtiger Einschätzung fähig ist, verfügt über mehr Erfahrungsgrundlagen, als ein gehemmter und in sich abgekapselter Mensch, der sich intensive Empfindungen nicht erlauben kann.

Die Fähigkeit eines Menschen, für Informationen, Wahrnehmungen und Empfindungen aufgeschlossen und empfänglich zu sein, kann auf den verschiedenen Bewußtseinsebenen gefördert oder gehemmt werden. Im bewußten Bereich wird die Reaktionsfähigkeit von der Umwelt geprägt; dazu gehören auch die traditionellen Lernmethoden zum Erwerb von Kenntnissen und direkten Erfahrungen auf dem Gebiet der verschiedenen Lebensbereiche. Im Bereich des Unbewußten hängt die Fähigkeit eines Menschen, nicht nur zu lernen, sondern auch zu begreifen und zu empfinden, sehr eng mit seiner psychischen Entwicklung zusammen. Viele psychische Hemmungen können den Lernprozeß blockieren. Die verschiedensten Kindheitserlebnisse können einem Menschen die Lernfähigkeit nehmen: Angst, Furcht, innere Konflikte oder andere immobilisierende Empfindungen, wie sie zum Beispiel entstehen, wenn zwischen Eltern und Kind eine Art Konkurrenzsituation existiert und dadurch jede Prüfung so viel Konfliktstoff liefert (das Kind könnte möglicherweise die Eltern übertreffen), daß das Kind unfähig ist, zu lernen oder Gelerntes im Gedächtnis zu behalten. Ungelöste psychische Probleme können auch Wahrnehmungen blockieren oder verzerren und die Fähigkeit beeinträchtigen, etwas genau zu erfassen. So kann zum Beispiel Angst vor Kritik bei einem Menschen dazu führen, daß er aus Worten Kritik heraushört, die gar nicht kritisch gemeint waren. Schwierigkeiten im Bereich der Empfindungen, zum Beispiel Gefühlsverflachung oder Überregbarkeit, hängen im allgemeinen mit sehr komplexen psychischen Problemen zusammen. So schrecken Menschen häufig aus Angst vor einer abweisenden Reaktion davor zurück, anderen Menschen tiefe Zuneigung entgegenzubringen. Hemmungen dieser Art können bei der Beschäftigung mit leblosen Objekten, mit Ideen, mit anderen Menschen oder mit der eigenen Person auftreten. In allen diesen Fällen wird die Aufgeschlossenheit des Menschen für neue Erlebnisse und Erfahrungen ernsthaft beeinträchtigt, und das Repertoire an Elementen, die unter Umständen sein schöpferisches Verhalten bestimmen, wird stark reduziert.

Die Aufgabe, einem Menschen zu mehr Aufgeschlossenheit und innerer Bereicherung zu verhelfen, besteht also aus drei Teilen: 1. müssen seine psychischen Hemmungen beseitigt werden; 2. muß bei ihm das Bewußtsein seiner selbst und seiner Empfindungen geweckt werden; und 3. müssen seine Reaktionsfähigkeit und sein Empfindungsvermögen gegenüber seinen Mitmenschen und gegenüber seiner Umwelt entwickelt und intensiviert werden. Diese Ziele lassen sich mit Hilfe folgender Methoden erreichen.

Das Phantasie-Duell

Um zu klären, welche psychologischen Elemente zur Konfliktsituation eines Menschen beitragen, kann man ihn auffordern, die Bestandteile des Konflikts zu personifizieren. Diese Methode zur Intensivierung des inneren Bewußtseins wurde einmal folgendermaßen demonstriert: An eine größere Gruppe erging die Aufforderung, es sollten sich Freiwillige melden, die zu einer Aktion vor der Gruppe bereit seien. Um bei den Beteiligten das Verständnis für die Empfindungen zu wecken, die sie bei der Entscheidung beeinflußt hatten, sich freiwillig zu melden oder nicht, sagte der Leiter der Gruppe: «Ich brauche die Freiwilligen im Augenblick gar nicht, aber ich möchte Ihre Aufmerksamkeit auf das lenken, was soeben in Ihnen vorgegangen ist, als Sie sich zu entscheiden hatten, ob Sie sich melden sollten oder nicht. Stellen Sie sich vor, in Ihrem Kopf befänden sich zwei Menschen. Der eine rät Ihnen, sich freiwillig zu melden, der andere sagt Ihnen das Gegenteil. Malen Sie sich eine Diskussion zwischen den beiden aus, in der jeder versucht, den anderen zu seiner Auffassung zu bekehren, bis schließlich einer von ihnen die Oberhand behält. Lassen Sie nach dieser Diskussion die beiden Figuren sich in nichtverbaler Form gegenübertreten, und beobachten Sie, was geschieht. Schließen Sie für zwei, drei Minuten die Augen und stellen Sie sich diese Begegnung vor. Ich sage Ihnen Bescheid, wenn Sie die Augen wieder aufmachen sollen.» (Für den Leser wird die folgende Erörterung erheblich sinnvoller sein, wenn er, bevor er weiterliest, den gleichen Versuch unternimmt. Das gleiche gilt für mehrere der im folgenden besprochenen Experimente.)

Nach einer Schweigepause wurden die Teilnehmer gebeten, über ihre Phantasievorstellungen zu berichten. Der Leiter der Gruppe sorgte dafür, daß sie erzählten, wie die beiden imaginären Menschen aussahen, wie ihre Stimmen klangen, wie groß sie waren, was sie im einzelnen gesagt hatten, wo sie sich befanden, welche Körperhaltung sie einnahmen und wer von beiden die Oberhand behalten hatte.

Mit Hilfe der einzelnen Geschichten lassen sich häufig die Erwägungen klären, die bei der Konfliktsituation eine Rolle spielen. In diesem Fall ging es um das Für und Wider, ob man sich freiwillig melden sollte oder nicht. Diese Methode hilft einem Menschen, seine eigenen Gedanken und Empfindungen etwas besser kennenzulernen und auf diese Weise sein inneres Bewußtsein zu intensivieren. In den einzelnen Berichten tauchten beträchtliche Unterschiede auf. Manche Teilnehmer sahen im Geiste eine ganz bestimmte Person, zum Beispiel ihren Vater, ihre Mutter oder einen ihrer Lehrer; andere sahen niemanden, hörten aber Stimmen; manche hörten eine der Stimmen besonders laut; andere sahen eine der Figuren sehr viel größer als die andere oder sahen die eine scharf und klar, die andere dagegen nur undeutlich und verschwommen; in manchen Fällen war die eine Figur der betreffende Teilnehmer selbst zum gegenwärtigen Zeitpunkt und die andere ebenfalls der Betreffende, aber in einer früheren Lebensphase. So trägt die Methode dazu bei, die Faktoren zu verdeutlichen, die bei einer Entscheidung beteiligt sind – in diesem Fall handelte es sich um eine Auseinandersetzung, die nur ein paar Sekunden gedauert hatte. Man bekommt einen besseren Einblick in das, was sich in der «inneren Sphäre» des Menschen abspielt, in die inneren Gefühle.

Körperhaltung

Eine Erweiterung des Ich-Bewußtseins eines Menschen kann auch dadurch bewirkt werden, daß man die Aufmerksamkeit auf seine Körperhaltung und seine Empfindungen konzentriert. Bei einem Gruppentreffen mit zahlreichen Teilnehmern forderte der Leiter der Gruppe die Teilnehmer auf, sie sollten sich auf sich selbst in ihrer Eigenschaft als Zuhörer konzentrieren. Sie sollten dem Leiter eine Weile zuhören und dann mündlich oder schriftlich von ihren Empfindungen beim Zuhören berichten. Zu den Beobachtungsmerkmalen beim Zuhören gehörten: Körperhaltung, Blickrichtung der Augen, Spannungsgefühle im Körper, Haltung und Bewegungen der Hände, des Mundes und der Zähne, welches Gefühl man im Magen hatte und woran man dachte. (Der Leser sollte dieses Experiment selbst einmal versuchen, indem er sich in diesem Augenblick auf seine Eigenschaft als Leser konzentriert.) Manche Teilnehmer hatten das Gefühl einer starken inneren Spannung und fühlten sich beim Zuhören ziemlich unbehaglich; andere merkten, daß ihre gelöste Haltung es ihnen erlaubte, ihre Gedanken in andere Richtungen abschweifen zu lassen; wieder andere bemerkten, daß ihre Augen auf einen Mithörer oder auf den Sprecher selbst gerichtet waren und daß sie sich über einen Aspekt der zwischenmenschlichen Beziehungen Gedanken machten; manche lauschten intensiv jedem Wort, andere dachten an Dinge, an die sie durch die Worte erinnert wurden, und wieder andere dachten an völlig andere Dinge. Eine Diskussion all dessen hilft dem einzelnen Gruppenmitglied, sich der vielen Dinge bewußt zu werden, die im Zusammenhang mit seinen Empfindungen über das Zuhören in ihm vorgehen. Die meisten Menschen sind überrascht, wenn sie entdecken, wie einflußreich eine intensive Beobachtung von Körperhaltungen sein kann.

Eine bewußte Beobachtung der Körperhaltung trägt oft auch zum Verständnis einer verwirrenden Reaktion eines Menschen gegenüber einem anderen bei. So galt ein Teilnehmer einer Gruppe ohne ersichtlichen Grund als aggressiv, obwohl er sich im Gespräch stets von einer freundlichen Seite zeigte. Die Beobachtung seiner Körperhaltung zeigte jedoch, daß er im Sitzen eine Haltung einnahm, die an die eines Boxers erinnerte, der auf den Gongschlag wartet, um sich in den Ring zu stürzen. Die Reaktion der Gruppe ihm gegenüber war weitgehend auf diese Körperhaltung zurückzuführen, die sich später tatsächlich als genauer Ausdruck einer tiefsitzenden aggressiven Empfindung erwies.

Die Double-Methode

Die bisher erörterten Methoden sind vor allem auf eine Steigerung des Selbstverständnisses und des Ich-Bewußtseins ausgerichtet. Natürlich gibt es auch Mittel und Wege zur Förderung der Fähigkeit, das Denken und Erleben anderer Menschen oder die eigenen Empfindungen in früheren Lebensphasen zu verstehen und nachzuempfinden. Eine der dafür geeigneten Methoden besteht darin, daß man physisch als Double agiert. Der Gruppenleiter fordert die Teilnehmer auf, die Körperhaltung eines anderen Gruppenmitglieds nachzuahmen und bewußt zu erleben, wie einem dabei zumute ist. Oft fällt es einem Menschen auf diese Weise wesentlich leichter, die Empfindungen eines anderen zu verstehen. Ein Gedankenaustausch, eine Art Vergleich zwischen den Empfindungen des nachgeahmten Menschen und denen des «Doubles», trägt oft bei beiden zur Klärung der Empfindungen bei. Auf die gleiche Weise lassen sich auch andere Eigenschaften eines Menschen nachahmen, beispielsweise seine Art zu reden und sein Tonfall, sein Gesichtsausdruck, seine Art zu lachen oder seine Denkweise. (Hat der Leser gerade einen anderen Menschen in der Nähe, sollte er es selbst einmal versuchen.)

Mit Hilfe dieser Methode läßt sich nicht nur das Verständnis für einen anderen Menschen fördern; sie kann auch eine Hilfe sein, das eigene Ich in einer früheren Lebensphase zu erkennen. Diese Erkenntnis kann dazu beitragen, daß jemand die Gefühle jüngerer Menschen besser versteht oder daß er sich selbst versteht, indem er einen Teil seiner Vergangenheit wiedererlebt. Eine der besten Methoden, eine solche «Regression» zu erreichen, besteht darin, daß man den Betreffenden veranlaßt, seinen Namen ganz langsam niederzuschreiben, so daß sich der Füllfederhalter oder Bleistift auf dem Papier nur im Schneckentempo bewegt. (Auch hier wieder würde der Leser sicherlich von einem solchen Versuch profitieren.)

Danach fragt man den Betreffenden, was er dabei empfunden hat. Sehr häufig berichten die Menschen, sie seien sich dabei wie Kinder in der Grundschule vorgekommen. Eine erstaunliche Bestätigung dieses Gefühls ist, daß verheiratete Frauen, die sich diesem Experiment unterziehen, zu einem großen Teil ihren Mädchennamen niederschreiben – den Namen also, den sie in ihrer Kindheit getragen haben. Diese Technik läßt sich auch auf andere Bereiche anwenden. So kann zum Beispiel ein Mensch laut schreien: «Nein, ich will nicht!», oder er braucht nur die intensive Sprechweise und den Tonfall kleiner Kinder nachzuahmen, und schon stellen sich nicht selten die Empfindungen früherer Lebensphasen ein.[5]

Das Agieren als Double spielt auch eine wichtige Rolle bei den Zusammenkünften von «Kontaktgruppen», wo es gelegentlich als Alter ego-Methode bezeichnet wird. Die Methode besteht darin, daß sich ein Teilnehmer hinter einen anderen stellt, sich in die Rolle des anderen hineinzuversetzen versucht und in periodischen Abständen berichtet, was der andere seiner Meinung nach gerade empfindet. Desgleichen kann man einzelne Gruppenteilnehmer ihre Plätze tauschen lassen, um ihnen die Möglichkeit zu geben, sich in die Empfindungen des anderen hineinzuversetzen. Im allgemeinen führt diese Methode zu einer gesteigerten Fähigkeit, andere Menschen dadurch zu verstehen, daß man mit ihnen – physisch oder auf dem Gebiet der Gedanken oder Empfindungen – die Rollen tauscht.

Einsame Pause

Eine weitere, etwas andersartige Methode zur Intensivierung des Ich-Bewußtseins besteht darin, daß man jeden Gruppenteilnehmer veranlaßt, sich eine halbe Stunde zurückzuziehen und über seine Erlebnisse und Empfindungen nachzudenken. Jeder soll sich auf sich selbst konzentrieren, auf seine Gefühle und auf seine Beziehungen zu anderen Menschen; dabei soll er die hier besprochenen Imaginationsmethoden praktizieren sowie die Assoziationsmethoden, von denen im folgenden die Rede sein wird. Auf diese Weise bietet sich dem einzelnen eine Gelegenheit der Selbsterforschung und die Voraussetzung für eine ernsthafte Selbstbeobachtung. (Auch hier sollte der Leser sogleich einen entsprechenden Versuch unternehmen.)

Für viele Menschen ist dies ein geradezu elektrisierendes Erlebnis. Nicht selten äußern die Teilnehmer, noch nie in ihrem Leben hätten sie eine Spanne des Alleinseins auf diese Weise genutzt. Für viele bedeutet es eine gute Möglichkeit, eigene Erfahrungen zu verarbeiten. Außerdem stellt es eine Möglichkeit, Zeiten des Alleinseins zu nutzen, dar, die sich für viele Menschen auch in der Zukunft als wertvoll erweisen mag.

Alle diese Methoden erhöhen das innere Bewußtsein und helfen dem einzelnen, sich selbst besser kennenzulernen und mit sich selbst besser fertig zu werden. Außerdem mehren sie das Verständnis für andere Menschen. Der nächste Schritt besteht nun darin, diese inneren Grundlagen auf schöpferische Weise zu nutzen.

Assoziation

In der zweiten Phase des schöpferischen bzw. des Selbstverwirklichungsprozesses müssen die verschiedenen Erfahrungselemente auf neue und ungewöhnliche Weise assoziiert und kombiniert werden.[6] Die Kombination von Gin und Wermut war ein glücklicher Einfall für alle Martini-Trinker. Die Entdeckung der Beziehung zwischen der Struktur des Atoms und der des Sonnensystems brachte die Physik um einen großen Schritt weiter. In beiden Fällen bestand der schöpferische Akt in der Verwendung von Elementen, die in der Erfahrung des Entdeckers oder Erfinders bereits existiert hatten, und in der Erkenntnis, daß ihre Verbindung oder die Herstellung einer Beziehung zwischen ihnen zu etwas Neuem und Erstrebenswertem führen würde.

Assoziationen können sich im Wissensbereich und im Bereich der Empfindungen und Gefühle einstellen. Sie sind von großer Bedeutung für jede schöpferische Tätigkeit. Bei dem Beispiel vom Atom und vom Sonnensystem handelt es sich um eine Assoziation im Wissensbereich – die Gesetze, die das Verhalten bestimmter Phänomene in einem Bereich beherrschen, scheinen denen des anderen Bereichs ähnlich zu sein. Für die Psychotherapie besteht zwischen vielen Träumen und freien Assoziationen insofern eine enge Beziehung, als sie gleichartige Empfindungen hervorrufen. So kann das Traumsymbol eines Raubvogels für einen tyrannischen Elternteil stehen. In jedem Fall hat der Träumende das Gefühl, daß er machtlos ausgeliefert ist. Je höher die Assoziationsfähigkeit eines Menschen in allen drei Bereichen entwickelt ist, um so größer sind seine Möglichkeiten, ungewöhnliche, befriedigende und wertvolle Verbindungen zwischen Elementen herzustellen, die nicht unbedingt in einer Beziehung zueinander stehen.

Häufig wird jedoch die Assoziationsfähigkeit eines Menschen unbewußt blockiert. Manche Menschen haben Angst davor, ihrem Geist freien Lauf zu lassen und alles, was ihnen in den Sinn kommt, auszudrücken, weil sie das Gefühl haben, daß sich im Unbewußten irgend etwas Erschreckendes verberge. Deshalb können sie ihre Assoziationen nicht dem freien Spiel überlassen, sondern müssen versuchen, sie mit Hilfe der Logik unter Kontrolle zu halten. Jede Einschränkung der Fähigkeit, die Beziehungen zwischen verschiedenen Erfahrungselementen zu erforschen, bedeutet ein ernsthaftes Hindernis für das Herstellen ungewöhnlicher und interessanter neuer Kombinationen und begrenzt infolgedessen die Fähigkeit, die eigenen Möglichkeiten voll zu entfalten.

Es gibt viele Mittel und Wege, die Entfaltung der Assoziationsfähigkeit zu fördern. Da es bei dieser Fähigkeit im wesentlichen darum geht, Verbindungen zwischen Dingen herzustellen, die nicht eindeutig miteinander in einer Beziehung stehen, hängt ihre Entfaltung von der Möglichkeit ab, Gedanken und Empfindungen frei zu erforschen und sie untereinander in Beziehung zu setzen. Imaginationsspiele sind eine geeignete Grundlage für ein mehr spezifisches Training. Die folgenden Methoden können jedem Menschen helfen, seine Assoziationsfähigkeit zu entwickeln und produktiv von ihr Gebrauch zu machen.

Freie Assoziation

Einer der Eckpfeiler der von Freud entwickelten therapeutischen Methode ist das Verfahren, einem Gedankenstrom freien Lauf zu lassen und darüber ohne Zensur und ohne Wertung zu berichten. Man geht beim freien Assoziieren davon aus, daß die auftauchenden Gedanken in einem folgerichtigen Zusammenhang stehen (psychischer Determinismus), auch wenn dem Betreffenden selbst dieser Zusammenhang vielleicht zunächst verborgen ist. Es gibt wahrhaftig keinen Grund, dieses sehr wirkungsvolle Verfahren auf das Sprechzimmer des Psychoanalytikers zu beschränken. Mit gutem Erfolg läßt es sich auch beim Lösen von Problemen anwenden. Ringt ein Teilnehmer mit irgendeinem Problem, sagt der Gruppenleiter etwa: «Sagen Sie alles, was Ihnen in den Sinn kommt, wie töricht oder albern es Ihnen auch erscheinen mag und wie flüchtig es Ihnen auch durch den Kopf geht.» Überläßt der Betreffende sich seinem Gedankenstrom und vertraut er auf die Bedeutung dieses Verfahrens für sein Problem, gelingt es oft, daß er tatsächlich auf eine geeignete Lösung kommt. Ein Beispiel aus einem anderen Bereich mag diesen Vorgang verdeutlichen.

Vor einigen Jahren fuhr Mr. Franklin, leitender Angestellter eines Unternehmens, mit seinem Wagen nach Hause und war mit seinen Gedanken beim Football, als etwas Ungewöhnliches geschah. Er dachte über seine Favoritenmannschaft nach und sah in Gedanken, wie Glenn Dobbs einen vorzüglichen Steilpaß nach vorn gab, zu ... Der Name des Außenstürmers, der den Paß annahm, wollte ihm nicht einfallen, obwohl er ihm durchaus geläufig war. Mehrere Minuten lang versuchte er vergeblich, sich den Namen ins Gedächtnis zurückzurufen. Dann beschloß er zu versuchen, ob seine Erinnerung auf freies Assoziieren reagierte. Völlig unvermittelt mußte er an einen seiner Mitarbeiter denken, an Harry, der im Begriff war, den Arbeitsplatz zu wechseln. (‹Merkwürdig›, dachte Mr. Franklin, ‹daß ich ausgerechnet daran denken muß.›) Harry hatte Freunden gegenüber geäußert, in mehreren Fällen habe er die Arbeit geleistet, für die Mr. Franklin die Anerkennung zuteil geworden war. Darüber hatte sich Mr. Franklin geärgert. Assoziationen brachten ihn wieder zurück zum Football. Er erinnerte sich daran, daß Glenn Dobbs zu Beginn seiner Profi-Karriere, als der bewußte Außenstürmer noch nicht in der Mannschaft war, keine sonderlich guten Leistungen gezeigt hatte. ‹Hm, vielleicht verdankt Dobbs seinen Erfolg weniger seinen eigenen Fähigkeiten als vielmehr dem Außenstürmer.› Und so gelangte Mr. Franklin zu der Erkenntnis, daß er etwas besorgt war, ob Harry wirklich einen großen Teil der Arbeit leistete, für die er die Anerkennung einheimste. Wenn es so war, würden nach Harrys Weggang seine, Franklins, Leistungen möglicherweise geringer – ähnlich wie bei Glenn Dobbs.

Um diese Sorgen irgendwie auszugleichen, gab Mr. Franklin Harry (symbolisch dem Außenstürmer) zu erkennen, er sei im Grunde nicht einmal wichtig genug, daß man sich seinen Namen merken mußte. Bei dieser Erkenntnis fiel ihm auch plötzlich der Name des Außenstürmers wieder ein.

Ein anderes Beispiel ergab sich, als ein Gruppenteilnehmer seine möglichen antisemitischen Gefühle zu erforschen versuchte. Es war eine Gruppe, der mehrere Juden angehörten, und der Leiter forderte den Betreffenden auf, Assoziationen zu dem Wort «Jude» hervorzubringen. Er tat es, aber die anderen hatten das Gefühl, die geäußerten Assoziationen seien nicht typisch, sondern könnten sich auf jedermann beziehen. Um das zu testen, forderte man den Betreffenden auf, Assoziationen zu dem Begriff «protestantischer Geistlicher» hervorzubringen. Es stellte sich eindeutig heraus, daß die Assoziationen grundverschieden waren. Auf diese Weise offenbarte sich sowohl dem Betreffenden selbst als auch den übrigen Gruppenmitgliedern sehr rasch eine innere Einstellung, deren Enthüllung sonst erheblich mehr Zeit in Anspruch genommen hätte.

Dieses Verfahren sollte der Leser, wenn er das nächste Mal irgend etwas vergißt, an sich selbst ausprobieren. Er muß nur daran glauben, daß alles, was ihm in den Sinn kommt, für sein Problem von Bedeutung ist. Freies Assoziieren ist eine nützliche Methode, die man weiter ausbauen und anwenden kann, um besseren Zugang zu seiner eigenen Innenwelt zu finden.

Analogie

Die Fähigkeit, scheinbar völlig zusammenhanglos Elemente zu assoziieren, läßt sich dadurch entwickeln, daß man die Menschen auffordert, nach Analogien zu suchen.[7] Fragen wie: «Womit hat dies oder das Ähnlichkeit?» oder: «Woran erinnert Sie dies oder das?» veranlassen die Menschen, Gedankenverbindungen innerhalb ihrer Erfahrungen herzustellen.

Eine Methode zur Förderung dieser Gewohnheit besteht in einer Art Gesellschaftsspiel. In einem Kontaktgruppen-Institut wurden alle Gruppen zu einer gemeinsamen Versammlung zusammengerufen. Dort wurden die Teilnehmer aufgefordert, mit Hilfe analoger Begriffe ihre Reaktionen auf eine bestimmte Person zum Ausdruck zu bringen, die allen bekannt war. Man stellte ihnen Fragen wie: «Wenn dieser Mensch eine Farbe wäre, welche Farbe würde er dann sein?» oder: «Welche Art Nahrungsmittel» oder: «Was für ein Land? Welche Art Literatur? Was für ein Möbelstück? Was für ein Tier? Was für ein Körperteil?» oder: «Welcher Geruch würde zu ihm passen? In welcher Geschichtsperiode müßte er leben?» In jedem Fall sollten die Teilnehmer sich bei ihren Antworten nicht so sehr an äußerliche Tatsachen halten, sondern versuchen, zum Wesen vorzudringen. So sollte man zum Beispiel auf die Frage nach dem «Nahrungsmittel» bei einem Bürger der Vereinigten Staaten nicht einfach mit *apple pie* antworten. Vielmehr konnte man sich – wie es einer der Teilnehmer tatsächlich tat – sein Wesen als sanft und etwas farblos vorstellen und das dann in analoger Form als «ungesalzenes Kartoffelpüree» ausdrücken. Diese Variante eines Gesellschaftsspiels ruft gewöhnlich rasch Begeisterung hervor und regt zu analogisierendem und assoziierendem Denken an.

Ebenso wurden die Teilnehmer ermuntert, bestimmte Gefühle mit Hilfe direkter Analogien zum Ausdruck zu bringen. Fordert man zum Beispiel dazu auf, die Gefühle gegenüber einzelnen Gruppenmitgliedern in Verwandtschaftsbegriffen oder Farben zum Ausdruck zu bringen, ergibt sich ein wesentlich weiteres Spektrum für den Ausdruck echter Empfindungen.

Oft erweist es sich als nützlich, diese Methode auf eine akute Situation anzuwenden. Bei einer Gruppe von Geschäftsleuten traten Schwierigkeiten hinsichtlich ihrer Einstellung gegenüber dem Leiter der Gruppe auf. Daher forderte der Gruppenleiter sie auf, ihre Empfindungen ihm gegenüber zum Ausdruck zu bringen. Er spürte heftige Widerstände und hatte das Gefühl, wenn diese Empfindungen weiter zurückgehalten werden, werde das jeden Fortschritt innerhalb der Gruppe blockieren. Die Teilnehmer reagierten jedoch nicht. Sie saßen zu diesem Zeitpunkt an einem Tisch und tranken Wasser aus Pappbechern, von denen eine ganze Anzahl auf dem Tisch herumlagen. Um aus der Sackgasse herauszukommen, formulierte der Gruppenleiter seine Aufforderung anders. Er sagte, die Teilnehmer sollten sich vorstellen, er, der Gruppenleiter, sei ein Pappbecher – was würden sie mit ihm tun? Drei Teilnehmer zerschmetterten sofort ihren Pappbecher mit der Faust. Ein anderer sagte, er wolle ihn hoch oben auf ein Piedestal stellen; mehrere wollten aus dem Pappbecher trinken, einer wollte ihn beiseite schieben und nicht mehr anschauen; und einer sagte, am liebsten würde er in den Pappbecher pissen! Die «Verdinglichung» des Gruppenleiters hatte den Empfindungen zum Durchbruch verholfen, der Bann war gebrochen. Anschließend wurden die Empfindungen gegenüber dem Gruppenleiter im einzelnen erörtert.

Auch hier handelt es sich um eine Anwendung des Prinzips, daß die Umwandlung psychischer Empfindungen in eine physische Aktion ein gutes Mittel zur Klärung solcher Empfindungen ist.

Summen

Eine andere, dem freien Assoziieren verwandte Methode, die ebenfalls einen Zugang zum Unbewußten eröffnet, ist das Summen. Es trägt dazu bei, die Gedanken oder Empfindungen, die einen Menschen unbewußt beherrschen, aufzudecken. Wenn man ein Lied, das einem spontan in den Sinn kommt, vor sich hin summt, und dann über den zugehörigen Text nachdenkt oder den sich einstellenden Assoziationen freien Lauf läßt, so führt das häufig zu einem besseren Verständnis der problematischen Ausgangssituation. Der Titel des Liedes, der Text der Stelle, die man vor sich hin summt, oder auch die Gefühlslage des gewählten Liedes kann der Anknüpfungspunkt für freies Assoziieren sein. (Der Leser sollte es sofort selbst einmal versuchen und einfach anfangen, vor sich hinzusummen, bis ganz von selber irgendeine Melodie daraus wird.)

Bei einer Versammlung mehrerer Gruppen wurden alle Teilnehmer aufgefordert, etwas vor sich hinzusummen. Einer begann zu summen: *«I feel witty, oh so witty»* – nach einer Melodie aus der ‹*West Side Story*›. Das war ein ausgezeichnetes Beispiel für diese Methode, denn erstens hatte er kurz zuvor zwei wichtige Bemerkungen gemacht und alle Versammelten damit zum Lachen gebracht, und zweitens war der Text falsch zitiert. Beim Summen hatte er die erste Textzeile des Songs (*«I feel pretty»*) übersprungen und gleich mit der zweiten begonnen, denn da kommt das Wort vor, das seine gerade vorherrschenden Gefühle ausdrückte. Er selbst war sich des Zusammenhangs zwischen diesem Text und seinem Verhalten überhaupt nicht bewußt und bemerkte ihn erst, als er ausdrücklich darauf hingewiesen wurde.

Ein weiteres Beispiel: ich sollte vor einem größeren Kreis einen Vortrag halten. Ich war sehr zuversichtlich und plauderte angeregt mit dem Mann, der mich einführen sollte. Alles schien in bester Ordnung, und ich summte eine kleine Melodie vor mich hin. Als ich über diese Melodie nachdachte, ging mir plötzlich auf, daß es sich um ein Thema aus dem Film ‹*The Great Impostor*› handelte. Mir wurde klar, daß mein zuversichtliches Gebaren ganz und gar nicht meinen wirklichen Empfindungen entsprach. Ich wurde sehr still und ging noch einmal gewissenhaft das Konzept meines Vortrags durch.

In einem anderen Fall war ein Patient unterwegs zu seinem Psychotherapeuten, und zwar in bester Stimmung. Die Therapie hatte gut angeschlagen; sein Vertrauen in den Psychotherapeuten nahm immer mehr zu. Diese Empfindungen kamen ihm plötzlich klar und deutlich zum Bewußtsein, als er bemerkte, daß er auf dem Weg zur Praxis ständig vor sich hingesummt hatte: *«I'll make up for everything the world has done to you»*. Offensichtlich kam darin seine Überzeugung zum Ausdruck, daß der Psychotherapeut im Begriff war, alles bei ihm ins rechte Lot zu rücken und ihm einen Neubeginn zu ermöglichen.

Das Summen ist eine einfache und zugleich sehr erfreuliche Methode, verborgene Gefühle und Empfindungen aufzudecken, die dem bewußten Denken nur schwer zugänglich sind.

Übt man sich in diesen höchst einfachen Methoden, so kann man damit das Vertrauen in die eigene Assoziationsfähigkeit stärken. Jeder besitzt diese Fähigkeit; die meisten Menschen besitzen sie sogar in einem erstaunlichen Maße. Will man jedoch diese wertvolle Fähigkeit anwenden, muß man ihr Vorhandensein erkennen, psychische Hemmungen überwinden, um sie frei wirken zu lassen, und sie immer wieder praktizieren. Zugleich muß man darauf vertrauen, daß sie nützlich ist und daß sie beim Denken, bei der schöpferischen Arbeit und bei der Intensivierung des inneren Bewußtseins ein wertvolles Hilfsmittel sein kann.

Ausdruck

Unsere inneren Gedanken und Empfindungen müssen in irgendeiner Form ihren Ausdruck finden. Wissenschaftliche Entdeckungen werden mit Hilfe einer entsprechenden Fachsprache bekanntgemacht; Musik wird in Notenschrift aufgezeichnet und mit Instrumenten gespielt;

andere schöpferische Impulse werden mit Hilfe der Malerei, des Gesangs, des Tanzes, der Sprache und der Schauspielkunst zum Ausdruck gebracht. In irgendeiner Form muß der Mensch seine Erlebnisse und Erfahrungen mit Hilfe seines Körpers oder seiner Körperhaltung anderen Menschen mitteilen.

Man könnte sagen, daß wissenschaftliche und künstlerische schöpferische Arbeit sich durch die Betonung unterscheiden, die auf den Ausdrucksaspekt des schöpferischen Vorgangs gelegt wird. Bei der schöpferischen Tätigkeit im Bereich der Wissenschaft liegt der Nachdruck auf den drei ersten Phasen des schöpferischen Prozesses – *Aufnahme, Assoziation* und *Ausdruck*. Die großartigen wissenschaftlichen Erkenntnisse Freuds ergaben sich aus seinem Gespür und seiner Integrationsfähigkeit hinsichtlich der verschiedenen Aspekte der menschlichen Persönlichkeit. Seine Schriften über diese Entdeckungen waren nur in untergeordneter Weise Bestandteil seiner schöpferischen Tätigkeit. Sie dienten in erster Linie der Mitteilung seiner Gedanken. Ein Schriftsteller, ein Dichter, ein bildender Künstler oder ein Tänzer müssen sich dagegen mehr auf die Form konzentrieren, in der ihre schöpferischen Impulse zum Ausdruck gebracht werden. Browning wird nicht nur der schöpferischen Vorstellungen wegen, die seinen Dichtungen zugrunde liegen, geschätzt, sondern vor allem wegen der Form, in der er sie zum Ausdruck gebracht hat. Wenn Katherine Dunham oder Margot Fonteyn tanzen, besteht die künstlerische Leistung zu einem großen Teil in ihren wunderbar nuancierten Körperbewegungen – in der Art und Weise also, wie sie ihre Empfindungen mitteilen.

Bewußte, logische Faktoren, die zur Erhöhung der Ausdrucksfähigkeit des Menschen beitragen, spielen in einem traditionellen Erfahrungsbereich, beim Erlernen bestimmter Fähigkeiten eine Rolle. Das Erlernen der Tanzkunst, des Singens, des Malens oder des Schreibens gehört zur Ausbildung der Fähigkeit, sich selbst auszudrücken. Ein wesentlicher Faktor ist auch die Entfaltung der Fähigkeit, etwas symbolisch darzustellen, das heißt, aus einem bestimmten Medium abgeleitete Empfindungen mit den Möglichkeiten eines anderen Mediums auszudrücken. Ein gutes Beispiel dafür bietet Walt Disneys Film *‹Fantasia›*, in dem musikalische Kompositionen in visueller Form dargestellt werden.

Faktoren, die unbewußt die Ausdrucksfähigkeit hemmen, leiten sich häufig von Vorurteilen im kulturellen oder im zwischenmenschlichen Bereich ab. Die Auffassung, Ballett-Tanzen sei unmännlich oder Singen in der Öffentlichkeit sei ungehörig, oder die Ansicht, Künstler seien verantwortungslos und Schauspielerinnen unmoralisch – das alles kann sowohl bewußt als auch unbewußt dazu beitragen, den Ausdruck von Empfindungen in diesen Bereichen zu verhindern. Auch die Abneigung, sich vor anderen Menschen zu produzieren, wie etwa beim Singen in der Öffentlichkeit, ist ein wesentliches Hemmnis, sich frei und ungehindert auszudrücken. In dem Maße, in dem diese Hemmungen existieren, wird die Selbstverwirklichung eingeschränkt.

Gelingt es, bei der gegenseitigen Erforschung des schöpferischen Ausdrucksvermögens eine Atmosphäre herzustellen, in der die ganze Gruppe versucht, die schöpferischen Bemühungen eines jeden einzelnen zu unterstützen, lassen sich bemerkenswerte Fortschritte erzielen.

Wortlose Begegnung

Beim ersten Zusammentreffen einer Kontaktgruppe wurden alle Teilnehmer instruiert, sie sollten auf den Gebrauch von Worten, geschriebenen wie gesprochenen, verzichten. Außerdem wurden die Stühle nicht in der sonst üblichen Kreisanordnung aufgestellt. Keine Gruppe hatte einen Tisch zur Verfügung: die Gruppenmitglieder kamen in einen Raum, in dem die Stühle auf einer Seite zusammengeschoben waren, und mußten sich eine Stunde lang ohne Worte miteinander verständigen. Mit diesem Versuch sollte zu einer nichtverbalen Mitteilungsform ermuntert werden. (Eine Gruppe absolvierte dieses Experiment mit geschlossenen Augen, um die Wahrnehmung der Sinne – abgesehen vom Gesichtssinn – zu erhöhen.)

Es war ein einzigartiges Erlebnis. Die Gruppe tanzte, gestikulierte mit Händen und Füßen, versuchte Sinngehalte durch Gebärden auszudrücken usw. Eine überraschende Entdeckung zeichnete sich ab. Offenbar ergab sich aus der ersten wortlosen Begegnung für alle ein weit klareres Bild von den einzelnen Gruppenmitgliedern, als es normalerweise nach einer mehr in der herkömmlichen Weise verlaufenden Begegnung existiert. Vielleicht unterstreicht diese Entdeckung die Tatsache, daß die Menschen das gesprochene Wort gemeinhin dazu benutzen, um anderen etwas vorzumachen und sich nicht durchschauen zu lassen.

Diese Methode fördert die Umwandlung von Empfindungen in Aktionen. Der Wunsch der Gruppe, einen bestimmten Teilnehmer «aufzunehmen», wurde dadurch zum Ausdruck gebracht, daß mehrere Gruppenmitglieder den Betreffenden samt seinem Stuhl buchstäblich aufnahmen und in den von der Gruppe gebildeten Kreis hineintrugen.

Dyade

Manchmal ist es leichter, etwas zum Ausdruck zu bringen, wenn nur *eine* andere Person anwesend ist. Um das zu erproben, werden die Mitglieder einer Gruppe paarweise, in Zwei-Personen-Gruppen oder Dyaden eingeteilt. Ein Zweier-Treffen dauert zwischen einer halben und einer ganzen Stunde. Beide Partner haben die Aufgabe, sich darum zu bemühen, einander zu verstehen; jeder soll lernen, wie man im Hinblick auf den Partner Geben und Nehmen praktiziert und wie man gemeinsam schöpferisch produktiv sein kann. Das Ziel ist, jedem der beiden Partner die Möglichkeit zu geben, daß er lernt, sich selbst auszudrücken und die Ausdrucksformen des Partners so weit kennenzulernen, daß sich darauf eine persönliche Beziehung aufbauen läßt. Ferner bietet sich dabei die Gelegenheit, Schwierigkeiten zu meistern und auf dieser Grundlage konstruktiv aufzubauen.

Die Situation ist insofern einzigartig, als die Partner – nach den geltenden Spielregeln – ihre Beziehungen aufrechterhalten müssen und sich nicht, wie sie es sonst vielleicht tun, einer schwierigen Situation entziehen dürfen. Doch davon wird in dem Abschnitt «Ausdauer» noch ausführlich die Rede sein.

Mit Hilfe der hier erörterten Methoden erhält man Zugang zu einer Vielfalt von Ausdrucksformen, wie sie den meisten von uns kaum geläufig ist; das gilt sowohl für eine weitergefaßte und komplexere Verwendung von Sinnesorganen und Körperteilen als auch für die Beteiligung verschiedenartiger sozialer Gruppierungen – Einzelperson, Dyade (Zweiergruppe), kleine Gruppe, große Gruppe. Sich in einer Atmosphäre wechselseitiger Förderung selbst zum Ausdruck zu bringen, ermöglicht einem Menschen das Erlebnis, daß er etwas zustande bringt, das er sich selbst ursprünglich nicht zugetraut hat. Die Erkenntnis, daß man das scheinbar Unausdrückbare doch zum Ausdruck bringen kann, verhilft einem Menschen oft zu einem solchen Zuwachs an Selbstvertrauen, daß er sein Repertoire an Ausdrucksmöglichkeiten beständig zu erweitern vermag.

Bewertung

Hat man sich Erfahrungselemente angeeignet und sie miteinander assoziiert, um das eigene Verhalten schöpferisch und zweckmäßig zu gestalten – und nicht bloß wunderlich und exzentrisch –, dann muß eine kritische Bewertung im Hinblick auf die Erfordernisse der jeweiligen Situation erfolgen. Untermalt man eine Symphonie mit dem Geräusch quietschender Kreide, versetzt man guten Likör mit Ketchup, oder versucht man, mit Hilfe einer Büroklammer einen Tunnel zu graben, läßt sich zwar in allen drei Fällen sagen, es handle sich um eine ungewöhnliche Verbindung zwischen höchst verschiedenartigen Elementen, aber ihr objektiver Wert ist bestenfalls zweifelhaft.

Wissenschaftliche Erkenntnisse lassen sich meist leichter bewerten als künstlerische Schöpfungen. Die von der Wissenschaft entwickelten Prüfungs- und Testmethoden reichen in der Regel aus, um den Wert einer neuen wissenschaftlichen Leistung zu bestimmen. Hervorragende künstlerische Leistungen sind jedoch oft vergänglicher; ihr Wert hängt von dem Gefühl der Genugtuung des Künstlers selbst oder von der Reaktion der Öffentlichkeit und von den jeweiligen gesellschaftlichen Tendenzen ab. Die abwechselnd zunehmende und abnehmende Popularität beispielsweise von Sinatra, Telemann, van Gogh oder von Lampenschirmen von Tiffany zeigt deutlich, welche Schwierigkeiten sich beim Bewerten künstlerischer Leistungen erheben.

Um bewußte und zuverlässige Methoden der Bewertung hat man sich – besonders im Bereich der Wissenschaft – intensiv bemüht. Der gesamte experimentelle und statistische Überbau in der wissenschaftlichen Forschung ist nichts anderes als der Versuch, Ideen oder Hypothesen auf ihre Verwendbarkeit hin zu überprüfen.

Doch werden bei der Bewertung eines – wissenschaftlichen oder künstlerischen – Produkts auch weniger objektive Methoden aus dem Bereich des Unbewußten verwendet. So sprechen Wissenschaftler und Künstler im Hinblick auf ihre Arbeit häufig davon, daß sie ein gutes oder aber ein ungutes «Gefühl» haben. Einige Mathematiker haben berichtet, sie hätten eines Tages beim Aufwachen «gewußt», daß sie ein schwieriges Problem gelöst hätten. Zwar mag nach dieser Eingebung die Ausarbeitung der Details noch mehrere Tage in Anspruch genommen haben, aber der Wissenschaftler «wußte» instinktiv, daß die zur Lösung des betreffenden Problems erforderlichen Elemente bereits in ihm existierten.

Andererseits gibt es natürlich auch das «Gefühl», daß man die Lösung nicht finden wird. Ein Ingenieur berichtete, er habe in seiner Kindheit einmal ein Modellflugzeug gebaut. Es enthielt alle Bestandteile außer dem Motor. Aber – so berichtete er – er «wußte» genau, daß es auch mit einem Motor nicht hätte fliegen können. Nach dem, wie er es analysierte, entstand dieses «Gefühl» aus der Erkenntnis, daß er nicht genügend über Flugzeuge wußte, um ein flugfähiges Modell herstellen zu können.

Offenbar verfügt das Unbewußte in solchen Fällen über eine Art «Voraus-Information» hinsichtlich der Zulänglichkeit bestimmter Lösungen und signalisiert diese Lösungen mittels körperlicher Empfindung. Die Fähigkeit, auf solche Empfindungen zu reagieren, kann sehr nützlich sein, wenn es darum geht, diesen oder jenen Weg aufzugeben oder weiterzuverfolgen. Natürlich sind Irrtümer möglich, aber wenn man lernt, auf solche körperlichen Empfindungen angemessen zu reagieren, ist die Wahrscheinlichkeit größer, daß man zu einem befriedigenden Abschluß gelangt.

Psychische Hemmnisse, die einer angemessenen Bewertung entgegenstehen, ergeben sich häufig beim Treffen von Entscheidungen. Einerseits können Angst vor Enttäuschung, allgemeine Unsicherheit hinsichtlich der eigenen Fähigkeiten oder ein zwanghafter Perfektionismus eine gerechtfertigte positive Einschätzung der eigenen Leistungen verhindern. Andererseits können übertriebenes Wunschdenken, krankhafter Ehrgeiz oder erbitterter Konkurrenzneid zu einer ungerechtfertigten günstigen Beurteilung eigener Leistungen führen. Konfliktsituationen, Unschlüssigkeit oder übereilte Entscheidungen können die Folge sein. (Natürlich gibt es noch eine Reihe anderer Ursachen für die Problematik des Bewertens.) In dem Maße, in dem diese Faktoren mitwirken, wird ein Mensch Schwierigkeiten bei der realistischen Einschätzung der eigenen Leistungen haben und dazu neigen, sie entweder unkritisch zu akzeptieren oder aber durchaus achtbare Leistungen nicht anzuerkennen. In beiden Fällen leidet zweifellos das kreative Verhalten.

Die folgende Methode stützt sich auf diese Gedanken hinsichtlich der Bewertung.

Körpergefühl

Die Methoden zur Analyse der zum schöpferischen Prozeß gehörenden Bewertungsphase konzentrieren sich in erster Linie auf das körperliche Gefühl, ob etwas «richtig» oder «falsch» ist. Man kann den Menschen beibringen, derartigen Institutionen zu vertrauen, so daß sie sich, wenn sie bei einer Unternehmung nicht schlüssig sind, welchen Weg sie einschlagen sollen, auf ihr Gefühl verlassen können. Natürlich erweisen sich solche «Gefühle» nicht in allen Fällen als richtig. Aber wenn man bei einem Menschen das Bewußtsein für ihr Vorhandensein weckt, wird er sie auch beachten und richtig einschätzen. Der eine mag feststellen, daß seine «Gefühle» sich stets als nützlich erweisen, ein anderer mag zu dem Schluß kommen, daß sie nur in bestimmten Bereichen vorteilhaft sind, und ein dritter findet vielleicht heraus, daß er sich nur in Verbindung mit anderen Hinweisen auf sie verlassen kann.

Diese «Gefühle» werden auch als «prälogisches Denken» bezeichnet. Das bedeutet, daß bei der Lösung eines Problems der gesamte Körper beteiligt ist und daß im Unbewußten bereits etwas in Bewegung gerät, bevor das Gehirn das Problem erfaßt und zu einer logisch fundierten Lösung gelangt. Wird ein Mensch sich dieser unbewußten prälogischen Regungen bewußt und nutzt sie aus, kann er rascher zu angemessenen Schlußfolgerungen kommen. Wir begegnen diesem Phänomen während unseres ganzen Lebens, und zwar meist dann, wenn wir wichtige Entscheidungen zu fällen haben. Häufig überkommt uns bei einer bestimmten Handlungsweise das «Gefühl», irgend etwas daran sei nicht «richtig», ohne daß ein Grund dafür ersichtlich wäre. Gelegentlich bezeichnet man eine solche Regung auch als «Vorahnung» oder «Intuition».

Schöpferische Menschen besitzen oft die Fähigkeit, von diesem Vorgang Gebrauch zu machen. So sprechen beispielsweise Bildhauer häufig auf diese Weise von ihren Arbeiten. Sie sehen sich eine Plastik an und haben ein «Gefühl» dafür, ob sie gelungen ist oder nicht. Die meisten zögern oder sind gar nicht in der Lage zu sagen, warum das betreffende Werk «gelungen» ist oder nicht, aber sie verlassen sich fest auf ihr «Gefühl». Befriedigt sie das Werk nicht, arbeiten sie so lange daran weiter, bis sie das «Gefühl» haben, es sei gelungen.

Bildet man sein Reaktionsvermögen auf prälogische Regungen aus, steigert man damit zugleich seine Fähigkeit, vernünftige Urteile zu fällen. Man muß sich einfach selbst dazu erziehen, auf Signale zu reagieren, die in einem bereits vorhanden sind, und muß darüber hinaus in der Lage sein, sie zu seinem eigenen Nutzen auszuwerten.

Ausdauer

Jeder auch nur einigermaßen begabte Mensch hat gelegentlich schöpferische Ideen oder beweist ein schöpferisches Verhalten. Eine echte schöpferische Leistung ist jedoch nicht möglich ohne Ausdauer. Alles, was eine schöpferische Idee oder das sich daraus ergebende Produkt mit sich bringt, muß erforscht werden, die noch nicht entwickelte Idee muß reifen, und man muß sozusagen mit dem Stoff oder Gegenstand «leben», um ihn gründlich zu durchdenken. Gelegentlich hat man das Gefühl, das Produkt sollte so bleiben, wie es spontan konzipiert wurde. In den meisten Fällen trifft das allerdings nicht zu. Romane und Geschichten müssen oft mehrmals umgeschrieben werden, bevor sie tatsächlich die vom Autor beabsichtigte Wirkung vermitteln. Bilder müssen verbessert werden, und Ideen müssen unter verschiedenen Aspekten wieder und wieder durchdacht werden, bis sich ein abgerundetes Werk ergibt.

Ein Problem, das mit der Frage der Ausdauer eng zusammenhängt, ließe sich als der Konflikt zwischen dem «blinden Liebhaber» und dem «Don Juan» bezeichnen. Einerseits besteht die Möglichkeit, daß man sich mit einer Idee oder einem schöpferischen Impuls zu lange befaßt, über den Punkt hinaus, wo das noch fruchtbar ist. Die Tatsache, daß der Begriff «Flexibilität» in unserer Kultur eine so hohe Wertschätzung genießt, zeigt deutlich, wie sehr man es bei uns zu schätzen weiß, wenn jemand eine eigene Idee aufgibt und sich aufgeschlossen gegenüber den Ideen anderer Menschen zeigt. Andererseits kann es auch geschenen, daß eine Idee vorzeitig aufgegeben wird, bevor sie die Chance hatte, zu reifen. In der Geschichte der Wissenschaft gibt es zahlreiche Fälle, in denen eine große Entdeckung gemacht wurde, weil der Entdecker auch angesichts hartnäckigen Widerstands entschlossen bei seiner Idee verharrte. Galilei, Pasteur und Freud sind dafür eindrucksvolle Beispiele. Das Problem besteht also darin, zu vermeiden, daß man den «blinden Liebhaber» dramatisiert, indem man bei einer Bemühung auch dann noch verharrt, wenn sie eindeutig zu keinem fruchtbaren Ergebnis mehr führen kann.

Ähnlich gibt es natürlich auch eine Reihe von Gründen für das «Don Juan»-Verhalten. Nicht selten stellt sich Angst vor einem Mißerfolg ein, wenn das wissenschaftliche oder künstlerische Produkt einer endgültigen Prüfung unterzogen werden soll. Oder aber das Interesse erlahmt, weil die mit der Entdeckung verbundene Spannung vorüber ist und die Weiterentwicklung mit mühevoller Plackerei verbunden wäre. Gelegentlich kommt es auch vor, daß der Entdecker oder Künstler nicht recht weiß, wie er nun weiterarbeiten soll, denn die Phase der Ausdauer erfordert eine ganz andere Art der Aktivität als der Schöpfungsakt. Einer der gefährlichsten Faktoren, die einen Menschen zu vorzeitigem Aufgeben bestimmen können, ist der Druck, der von der Gesellschaft oder den Mitmenschen ausgeübt wird. Häufig versucht man einem schöpferischen Menschen einzureden, das beharrliche Festhalten an einer Idee sei selbstsüchtig, egozentrisch, pedantisch, unelastisch und prätentiös.

Zuweilen hängt die Unfähigkeit, ein Werk zu Ende zu führen, mit der Einstellung zur etablierten Autorität zusammen. Etwas Neues hervorzubringen, bedeutet für manche Menschen: «Ich kann etwas besser tun als die etablierten Experten (Autoritäten).» Da solche Menschen kein klares Verhältnis zum Autoritätsbegriff haben, erscheint diese Implikation ihnen viel zu bedrohlich und hindert sie daran, eine schöpferische Idee fruchtbar zu verwirklichen. Gelingt es, einen solchen Menschen von der Vorstellung zu befreien, schöpferisches Wirken sei zwangsläufig mit Egoismus und Respektlosigkeit verbunden, läßt sich bei ihm mit großer Wahrscheinlichkeit die Fähigkeit zur Ausdauer steigern.

Natürlich gibt es ebenfalls viele Gründe, aus denen Menschen eine Idee weiterverfolgen, selbst wenn sie zu keinem sinnvollen Ergebnis mehr führen kann. Auch hier mag das Autoritätsproblem eine Rolle spielen – allerdings im entgegengesetzten Sinn. Für manche Kinder und auch für erwachsene Menschen, die ständig gegen jede Autorität rebellieren, hat jedes nichtschöpferische und konforme Verhalten die symbolische Bedeutung der Unterordnung unter irgendeine Autorität, und dieses Gefühl können sie einfach nicht ertragen. Deshalb wollen sie zwangsläufig alles, was sie tun, auf ihre eigene Weise tun. Diese Einstellung führt manchmal zu schöpferischen Aktionen, und darüber hinaus ist sie ein starker Ansporn, diese Aktionen auch zu vollenden. Die Schwierigkeit besteht darin, daß der «Rebell» sich bei seinem Vorhaben nicht gern auf bereits etablierte Ideen oder Produkte stützt, selbst wenn das der Sache dienlich wäre. Auf diese Weise leidet seine schöpferische Tätigkeit.

Ein weiterer Faktor, der bei einem «blinden Liebhaber» eine Rolle spielt, ist das starke Bedürfnis, um jeden Preis Erfolg zu haben. Gelegentlich kämpft ein Mensch so verzweifelt um Erfolg, daß er nicht in der Lage ist, sich den Mißerfolg seiner Bemühungen einzugestehen. Er hat das Gefühl, das sei nicht möglich, sein Werk müsse gut sein, er müsse Erfolg haben! Das kann auch in einer langsamen Arbeitsweise zum Ausdruck kommen, die in Wirklichkeit auf die Unfähigkeit zurückzuführen ist, einen Teil der Arbeit abzuschließen und zum nächsten überzugehen.

Die nun folgende Methode scheint die Voraussetzung dafür zu bieten, die Fähigkeit zur Ausdauer zu entwickeln.

Die Zwangs-Dyade

Bei einem Seminar, das ein oder zwei Wochen dauert, werden die Teilnehmer zu Beginn der ersten Woche in Zwei-Personen-Gruppen eingeteilt und aufgefordert, täglich eine Stunde gemeinsam zu verbringen; diese Zeitspanne wird oft noch in zwei halbe Stunden unterteilt. Die entscheidende Bedingung ist, daß die Partner ihre Begegnungen auch dann fortsetzen, wenn sich das Verhältnis zwischen ihnen äußerst schwierig gestaltet.

Diese Bedingung stellt sie in eine Situation, wie wir sie nur selten erleben, denn im Alltag zieht ein gespanntes Verhältnis im allgemeinen eine Trennung nach sich. Das Zusammenbleiben zwingt beide Partner zu neuen Verhaltensweisen, wenn sie mit der Situation fertig werden wollen, Verhaltensweisen, die ihnen meist sehr ungewohnt sind. Das wiederum führt zu einer größeren Spannweite des typischen Verhaltens und zwingt zur Ausdauer bei der Gestaltung zwischenmenschlicher Beziehungen.

Die Ergebnisse dieser Übung sind gewöhnlich ausgezeichnet und in gewisser Hinsicht überraschend. Die Überraschung besteht darin, daß Menschen wirklich imstande sind, fruchtbare Beziehungen zwischeneinander herzustellen, auch wenn sie dieses Unterfangen praktisch bereits als hoffnungslos und unerfreulich aufgegeben haben. Eine solche Erfahrung erhöht die innere Kraft und stärkt das Vertrauen in die Fähigkeit, eine problematische Situation bis zum guten Ende durchzustehen. Dieses neue Bewußtsein von der eigenen Fähigkeit zu Ausdauer und Beharrlichkeit überträgt sich gewöhnlich auch auf andere Situationen.

Das folgende Beispiel zeigt eine Anwendungsmöglichkeit dieser Erwägungen über die Ausdauer.

Alles schon dagewesen
Sam geriet einmal in eine Diskussion über Ehe und schöpferische Tätigkeit. Einige Aspekte des Gesprächs brachten ihn auf eine Idee. Warum arrangierte man nicht vor der Eheschließung eine Zusammenkunft – ähnlich der hier zusammengekommenen Kontaktgruppe –, zu der man einige der Freunde und Verwandten des angehenden Ehepaars einlud? Alle Teilnehmer würden aufgefordert, offen und ehrlich über ihre Vorstellungen von der Ehe zu sprechen, über die Probleme, die sich ihrer Meinung nach für das Paar ergeben würden, über die Stärken und Schwächen der beiden usw. Aufgeregt begann Sam seine Idee zu erläutern. Plötzlich unterbrach ihn Violet mit den Worten: «Aber das tun die Italiener in zwangloser Form doch schon seit vielen Jahren!» Sam setzte seine Ausführungen fort, doch bald überkam ihn ein Gefühl der Entmutigung. Violets Bemerkung hatte seine Begeisterung spürbar gedämpft. Dem Sinne nach hatte sie gesagt: «Deine Ideen sind gar nicht so neu, wie du denkst, warum machst du so viel Aufhebens davon?» Dadurch, daß Violet das Neue an Sams Idee außer acht gelassen hatte und nur auf den bereits bekannten Aspekt eingegangen war, hatte sie seinen schöpferischen Impuls erstickt.

Damit ist nicht gesagt, daß man auf schöpferische Impulse grundsätzlich zustimmend reagieren sollte; bei allen Reaktionen ist es vielmehr von größter Wichtigkeit, die Gegebenheiten realistisch einzuschätzen. Wesentlich ist, daß man das Neue an dem Ergebnis eines schöpferischen Prozesses auch wirklich erkennt und sich seiner Sache sehr sicher ist, bevor man den Mangel an Originalität beklagt. Oft ist eine Idee, psychologisch oder subjektiv gesehen, durchaus schöpferischer Natur, auch wenn es in der Geschichte Präzedenzfälle gibt. Außerdem ist es meist so, daß die Präzedenzen gar nicht *genau* mit der neuen Idee übereinstimmen. So stellte sich in dem oben angeführten Beispiel bei der anschließenden Diskussion heraus, daß das, was die Italiener taten, sich *nicht* genau mit dem, was Sam vorgeschlagen hatte, deckte; die Unterschiede waren sogar sehr groß. Ähnlichen Manövern begegnet man übrigens häufig in Konferenzen – Geschäftsleute reagieren in solchen Fällen mit der Floskel: «Das haben wir alles schon vor Jahren probiert.»

Wie im Bereich der *Bewertung* stützt sich auch im Bereich der *Ausdauer* die Steigerung der entsprechenden Fähigkeiten auf das Bewußtsein, daß sie einem zu Gebote stehen, auf die Überwindung psychischer Hemmnisse und auf die Praxis. Die Genugtuung, die man empfindet, wenn man in der Lage ist, eine Aufgabe konsequent zu erfüllen, ist sehr groß. Viele Menschen leiden unter Unschlüssigkeit und unter dem, was man in der Welt des Theaters als «Nervosität im dritten Akt» bezeichnet. Zusammen mit den Techniken, die man zur Steigerung der anderen Aspekte des schöpferischen Prozesses anwendet, wird mit den Methoden zur Stärkung der Ausdauer die Freisetzung bereits vorhandener Kräfte angestrebt. Durch Training sollen diese Kräfte entfaltet und der bewußten Kontrolle des betreffenden Individuums untergeordnet werden. Der aufkeimende Stolz und das Gefühl, kompetent zu sein und etwas geleistet zu haben, sind in der Tat eine reiche Quelle der Freude.

Damit ist die systematische Darstellung derjenigen Methoden abgeschlossen, mit deren Hilfe sich die Grundlagen für schöpferisches Handeln durch Herausarbeiten aller Aspekte des schöpferischen Prozesses verbessern lassen. Zwei weitere Methoden – zur Beseitigung psychischer Hemmnisse und um besseren Zugang zu den inneren Empfindungen eines Menschen zu finden – haben sich als so wirksam erwiesen, daß sie nun gesondert und etwas ausführlicher behandelt werden sollen. Eine dieser Methoden ist vom Psychodrama abgeleitet worden. Die andere, verhältnismäßig neue und sehr sinnreiche Methode basiert auf der menschlichen Phantasie und Vorstellungskraft.

Psychodrama und Phantasie

Bei der vom Psychodrama abgeleiteten Technik steht ebenfalls der Körper im Mittelpunkt, und zwar insofern, als der Teilnehmer eine Situation eher szenisch darstellt, als daß er sie nur in Worten ausdrückt. Hinsichtlich der auf der Phantasie beruhenden Methoden bedarf es einer Ergänzung dessen, was über die Wirksamkeit der hier besprochenen Methoden gesagt wurde, denn bei ihnen kommt es nicht auf körperliche Bewegung, sondern auf den uneingeschränkten Gebrauch der Imaginationskraft an. Wir wollen zunächst die Methoden beschreiben und werden anschließend auf ihre Wirksamkeit zurückkommen.

Das von Moreno[8] und seinen Mitarbeitern in den vergangenen Jahrzehnten aus den Erfahrungen des sogenannten Stegreiftheaters entwikkelte Psychodrama bietet eine Vielzahl von Methoden, die sich hier vorzüglich eingliedern ließen. Es soll jedoch nur eine von ihnen beschrieben werden. Sie ist eine der wirksamsten und läßt sich leicht im Rahmen einer Kontaktgruppe praktizieren. Die folgende Beschreibung soll einen Eindruck von dieser Methode vermitteln.

Verlust eines Menschen

Wann: Der Verlust eines nahestehenden Menschen in einer frühen Lebensphase löst beim Kind meist eine traumatische Wirkung aus. Später, im Erwachsenenalter, können sich daraus schwerwiegende Folgen für die zwischenmenschlichen Beziehungen des Betreffenden ergeben. Wenn eine solche Situation vorzuliegen und Anlaß zu ernsthaften Störungen im gegenwärtigen Verhalten des Betreffenden zu sein scheint, kann sich die im folgenden beschriebene Technik als wirksam erweisen.

Wie: Das Verfahren besteht aus zwei vom Psychodrama hergeleiteten Methoden: *Hilfs-Ich* und *Rollentausch*. Der Protagonist wird aufgefordert, innerhalb der Gruppe jemanden auszusuchen, bei dem er eine gewisse Ähnlichkeit mit dem Menschen, den er verloren hat, festzustellen glaubt, und mit ihm die Situation einer Begegnung mit dem verlorenen Menschen durchzuspielen. Lebt der Mensch, den er verloren hat, nicht mehr, muß sich der Protagonist vorstellen, er selbst begäbe sich zu dieser Begegnung ins Jenseits. Die Szene beginnt damit, daß der Protagonist dem Menschen, den er verloren hat, erzählt, welche Gefühle er für ihn empfindet. Nach einigen Wechselreden zwischen den beiden wird der Protagonist gefragt, ob der Partner den verlorenen Menschen auch richtig darstellt. Ist dies nicht der Fall, werden die Rollen getauscht, so daß jetzt der Protagonist die Rolle des Menschen spielt, den er vermißt. Diese Art des *Rollentauschs* wird mehrere Male praktiziert. Das hilft dem Protagonisten, die Empfindungen des anderen Menschen nachzuempfinden. Andere Gruppenmitglieder werden aufgefordert, als Alter ego zu fungieren: sie stellen sich hinter einen der beiden Hauptdarsteller und sagen Dinge, von denen sie glauben, daß der betreffende Darsteller sie zwar empfindet, aber nicht ausspricht. In der Regel fördert diese Kombination von Rollentausch und *Hilfs-Ich* die Hauptelemente der dargestellten Situation zutage und ermöglicht es dem Protagonisten, das Problem in seinem vollen Ausmaß zu erforschen und zu erfassen. Die Aktion wird damit abgeschlossen, daß man eine realistische und sachgerechte Lösung für das Problem durchspielen läßt, die auf allen bei der Aktion zutage getretenen Einzelheiten basiert.

Im allgemeinen fungiert dabei der Gruppenleiter oder ein erfahrener Teilnehmer als Regisseur. Wenn die gesamte Gruppe bereits über einige Erfahrung verfügt, können sich alle Teilnehmer an der Inszenierung beteiligen.

Der Protagonist kann sich die Darsteller für andere Rollen aussuchen, oder sie stellen sich freiwillig zur Verfügung. Manchmal ist es sinnvoller, wenn man dem Protagonisten einen leeren Stuhl als Partner gibt. Er spielt dann beide Rollen und wechselt jeweils mit der Rolle auch den Stuhl.

Vorsichtsmaßregel: Das hier beschriebene Verfahren gehört zur psychodramatischen Methode und ist im allgemeinen am wirkungsvollsten, wenn es von jemandem geleitet wird, der mit dieser Methode vertraut ist. Das Verfahren hat die Tendenz, ein starkes emotionales Engagement auszulösen, und bei unsachgemäßer Anleitung kann der Protagonist in starke Bedrängnis geraten.

Beispiele: Als Deborah neun Jahre alt war, hatte sich ihr Vater von der Mutter scheiden lassen und war weggezogen. Deborah wußte, daß er inzwischen wieder verheiratet war und weitere Kinder hatte. Als sie etwa siebzehn war, hatte er sie eingeladen, den Sommer bei ihm zu verbringen, aber aus irgendwelchen Gründen war sie nicht zu ihm gefahren. Jetzt war Deborah vierzig. Sie hatte ihren Vater nie wiedergesehen, obwohl sie zugab, daß sie – wenn auch auf etwas unbestimmte Weise – immer auf der Suche nach ihm gewesen war. Im Augenblick hatte sie große Schwierigkeiten im Verhältnis zu ihrem Mann, die vor allem darin bestanden, daß sie selbst nicht tief empfinden, ihm nicht viel Wärme geben konnte. Im Verlauf der Diskussion wurde deutlich, daß sie wohl deswegen nicht in der Lage war, sich ihrem Mann ganz zu erschließen, weil sie sich niemals Klarheit über ihre Gefühle gegenüber ihrem Vater verschafft hatte. So schien es das beste, wenn man zur Lösung ihres Eheproblems zunächst die Klärung ihrer Vaterbeziehung in Angriff nahm.

Deborah wurde aufgefordert, in der Gruppe denjenigen auszusuchen, der die größte Ähnlichkeit mit ihrem Vater besaß. Sie traf ihre Wahl ganz spontan. Dann wurde sie gebeten, zusammen mit diesem Mann die hypothetische Szene zu spielen, in der sie endlich ihren Vater wiedersah. Die anderen Gruppenmitglieder sollten als Double fungieren, wann immer ihnen das angebracht schien, das heißt, wenn sie glaubten, Deborah oder ihr «Vater» sprächen nicht alles aus, was sie empfanden. Deborah begann damit, daß sie den Vater nach seinem Namen fragte und sich dann selbst mit Hilfe ihres Mädchennamens identifizierte. Im gleichen Augenblick, als sie ihren Mädchennamen aussprach, fing sie an zu weinen. Dieser Zustand dauerte zehn bis fünfzehn Minuten an: Deborah schluchzte, und ihr «Vater» hielt sie in den Armen. Die Gruppenmitglieder waren sehr überrascht, ergriffen und den Tränen nahe. Die Situation war vor allem deswegen überraschend, weil Deborah sich bis dahin der Gruppe gegenüber ziemlich verschlossen und unbeteiligt gezeigt hatte. Jetzt, während Deborah weinte, saßen alle schweigend da, bis sie plötzlich innehielt. An diesem Punkt war es außerordentlich wichtig, das Verfahren fortzusetzen, obwohl Deborah sehr erschöpft war. Was sich bisher abgespielt hatte, war eine Art Katharsis, aber sie war nicht das Ziel, sondern eröffnete nur die Möglichkeit, sich weiter in das Problem zu vertiefen.

Die Begegnungsszene wurde weitergespielt, und Deborah erzählte dem «Vater», wie ihr zumute war. Man gewann den Eindruck, daß sie ihre feindseligen Empfindungen überging. Deshalb trat einer der Teilnehmer als ihr *Hilfs-Ich* auf. Nun fiel es Deborah leichter, auch diese

Empfindungen zum Ausdruck zu bringen. Es stellte sich heraus, daß Deborah sich über die Situation ihres Vaters kaum Gedanken gemacht hatte, also wurde sie aufgefordert, die Rollen zu tauschen und ihren Vater zu spielen. Das gab ihr die Möglichkeit, besser zu verstehen, wie ihrem Vater zumute sein mochte. Etwas später wurde auch die Mutter – in Gestalt eines anderen Gruppenmitglieds – in das Psychodrama einbezogen, und verschiedene Male spielte Deborah alle drei Rollen: sich selbst, ihren Vater und ihre Mutter. Auf diese Weise erhielt sie einen besseren Einblick in die inneren Vorgänge, die sich zwischen diesem Trio abspielten. Als Deborah schließlich Anzeichen von tiefer Erschöpfung zeigte, wurde sie aufgefordert, jetzt, da sie die vielen Aspekte des Problems irgendwie erlebt und verstanden hatte, mit ihrem Vater zu sprechen und realistische Probleme für ihre Beziehungen in der Zukunft zu machen. Das gelang recht gut und endete mit einer herzlichen Umarmung und einem klareren Verstehen der Situation.

Man hätte Deborah noch in verschiedene andere Situationen versetzen können: sie hätte mit der zweiten Frau ihres Vaters oder mit den Kindern aus deren zweiter Ehe konfrontiert werden können, oder man hätte sie mit ihrem eigenen Mann sprechen lassen können. Aber es hatte den Anschein, als sei das, was sie jetzt getan hatte, im Augenblick das Wichtigste, und als hätte es ihre ganze Kraft erschöpft. Es war unwahrscheinlich, daß sie jetzt noch die nötige Aufgeschlossenheit für weitere Übungen hätte aufbringen können. Nach dieser Aktion änderte sich ihre Stimmung von Grund auf, und sie wirkte sehr viel glücklicher und mitteilsamer – ein Gefühl, das auch während der restlichen Tage des Gruppentreffens anhielt. Es folgt nun ihr eigener Bericht über diese Episode und die mit ihr zusammenhängenden Vorgänge und Empfindungen.

Deborahs Bericht: Den inneren Anschluß an die Gruppe fand ich, als bei einer bestimmten Gelegenheit alle hinausgingen und Alfie *allein* im Raum zurückließen. [Die Gruppe hatte einen Teilnehmer, der sich zurückgesetzt fühlte, allein gelassen, um ihm Gelegenheit zu geben, das Gefühl des Verlassenseins zu erfahren. Deborah brachte das nicht über sich und war zu ihm in den Raum zurückgekehrt.] Ich spürte in mir ganz stark das Gefühl, *falls* er jemanden brauchte, sei wenigstens jemand da. Nicht daß jemand etwas hätte *tun* sollen oder können, sondern nur, damit er nicht völlig allein war.

Das zweite, was Eindruck auf mich machte, war, als eine jüngere Teilnehmerin ihre Gefühle gegenüber der Innigkeit und Fürsorge ihres Vaters beschrieb und wie er ihr immer wieder sagte, wieviel sie ihm bedeutete (ihr Kreuz war: zuviel Vater, das meine: zuwenig Vater!). Wieder der Eindruck: «Ich wünschte, *mein* Vater hätte *mir* einmal solche Dinge gesagt.»

Dann kam die direkte Konfrontation, als Sie zu mir sagten: «Sie sprechen nie über Ihren Mann. Warum eigentlich nicht?» Weil es verdammt hart für mich ist, schon wieder ein Versagen (oder eine Zurückweisung) einzugestehen – erst mein Vater, dann mein erster Mann und jetzt mein zweiter Mann!

Als Sie sagten: «Wählen Sie aus der Gruppe jemanden aus, der die Rolle Ihres Vaters übernehmen soll», kam mir sofort Tom in den Sinn. Und als er mich in die Arme nahm und ich seine Arme fühlte und sie betrachtete, sah ich, daß sie genauso waren wie die meines Vaters: muskulös, braun gebrannt und mit hellen Härchen darauf. (Übrigens heißt auch mein Vater Tom!) Als ich dann auf dem Kissen saß und ihn ansah, war die Intensität meiner Empfindungen überwältigend. In meinen Gliedmaßen hatte ich überhaupt kein Gefühl. Ganz tief innen, irgendwo hinter meinem Nabel, zog sich etwas zu einem riesigen Ball zusammen, der außen ganz weich und flaumig war, aber innen hart wie Stahl. Dieser Ball rollte durch meinen Magen, explodierte dann in meiner Brust und ergoß sich schließlich aus meinem Kopf, aus meinem Mund, meinen Augen, meinen Ohren und meiner Nase. Der Schmerz nahm mit der Aufwärtsbewegung immer mehr zu und wurde bei der Explosion nahezu unerträglich. Meine Brust war wie eingeschnürt und versuchte immer wieder, den Ball nach unten zu stoßen.

Während der ganzen Zeit konnte ich immer nur Toms Gesicht anstarren, vor allem seine Augen, und als ich dann sagte: «Ich bin Deborah Donlan», brach alles aus mir heraus. Niemals vorher habe ich ein solches Gefühl gehabt, und niemals vorher habe ich so geschluchzt. Jeder Schluchzer, jeder Seufzer – alles ballte sich an derselben Stelle zusammen wie beim erstenmal, nur waren die Bälle jetzt nicht mehr so groß und innen nicht mehr so hart, und ihre Größe nahm allmählich immer weiter ab. Im gleichen Verhältnis wie die Größe verringerte sich auch das Schmerzgefühl. Ich hatte alles um mich herum vergessen und nahm niemanden in dem Raum wahr. Es gab nur Tom und mich selbst. Mit dem Nachlassen der Schluchzer und der Schmerzen gewannen nach und nach andere Eindrücke und Empfindungen die Oberhand und wurden immer stärker – das Bewußtsein, daß er mich in den Armen hielt und daß ich mich an ihn preßte, das Gefühl, geborgen und getröstet zu sein, das Gefühl: «Endlich bin ich daheim!» und schließlich das Gefühl des Friedens, der Heiterkeit und des Glücklichseins.

Nachträglich erscheint es mir unfaßlich, daß das alles in mir steckte und daß ich mir dessen in keiner Weise bewußt war. Aber in diesem Augenblick kümmerte ich mich nicht weiter um das «Warum» und das «Weshalb», sondern war heilfroh, daß nun alles draußen war, und mir war herrlich zumute. Ich fühlte mich entspannt und gelockert und aufgeschlossen gegenüber allen anderen. Während der folgenden Zeit, die ich noch gemeinsam mit der Gruppe verbrachte, hatte ich tief in mir das

Gefühl, in Frieden und Harmonie mit mir selbst und mit der übrigen Welt zu leben.

Mit feindseligen oder zornigen Empfindungen gegenüber meinem Vater komme ich noch immer nicht zurecht, aber vielleicht ist die Zeit einfach noch nicht reif dafür. Ich bin sicher, daß ein gut Teil gegen meine Mutter gerichtet ist. Meine Mutter und mein Vater ließen sich scheiden, als ich neun Jahre alt war. Meine Mutter war damals sehr verbittert und ließ sich des langen und breiten darüber aus, was für ein niederträchtiger Kerl er doch war. Bis zu meinem zwölften Lebensjahr kam er jedoch gelegentlich, um mich und meinen Bruder zu besuchen; meine Mutter schärfte uns jedesmal ein, ihn auch ganz bestimmt um Geld zu bitten. Immer wenn er kam, fuhren wir zum Flugplatz hinaus und machten einen Rundflug in einem Flugzeug oder einem kleinen Luftschiff. Es war ein herrliches, wunderbares Gefühl. Solche Dinge waren einfach toll. Nach meinem zwölften Lebensjahr habe ich jedoch meinen Vater nie wieder gesehen. Das gab mir das Gefühl, ich sei nicht viel wert. Er hatte inzwischen wieder geheiratet und schrieb mir nur verhältnismäßig selten. Meine Mutter sagte, ich sollte die Briefe beantworten und ihn um Geld bitten. Ich haßte so etwas. Er war zur Marinereserve gegangen, als ich siebzehn war. Er schickte mir Geld für die Studiengebühren für ein Jahr und für die Bücher, die ich an der Universität brauchte. Das war ein gutes Gefühl.

In jenem Frühjahr bekam ich einen Brief von ihm und seiner zweiten Frau, in dem sie mich einluden, nach Kalifornien zu kommen und mit ihnen in den Urlaub zu fahren und den Yellowstone Park zu besuchen. Ich war glücklich über die Einladung, aber meine Mutter wurde hysterisch und sagte, er wolle ja nur einen Babysitter – wenn ich führe, brauchte ich gar nicht erst wieder nach Hause zu kommen. Ich empfand ihr gegenüber Haß. Dann schrieb ich meinem Vater, ich könnte nicht nach Kalifornien kommen, und seither habe ich nie wieder etwas von ihm gehört. Ich hatte das ungute Gefühl, ich sei ein Feigling, aber ich fühlte auch, daß ich nichts Besseres verdiente.

Eine ganze Zeit lang dachte ich, damit sei alles erledigt, und im übrigen werde es keinerlei Auswirkung auf mich und mein Leben haben. (Wie man sich irren kann!) Ich war in meinem Beruf ganz gut vorangekommen, und nun geschah es, daß ich in der Phantasie und im Traum immer wieder meinem Vater begegnete. Die Häufigkeit und die Intensität dieser «Begegnungen» nahmen zu, als ich etwa dreißig Jahre alt war (etwa in der gleichen Zeit war ich zu dem Schluß gekommen, daß meine erste Ehe nicht mehr zu retten war). Meine Phantasievorstellungen gingen jedoch nie über die erste Konfrontation hinaus. Folgende Themen kehrten immer wieder: Ich fand heraus, wo sich mein Vater aufhielt, ich begab mich dorthin, ich sprach mit ihm, und ich sagte ihm, wer ich war. Stets hatte ich die Hoffnung, er würde sich freuen, mich wiederzusehen, er würde ein bißchen stolz auf mich sein, und alles wäre eitel Freude und Wonne.

Seit meinem Erlebnis in der Gruppe habe ich nie wieder in meiner Phantasie oder in meinen Träumen eine Begegnung mit meinem Vater gehabt. Zwar würde ich ihn, wenn das möglich wäre, gern wiedersehen, aber ich denke nicht mehr mit so viel Spannung und Besorgnis daran. Das Bedürfnis ist einfach nicht mehr so stark.

Was das Aufbrauchen aller Kräfte betrifft, so haben Sie völlig recht. Diese Anspannung, wenn man versucht, alles in sich zu unterdrücken, oder wenn von innen her alles aufsteigt und nach außen drängt und man kämpft, um nicht die Kontrolle über sich zu verlieren, und der jahrelange Kampf, nicht völlig «auseinanderzufallen» – das erschöpft einen wirklich bis auf den Grund.

Natürlich ist es auch eine große Freude, endlich das Gefühl der Entspannung zu haben, das einen für den Kampf entschädigt, und ich fühle, daß dies alles ein notwendiger Bestandteil des ganzen Prozesses ist. Zwar war es ein schmerzliches Erlebnis, aber die Gelöstheit und die Freude wiegen die Schmerzen auf.

Ein zweites Beispiel soll zeigen, wie die Methode angewandt wird, wenn es sich nicht um eine Trennung, sondern um einen Todesfall handelt. In einer Gruppe hatte man allgemein bemerkt, daß Ben etwas unreif war und daß er sich offenbar stark an Autoritätsgestalten anlehnte und sie idealisierte. Ben war damals Anfang Zwanzig. Sein Vater war gestorben, als Ben fünf Jahre alt war. Er hatte den Schmerz über den Verlust niemals wirklich durchlebt. Er hatte die Schilderung, die seine Mutter ihm vom Tod des Vaters gegeben hatte, akzeptiert und sich nie wieder irgendwelche Gedanken darüber gemacht. In Anbetracht seines komplizierten Verhältnisses zu Autoritätsgestalten schien es aussichtsreich, die Gefühle, die mit dem Tod seines Vaters zusammenhingen, genauer zu erforschen, um auf diese Weise seine Autoritätsgläubigkeit zu verstehen und zu erklären.

Ben wurde aufgefordert, sich vorzustellen, er begebe sich ins Jenseits und spreche dort mit seinem Vater über dessen Tod und über die Ereignisse danach bis zur Gegenwart. Er suchte einen Teilnehmer aus, der seinem Vater etwas ähnlich sah, und begann mit ihm über seine Empfindungen zu sprechen, soweit sie mit dem Tod des Vaters in Zusammenhang standen. Häufig tauschte er die Rolle mit seinem «Vater», und als seine Mutter ins Spiel gebracht wurde, tauschte er auch mit ihr die Rollen: mehrere Gruppenmitglieder traten als sein *Hilfs-Ich* auf. Er sprach darüber, wie sehr er seinen Vater entbehrte und welche Auswirkung das auf sein Leben gehabt hatte, erwog, ob sein Vater wohl stolz auf ihn sein würde, sprach über die feindseligen Empfindungen gegenüber seinem Vater, über die Haltung seines Vaters gegenüber seiner Mutter und umgekehrt. Die ganze Zeit über war er psychisch stark erregt und sehr deprimiert. Schließlich überwältigten ihn die aufgestauten Empfindungen, und er legte den Kopf in den Schoß seines «Vaters» und fing an zu weinen und zu schluchzen – in kaum vorstellbarer Weise. Dieser Zustand dauerte zwanzig bis dreißig Minuten, ohne Unterbrechung. Zuerst war es ein Weinen ohne Tränen, dann ein Schluchzen, dann ein stummes Weinen, dann ein Weinen wie bei einem kleinen Kind, dann Wutgeheul und schließlich ein leises Wimmern. Als es vorbei war, herrschte zunächst ein längeres Schweigen. Langsam kam eine Diskussion über das, was geschehen war, in Gang. Eines der Gruppenmitglieder wußte plötzlich die richtige Erklärung für diesen Ausbruch. Es habe so gewirkt, als hätte Ben alle Tränen und Schreie, die er sonst nie hatte loswerden können, nun auf einmal aus sich herausgelassen – und zwar sozusagen in umgekehrter Reihenfolge: vom Weinen des Erwachsenen bis hin zum Wimmern des Kleinkinds. All das aufgestaute und unterdrückte Weinen und Schluchzen war plötzlich aus ihm hervorgebrochen. Ben fühlte sich zugleich erschöpft und erleichtert.

Er wirkte nach diesem Erlebnis ausgesprochen entspannt. Die innere Abhängigkeit von anderen ließ nach, seine Stimme wurde sicherer, und es herrschte der Eindruck vor, daß er viele der bis dahin ungeklärten Empfindungen gegenüber seinem Vater verarbeitet hatte und jetzt zu einer realistischeren Einstellung gegenüber seiner Umwelt bereit war. Er wurde sofort noch einmal in dieselbe psychodramatische Situation gestellt, und dabei wurde eine realistische Lösung für das Verhältnis eines Sohnes zu seinem toten Vater erarbeitet.

Was geschehen war: In beiden hier beschriebenen Fällen trat der Verlust eines nahestehenden Menschen in einer sehr frühen Lebensphase ein und hatte verheerende Auswirkungen auf das Kind zur Folge; Auswirkungen, die dann jedoch rasch überdeckt wurden. Dieses Überdekken machte zwar den unmittelbaren Schmerz erträglicher, hinterließ aber tiefe Spuren in der Persönlichkeitsstruktur. Deborahs Verhältnis zu den Männern wurde gestört, und Bens Beziehungen zu Autoritätspersonen und zu Frauen blieben, als er erwachsen wurde, in einem Stadium der Unreife stecken. Die Tatsache, daß Ben seine Empfindungen unterdrückte, um den Verlust zu ertragen, wirkte wie ein Flaschenkorken, der alle mit dem Ereignis zusammenhängenden Gefühle verschloß. Bei der psychodramatischen Wiederholung dieser Situationen löste sich der Korken, und die unterdrückten Gefühle schäumten über. In beiden Fällen trat eine ungeheure Erleichterung ein. Diese innere Befreiung war ein wesentlicher Faktor für die psychische Weiterentwicklung beider Protagonisten, aber ebenso wichtig war die sich unmittelbar daraus ergebende Klärung der Beziehung und daß gleich nach der Katharsis eine realistische Beziehung zu dem verlorenen Menschen erarbeitet wurde. In beiden Fällen war das Erlebnis selbst so aufwühlend, daß sich die volle Auswirkung wahrscheinlich erst nach Monaten, wenn nicht erst nach Jahren, übersehen lassen wird. Alle Anzeichen deuten jedoch darauf hin, daß diese beiden Menschen in eine neue Phase ihrer emotionalen Entwicklung eingetreten sind. Die ihnen im Psychodrama zuteil gewordene Erfahrung versetzte sie in die Lage, einen «unerträglichen Schmerz zu ertragen»; dadurch gewannen sie neue Selbstachtung und konnten sich von der Bürde des Schmerzes befreien.

Bei der zweiten Technik, die hier besonders erwähnt werden soll, spielt die Phantasie die entscheidende Rolle; das gilt besonders für die vom «gesteuerten Tagtraum» und vom «Symboldrama» abgeleiteten Verfahren.[9] Diese erst vor wenigen Jahren entwickelten Methoden erzielen auch bei tiefsitzenden Komplexen in verhältnismäßig kurzer Zeit eine erstaunliche Wirkung. Sie empfehlen sich besonders dann, wenn man es mit Empfindungen zu tun hat, die in den tiefsten Zonen des Unbewußten wurzeln. Sie bieten viele noch ungenutzte Möglichkeiten, und sie sind so erregend und dramatisch, daß hier mehrere Beispiele geboten werden sollen, darunter einige Erlebnisberichte unmittelbar beteiligter Personen.

Phantasie oder der gelenkte Tagtraum

Wann: Bei manchen Menschen sind in bestimmten Situationen die Abwehrmechanismen so stark, daß verbale und manchmal sogar nichtverbale Methoden keinerlei Erfolg versprechen. Ist sich der Betroffene der Situation auch nur einigermaßen bewußt, dann verhindert sein innerer Widerstand, daß irgend etwas Bedeutsames zutage tritt. In solchen Fällen sind die imaginativen Methoden außerordentlich wirksam. Sie führen dazu, daß ein unbewußter Teil der Persönlichkeit die Oberhand gewinnt.

Wie: Voraussetzung für die Tagtraumtechnik ist, daß sich der Teilnehmer völlig entspannt. Aus diesem Grund ist es sinnvoll, wenn er sich auf die Couch oder den Boden legt. In der Regel leitet der Therapeut mit einem bestimmten Vorstellungsbild den Phantasieprozeß ein. Dann schließt der Phantasierende seine Augen, beobachtet die in seinem Geist vorüberziehenden Bilder und berichtet dem Therapeuten darüber. Er sollte auf keinen Fall versuchen, Bilder heraufzubeschwören, die er gern sehen möchte; allerdings wird das ohnehin nach kurzer Zeit kaum noch möglich sein. Vielmehr sollte er sich ganz auf die sich von selbst einstellenden Vorstellungsbilder konzentrieren. Der Therapeut schaltet sich von Zeit zu Zeit helfend in den Phantasieprozeß ein. Er kann verschiedene Funktionen ausüben: den Phantasierenden veranlassen, sich mit schwierigen oder quälenden Situationen auseinanderzusetzen, ihm bei der Überwindung verschiedener Hindernisse Hilfe und Unterstützung gewähren, ihm dabei helfen, einzelne Bilder deutlicher werden zu lassen oder verschiedene Bildteile miteinander verknüpfen. Der Phantasierende erlebt häufig eine Vielzahl von Emotionen: Angst, freudige Erregung, Lachen, Weinen, innere Spannungen, Depressionen, Entspannung. Der Therapeut bricht den Phantasieprozeß ab, wenn der Phantasierende das Gefühl hat, seine Empfindungen seien jetzt positiv und ungetrübt.

Vorsichtsmaßregel: Bei Anwendung dieser Methode sollte stets ein Fachmann zugegen sein. Es gibt zahlreiche Ausgangspunkte für solche Phantasieprozesse. Viele werden in der einschlägigen Literatur beschrieben, und ein Therapeut weiß aus Erfahrung, welche in welchen Situationen angebracht sind. Auch die Art und Weise, wie der Therapeut sich einschalten soll, verlangt Erfahrung. Außerdem muß man die verschiedenen Situationen kennen, die eine unproduktive innere Erregung verursachen.

Beispiel: Die Höhle. Rose fürchtete sich vor Gruppentraining, und erst nach beharrlichem Zureden hatte sie sich widerstrebend bereit erklärt, in einem Institut an einer Kontaktgruppe teilzunehmen. Nach ein paar Tagen war ihr offenbar schon etwas wohler zumute, und sie schien jetzt eher bereit, sich zu beteiligen. Auch sah es so aus, als sei sie jetzt in der Lage, freier über ihre Ängste und anderen Empfindungen zu sprechen. Aus diesen Gründen wurde sie aufgefordert, sich der Phantasieübung zu unterziehen, der in Gegenwart aller Gruppen des Instituts – insgesamt etwa vierzig Teilnehmer – stattfinden sollte. Zögernd stimmte sie zu. Es folgt ihre Beschreibung des Experiments.

Roses Bericht: Mir wurde gesagt, ich sollte mir vorstellen, ich befände mich in einer Höhle. (*Der Therapeut:* Die Höhle ist mit einem großen Tor verschlossen, und hinter dem Tor ist etwas, das versucht, aus der Höhle herauszukommen. Gehen Sie zum Höhleneingang, öffnen Sie das Tor, und warten Sie ab, was geschieht.) Das Tor ist fest verriegelt, und ich brauche meine ganze Kraft, um es aufzubekommen. Ich gehe hinein und sehe in der schwarzen Dunkelheit der Höhle zwei riesige Augen auf und ab tanzen. Ich habe schreckliche Angst. (Können Sie näher zu den Augen hingehen?) Nein, ich kann es nicht. Es ist sehr dunkel, nur durch ein winziges Fenster dringt ein Lichtstrahl. Plötzlich ist der Raum hell erleuchtet. Die Möbel sind alle winzig. (Können Sie jetzt näher zu den Augen hingehen?) Nein. (Sind sie noch da?) Ja. Sie hüpfen ständig um mich herum. Die kleinen Möbel verwundern und verwirren mich. (Was ist mit den Augen? Können Sie jetzt dichter an sie herangehen?) Nein, sie beunruhigen mich sehr. (Würde es Ihnen leichter fallen, wenn jemand bei Ihnen wäre?) Ja, ich glaube schon. (Suchen Sie sich jemanden aus, der zu Ihnen kommen soll!) Plötzlich merke ich, daß jemand neben mir steht, mich an der Hand nimmt und mich zu den großen Augen hinführt. Es scheint so natürlich, der Begleiter ist mein Mann, aber ich bin trotzdem ziemlich aufgeregt. Er führt mich zu den Augen hin, und jetzt stellt sich heraus, daß es sich nur um einen großen Bogen Papier handelt, der an einer Wand hängt und auf den zwei große Augen gemalt sind. Mein Mann ist plötzlich wieder verschwunden, und ich reiße den Bogen Papier von der Wand, zerknülle ihn und werfe ihn weg. Ich fange an, mich sehr entspannt zu fühlen, und ich bin etwas ärgerlich über mich selbst, daß ich mich, wie ich jetzt erkenne, in meiner Phantasie habe ins Bockshorn jagen lassen. (Möchten Sie noch länger in der Höhle bleiben?) Nein, ich möchte lieber wieder hinausgehen. Draußen ist es sehr hell und sonnig, und ich bin sehr erleichtert, wieder hier zu sein und rings um mich frische Luft zu spüren.

Es handelt sich hier um eine Zusammenfassung. In Wirklichkeit dauerte der Prozeß etwa 25 Minuten. Rose machte einen sehr entspannten, sehr zufriedenen Eindruck, als sie die Augen wieder öffnete – ganz im Gegensatz zu dem gequälten und verkrampften Ausdruck, der während der ersten Phase des Prozesses ihr Gesicht geprägt hatte.

Am nächsten Tag sagte Rose, sie habe in der Nacht viele Stunden über ihre Phantasievorstellungen nachgedacht. Zuerst glaubte sie, die Augen repräsentierten die Zuhörerschaft, dann glaubte sie, sie repräsentierten speziell ihre kleine Gruppe, schließlich kam sie dann darauf, daß sie ein Symbol für alle Mitmenschen waren. Sie stellte fest, daß sie sich jetzt sehr viel wohler in der Gruppe fühlte, und verhielt sich auch an den restlichen Tagen des Kurses entsprechend. In ihrem Bericht heißt es dann weiter:

Ich habe über dieses Phantasieerlebnis lange nachgedacht und versucht, die einzelnen Teile zusammenzusetzen. Die Tatsache, daß ich in so starkem Maße von meinem Mann abhängig war, wurde dadurch bekräftigt, daß er mich an der Hand nehmen und zu den Augen hinführen mußte. Auch die Puppenstube war ein Ausdruck dieser Abhängigkeit – sie stellte das kleine Mädchen in mir dar. Meine Angst vor bestimmten Menschentypen kam in den großen Augen zum Ausdruck: sie schienen ein Symbol für alle diejenigen Menschen, vor denen ich mich fürchtete. Es war wirklich eine erregende Erfahrung für mich – sie hat mir viele neue Wege gezeigt.

Eine Folge dieses Phantasieerlebnisses besteht darin, daß ich jetzt nach einer neuen Ebene für mich suche. Das «kleine Mädchen», das mit seinem Mann in einer Puppenstubenwelt lebt, genügt mir nicht mehr. Ich bin erwachsener geworden. Ich bin jetzt eher bereit, neue Dinge auszuprobieren, neue Menschen kennenzulernen und mich selbst ernsthafter zu testen. Ich merke, daß ich mehr Mumm habe, nicht mehr so scheu bin und mich von Menschen und Situationen, die mir nicht vertraut sind, nicht mehr so leicht in Verlegenheit bringen lasse. Aber dieser Prozeß bringt außer Freude auch Schwierigkeiten mit sich. Dadurch, daß ich das «kleine Mädchen» in mir über Bord geworfen habe, habe ich etwas von der Geborgenheit und Behaglichkeit verloren, die mit einer solchen Lebensweise verbunden sind. Erwachsenwerden bedeutet für mich, meine eigene Lebensweise zu finden, und das war und ist noch immer ein schwieriger Prozeß.

Was geschehen war: Die Bedeutung der Analyse eines Phantasieerlebnisses ist immer noch umstritten. Im Gegensatz zu manchen in der Psychotherapie weitverbreiteten Auffassungen hat es den Anschein, als sei eine bedeutsame Veränderung auch ohne analytische Einsicht möglich. Rose scheint ihr bedeutsames Erlebnis *während* ihrer Phantasievorstellungen gehabt zu haben, wie aus deren Inhalt deutlich hervorgeht: sie überwand symbolisch ihre Angst vor einem furchterregenden Objekt – den Augen – und zwar mit Hilfe eines Menschen, dessen Hilfe nur anfangs benötigt wurde und der dann entbehrlich geworden war. Und ebenso sprechen dafür die körperlichen Veränderungen, zu denen es während des Phantasieprozesses kam: an die Stelle von Spannung und Angst traten nach und nach Entspannung und eine gehobene Stimmung. Und schließlich spricht dafür auch Roses Verhalten unmittelbar nach dem Prozeß: sie gab sich frei und gelöst, wenn sie mit einer Gruppe zusammen war, und dieser Zustand hielt während der folgenden Monate an. Das verstandesmäßige Begreifen bestimmter Teile des Prozesses, wozu es später kam, mag eine gewisse stabilisierende und ergänzende Wirkung gehabt haben, aber der primäre Akt der Veränderung war bereits vor sich gegangen. Dieses Verfahren gibt dem Menschen die Möglichkeit, sich mit einem sehr bedeutsamen Problem, vielleicht sogar mit einem Problem, das außerhalb seines Bewußtseins liegt, zu beschäftigen, und bringt ihn in vielen Fällen der Lösung um einen großen Schritt näher. Insofern ist es eine weitere Methode, die es dem Menschen ermöglicht, von ungenutzten Fähigkeiten Gebrauch zu machen und sich selbst zu vervollkommnen.

Die Tagtraumtechnik wirkt offenbar wie eine physische Arznei, die sich den Körperteil sucht, der ihrer bedarf. Schweift die Phantasie frei umher, dringt sie bis zur Quelle des vorhandenen Problems vor – eines Problems, das dem Phantasierenden oft nicht einmal unmittelbar bewußt ist – und setzt sich damit auseinander. Es mag sich hier um mehr handeln als um eine bloße Analogie, wenn wir den Theorien von Ida Rolf und A. Lowen folgen, nach deren Auffassung sich alle psychischen Probleme in irgendeiner Weise im Körper lokalisieren lassen, etwa in einer chronischen Muskelverkrampfung, einem Magengeschwür, in Atembeschwerden, verringerter Sehschärfe usw. In diesem Fall könnte die Phantasie tatsächlich von dem betreffenden Körperteil und dem

Problem, das es verdeckt, stimuliert werden.

Geht man von dieser Konzeption aus, lassen sich Phantasie und Körpersprache noch unmittelbarer in Verbindung bringen, und zwar in der durch den folgenden Fall illustrierten Weise.

Beispiel: Der Magen. Fran hatte schon seit Jahren an heftigen Magenschmerzen gelitten. Da auch sie eine Neigung zu phantasievollen Gedankengängen zeigte (die meisten Menschen verfügen über diese Gabe in einem erstaunlichen Maße), schien die Tagtraumtechnik das geeignete Verfahren zur Bewältigung des Problems.

Sie wurde aufgefordert, sich vorzustellen, sie machte sich ganz klein und stattete ihrem eigenen Magen einen Besuch ab. Dann sollte sie berichten, was sie dort sah. Sie schildert ihr Erlebnis mit den folgenden Worten.

Frans Bericht: Schon seit vielen Jahren leide ich an nervösen Magenbeschwerden. Mein Inneres scheint ständig aufgewühlt zu sein und zu brodeln. Ich fühle mich verkrampft, zusammengeschnürt und unbehaglich. Vor jeder Mahlzeit mache ich mir Sorgen wegen der unangenehmen Nachwirkungen, und doch schlinge ich das Essen gierig in mich hinein, da es mir gut schmeckt. Ich habe mich röntgen lassen in der Hoffnung, man würde eine organische Ursache für mein Leiden entdecken, aber das war nicht der Fall.

Ich zögerte zunächst, mich einer Phantasieübung zu unterziehen, aber schließlich willigte ich doch ein. Ich sollte sagen, wo das Unbehagen saß und wie es sich äußerte. An erster Stelle hatte ich das Gefühl, als befände sich eine Mauer vor meinem Darmeingang. Mir wurde gesagt: «Schließen Sie die Augen, und versuchen Sie, sich die Mauer vorzustellen.» Ich schloß meine Augen. Ich hatte das Gefühl, ich ginge eine Straße entlang, eine Straße, die mir bekannt vorkam, und ich war ungefähr vierzehn Jahre alt. Ich kam zu einer hohen Steinmauer, und ich wußte, daß sich auf der anderen Seite der Mauer ein Feld befand. (*Der Therapeut:* Wie können Sie über die Mauer gelangen?) Ich kann versuchen, hinüberzuklettern, aber ich sehe nur kleine, glatte Vorsprünge, die dem Fuß keinen festen Halt bieten. Ich bin ziemlich hilflos wegen der technischen Schwierigkeiten, die mit dem Übersteigen der Mauer verbunden sind. Trotzdem will ich es versuchen. Ja, jetzt bin ich oben, aber auf der anderen Seite ist der Boden morastig und schlammig – es scheint mir riskant, hier herunterzuspringen. (Können Sie wieder über die Mauer zurück?) Ja. (Kann Ihnen jemand helfen, damit Sie diesmal über die Mauer gelangen?) Mir fällt niemand ein ... aber es muß doch jemanden geben – ja, ... aber wer ist es? ... Ach ja, natürlich, Mack! Jetzt fühle ich mich auch wieder so alt, wie ich wirklich bin – neununddreißig. Mack wird mir über die Mauer helfen. (Sind Sie wieder drüben?) Ich bin oben auf der Mauer. Auf der anderen Seite führt jetzt eine Treppe hinunter in einen Hof. Das ist hier wie die Vorhalle von einem alten englischen College – ruhig und sonnig, nur in den Ecken ist es schattig. Ich gehe jetzt die Treppe hinunter. Ich komme mir hier ein bißchen fremd vor. (Können Sie in die Ecken hineingehen?) Ja, da ist nichts Besonderes, es ist einfach kalt im Schatten, aber da, wo die Sonne hinscheint, ist es warm. (Führt doch irgendein Weg hinaus?) Ja, hier ist eine Tür, eine kleine, aber schwere Tür in der Mauer, gegenüber von *meiner* Mauer. Sie hat eine große Klinke. (Können Sie sie öffnen?) Ja, es ist eine schwere Tür, aber sie geht leicht auf. Jetzt bin ich draußen in der Stadt. Ein warmer, sonniger Tag. (Ist dort jemand bei Ihnen?) Nein. (Würden Sie gern jemanden bei sich haben?) Ja, in Gedanken suche ich schon nach jemandem – Lou wird mit mir die Straße entlanggehen. (Können Sie in den Hof zurückgehen – und die Tür nach beiden Seiten durchschreiten?) Ja, nach beiden Seiten. (Möchten Sie die Mauer gern loswerden?) Ja. (Wie?) Da brauchte man schon Dynamit, um sie loszuwerden. Ich lachte. (Haben Sie Dynamit bei sich?) Ja ... jetzt geht's los. Ich sprenge die Mauer. Der größte Teil von ihr ist eingestürzt. Ich werde hingehen und es mir ansehen. Ein paar Steine sind noch übriggeblieben. Ich kriege sie nicht heraus. (Soll Ihnen jemand helfen?) Nein ... Na, vielleicht doch ... die Leute in der Gruppe hier könnten mir helfen. Ja, sie werden es tun! Großes Staunen. Ich sehe, wie sie sich die Ärmel aufkrempeln und die restlichen Steine beiseite räumen. Ich bin sehr gerührt. Jetzt ist alles eben und aufgeräumt. (Möchten Sie da, wo die Steinmauer gestanden hat, gern Rasen säen?) Das ist gar nicht nötig, der Rasen ist bereits da, er ist schon die ganze Zeit dagewesen. Jetzt bin ich müde.

Das ist, soweit ich mich daran erinnern kann, die Geschichte meines Phantasieerlebnisses. Die Empfindungen, die ich dabei hatte, waren sehr intensiv. Am Ende fühlte ich mich müde, aber entspannt, und ich war etwas verlegen, als ich zu den anderen Teilnehmern hinübersah – an diesem Abend waren nur Männer anwesend. Was auch immer geschehen war oder nicht geschehen war, ich war etwas beschämt über meinen Mangel an Vertrauen zu ihnen, und ich hatte das Gefühl: Jetzt würde alles anders sein.

In den darauffolgenden Wochen stellte ich fest, daß sich vor allem meine Einstellung gegenüber dem Essen gewandelt zu haben schien. Ich betrachtete das Essen nicht mehr als etwas möglicherweise Schädliches und hörte auf, resigniert auf die unangenehmen Nachwirkungen des Essens zu warten. Magen und Darm schienen mehr entspannt. Ich war noch nicht ganz geheilt, aber ich war jetzt optimistischer hinsichtlich einer baldigen Wendung zum Besseren.

Ich möchte versuchen, das Phantasieerlebnis im Zusammenhang mit meiner Unsicherheit in sexuellen Dingen und mit meinen verworrenen

Wertvorstellungen zu interpretieren – um von meinen religiösen Ansichten oder dem Gefühl der geistigen Unterlegenheit gar nicht erst anzufangen. Ich könnte es auch ausschmücken mit all den Dingen, die sich inzwischen ereignet haben (zwölf Monate sind seither vergangen). Aber ich sage mir, daß es sich hier um eine einzelne Erfahrung innerhalb der alles umfassenden Lebenserfahrung handelt. Zweifellos hat sie ihren Wert, aber gerade weil ich dankbar dafür bin, möchte ich diese Einschränkungen machen.

In großen Umrissen ist mir alles klar. Die Angst vor der Nahrungsaufnahme, die aufgerichtete Mauer, die unangenehmen Begleiterscheinungen und die Einsamkeit – das alles entspricht sehr genau meiner verkrampften Einstellung zum Geschlechtsakt und auch der Verwirrung, die ich angesichts der sexuellen Freizügigkeit empfinde. Ebenso entspricht es den technischen Schwierigkeiten, die für mich der Geschlechtsakt mit sich bringt, und der darauf folgenden Angst und Einsamkeit. Am deutlichsten spiegelt es wohl das Gefühl der Erniedrigung wider, wenn ich mich hilflos gebe, damit jemand anders mir helfen kann. Andererseits kommen in dem Phantasieerlebnis auch meine Angst vor geistiger Freiheit zum Ausdruck und die Mauern, die ich zum Schutz gegen neue Gedanken errichte, die meine Selbstsicherheit erschüttern könnten. Auch das matriarchalische (angelsächsische!) Milieu, aus dem ich stamme und das in mir die Vorstellung von der Inkompetenz und den unfairen Vorteilen der Männer genährt hat, spielt eine gewisse Rolle.

Zusammen mit verschiedenen anderen Erfahrungen hat das Phantasieerlebnis mir zu einer besseren psychischen Gesundheit und zu besseren menschlichen Beziehungen verholfen. Ich bin jetzt – körperlich und geistig – aufnahmefähiger, und zugleich habe ich das Gefühl, daß ich realistischer denke über die Dinge jenseits der Mauer... Schließlich war es im Hof zwar sonnig und ruhig, aber es gab dort nicht nur Wärme, sondern auch kalte und schattige Ecken. Das Erlebnis war angenehm und natürlich, aber es war kein Allheilmittel...

Was geschehen war: Auch in diesem Fall trat die Veränderung – wenn auch unerkannt – bereits im Verlauf der Phantasieübung ein. Die Mauer symbolisierte, wie Fran richtig erkannte, zumindest ein sexuelles Problem, und der Sexualbereich, symbolisiert durch den Hof, wurde von den übrigen Körperbereichen, symbolisiert durch die reale Umwelt, abgesperrt. Da Fran auf Grund ihrer Erziehung alles, was mit Sex zusammenhing, als Sünde und als unangenehm betrachtete, hatte sie den Sexualbereich «mit einer Mauer umgeben», so daß zwischen ihm und ihrem übrigen Körper keine «Verbindung» mehr bestand. Dieses Gefühl spiegelte sich auch in einigen mit dem Geschlechtsakt selbst zusammenhängenden Problemen. Die Magenbeschwerden stellten einen Versuch dar, die in den Körper aufgenommene Nahrung nicht in den verbotenen Sexualbereich gelangen zu lassen. Die Zerstörung der Mauer im Phantasieerlebnis diente dazu, die Schwierigkeiten im Alltagsleben zu überwinden.

Die Entdeckung, daß andere ihr (bei der Zerstörung der Mauer) helfen konnten, war für Fran zugleich verblüffend und typisch. Im Alltagsleben hatte sie nie um Hilfe gebeten, und es kam ihr auch nie in den Sinn, daß es Menschen gab, die ihr wirklich gern helfen würden, und zwar besonders gern helfen würden, ihre Sexualität als etwas Natürliches zu akzeptieren. Die neugewonnene Freiheit übertrug sich auch auf ihre allgemeine Erlebnisweise, so daß sie jetzt in der Lage war, ihre Beziehungen zu anderen Menschen natürlicher und zwangloser zu gestalten.

Wichtig ist die Tatsache, daß hinsichtlich ihrer Verdauungsstörungen zwar eine wesentliche Besserung eintrat, daß sie jedoch nicht völlig beseitigt wurden. Im allgemeinen läßt sich nicht gleich ein ganzer Problemkomplex durch eine einzige Phantasieübung bewältigen. Vielmehr beschäftigt sich der Betreffende einige Wochen lang mit den Folgeerscheinungen, achtet auf seine neuen Verhaltensweisen und Empfindungen, gewinnt eine tiefere Einsicht in die Bedeutung des Experiments und konzentriert sich dann auf die nächste Ebene des Problems. Zu diesem Zeitpunkt ist er zu einem neuen Experiment bereit, das auf der Tagtraumtechnik basieren kann, aber nicht muß. Da bei Fran die Phantasieübung so wirksam gewesen war, könnte es in diesem Fall nützlich sein, sie in einer weiteren Phantasieübung den Bereich ihrer Sexualorgane erkunden zu lassen. Vielleicht wäre es auch zweckmäßig, zunächst ihre Kindheitsbeziehungen und die Entwicklung ihrer Lebenseinstellung analytisch zu erforschen. In jedem Fall geht man zunächst vom gegenwärtigen Zustand des Betreffenden aus und arbeitet mit ihm auf dieser Basis, solange er bereit ist, dabei mitzuwirken; dann sollte man eine Pause eintreten lassen und abwarten, bis ein weiterer Schritt unternommen werden kann.

Beispiel: Die Botschaft. Zu diesem Phantasieerlebnis kam es, weil Nora eine Abneigung gegen ihren eigenen Körper empfand. Die Ursache dieses Problems schien sich am besten mit Hilfe der Tagtraumtechnik ergründen zu lassen. Als Ausgangspunkt wurde folgendes Bild gewählt: «Stellen Sie sich vor, in Ihrem Kopf befinden sich zwei Menschen; der eine sagt: ‹Du bist eine Frau›, und der andere sagt: ‹Du bist ein Mann.›» Maßgebend bei der Wahl dieses Ausgangsbildes waren die Schwierigkeiten, die Nora mit ihrer Geschlechts-Identifizierung hatte. Im folgenden wird das Erlebnis in ihren eigenen Worten wiedergegeben.

Noras Bericht: Wenn ich mich an den Morgen, an dem ich mein Phantasieerlebnis hatte, erinnere, ist mir, als ginge ich durch eine Nebelwand. An die Stelle des Hasses, in meinem Körper eingeschlossen zu sein, trat nun eine schreckliche Angst vor ihm.

Dieser Körper, der mich umschlossen hielt, war bislang häßlich gewesen, und ich hatte mich seiner geschämt – jetzt erschien er mir abscheulich, und ich hatte schreckliche Angst vor ihm. Aber wie sollte ich mich seiner entledigen? Ich hatte nur den Wunsch, einen unsichtbaren Reißverschluß an meinem Körper zu öffnen und mich aus ihm hinauszustürzen.

Dann kam Fritz Perls [ein Psychotherapeut, der bei diesem Gruppenexperiment zugegen war]. Er hielt mich fest. Ich fühlte seine starken Hände. Ich rieche ihn. Ich sehe die Augen in seinen Augen. Die äußeren Augen sind wässerig und diffus, die inneren Augen klar und stark.

Ich kehre noch einmal von meiner Reise zurück und stelle ganz nüchtern fest, daß äußerste Verzweiflung eine Vorbedingung für ein erfolgreiches Phantasieerlebnis ist.

Wäre ich bei vollem Bewußtsein geblieben, hätte ich es in diesem Raum nicht lange ausgehalten; mein Bedürfnis zu entfliehen, war übermächtig.

O Bill, Ihre Aufforderung, diesen Bericht zu schreiben, umfaßte nur einen einzigen Satz – meine Antwort kann so lang ausfallen, wie die Erzählungen aus Tausendundeiner Nacht!

Sie sagten uns, wir sollten uns vorstellen, in unserem Kopf befänden sich ein Mann und eine Frau.

Ich konnte bei mir den Mann und die Frau nicht sehr deutlich erkennen, aber ich sah, daß sie miteinander kämpften. Der Mann schrie: «Sie gehört mir!», und die Frau schrie ebenfalls: «Sie gehört mir!» Dann erschlug die Frau den Mann. Zuerst sonnte sie sich im Gefühl des Sieges, aber dann bedauerte sie doch, daß sie ihn getötet hatte, denn Töten war nicht gerade eine ausgesprochen weibliche Beschäftigung. Sie hatte sich verhalten wie ein Mann.

Jetzt sehe ich, wie der tote Mann daliegt. Er ist sehr groß, etwa so wie Gulliver bei den Liliputanern. Er hat schwarzes Haar, das dicht und glatt am Kopf anliegt, und lange schwarze Koteletten. Er trägt blankgeputzte Stiefel – lange Stiefel, die bis knapp unter die Knie reichen, dazu eine schwarze Hose und einen langärmeligen schwarzen Rollkragenpullover. Über dem Pullover trägt er ein Kettenpanzerwams.

Ein Schwarm von blauen Vögeln schwebt über ihm. Jeder Vogel faßt mit seinem Schnabel ein Stück seiner Kleidung, und gemeinsam heben sie den Toten empor und tragen ihn zum Gipfel eines Berges. Sie lassen ihn sacht zu Boden und fliegen davon. Er wacht auf, schaut um sich, geht zum Eingang einer Höhle und betritt sie schließlich. Die Decke der

Höhle reicht tiefer und tiefer herab, je weiter er hineingeht. Es ist hell in der Höhle. Im Hintergrund erblickt er einen Teich. Er möchte sein Gesicht mit Wasser benetzen, aber wegen des steifen Kettenpanzers kann er sich nicht hinunterbeugen. Er zieht das Kettenwams aus und auch die Stiefel. Er sitzt jetzt im Teich. Bald hat er das Bedürfnis, die Höhle und den Berg wieder zu verlassen, aber er weiß nicht, wie er hinuntergelangen soll. Der Berg schimmert wie glatter schwarzer Marmor. Er erblickt einen großen Felsbrocken auf dem Grund des Teiches. Er zerrt an ihm und zieht ihn heraus. Dann setzt er sich in das entstandene Loch und gleitet in ihm hinab. Wie auf einem Wasserfall gleitet er mitten durch den Berg. Am Fuß des Berges taucht er wieder auf und taumelt auf einen grasbewachsenen Hügel. Unterhalb des Hügels liegt ein kleines Dorf.

Dort steht ein Mädchen. Sie hat eine lange rote Schürze um, deren Saum mit blauen und goldenen Stickereien verziert ist. Unter der Schürze trägt sie eine weiße Bluse mit Puffärmeln. Um den Kopf hat sie ein Tuch gebunden; unter dem Tuch schauen an den Rändern goldblonde Haarlocken hervor. Ihre Haut ist weiß und glänzend. Der Körper und die Arme zeigen sanfte, weiche Rundungen.

Er möchte sie mit sich zum Gipfel des Berges hinaufnehmen. Er erzählt ihr von der Höhle und dem Teich. Sie hat Bedenken, mit ihm zu gehen. Sie weist darauf hin, daß man ja diesen Berg gar nicht hinaufklettern könnte, da er viel zu steil sei.

(Ich wollte die beiden schon dort stehenlassen, da schlugen Sie, Bill, vor, doch einen Hubschrauber zu verwenden.)

Der Hubschrauber landet, nimmt die beiden an Bord, fliegt zum Gipfel des Berges und setzt sie dort ab.

Der Mann nimmt sie an der Hand und führt sie zur Höhle. Sie folgt nur zögernd, aber es gelingt ihm, ihr Vertrauen zu gewinnen. Schließlich betreten sie die Höhle. Voller Staunen sieht sie sich in der Höhle um. Er führt sie zum Teich und setzt sich darin nieder. Sie ist ängstlich, aber schließlich rafft sie Rock und Unterrock hoch und setzt sich ebenfalls nieder. Dann macht sie sich Sorgen, wie sie wieder hier herauskommen sollen. Er zeigt ihr den großen Felsbrocken. Während er darangeht, ihn beiseite zu schieben, sagt er ihr, sie möge in dem Augenblick, da der Felsbrocken beiseite geschoben ist, mit dem Wasser hinuntergleiten. Er erklärt ihr, sie müßten zugleich mit dem Wasser hinuntergleiten, sonst sei das Bett des Wasserfalls wieder trocken, und sie würden sich am Gestein verletzen.

Er entfernt den Felsbrocken, sie faßt sich ein Herz, und gemeinsam gleiten beide im Dunkeln den Wasserfall hinab. Am Fuß des Berges taumeln sie hinaus ins Freie. Beide sind naß und zerzaust, sein glattes, anliegendes Haar ist feucht und kraus geworden. Auf dem grasbewachsenen Hügel wälzen sie sich und spielen miteinander wie zwei junge

Hunde. Dann erheben sie sich, blicken hinab auf das Dorf und gehen Hand in Hand darauf zu.

Während des Phantasieerlebnisses hörte ich Ihre Stimme, Bill, und gelegentlich spürte ich meinen Körper, aber alles andere um mich her vergaß ich.

Das Phantasieerlebnis vollzog sich in einem Ablauf von Bildern, ähnlich wie wenn man einen Film sieht; aber es war bewußter und intensiver, da ich sofort die Gedanken und Empfindungen der handelnden Personen kannte. Irgendwie stellte ich selbst beide dar, und in gewisser Weise war ich auch der Berg und der Wasserfall.

Das «Erwachen» war etwa so, als kehrte ich aus einem Traum in die Wirklichkeit zurück. Meine Depression war verschwunden. Ich fühlte mich friedlich und schläfrig, etwa so, wie man sich fühlt, wenn man längere Zeit geweint hat. Ich konnte jetzt tief atmen.

Dann forderten Sie mich auf, mich klein zu machen und eine Reise durch meinen Körper zu unternehmen.

Ich ging durch meinen Mund. Dann glitt ich durch meine Kehle hinab, die dem Wasserfall in dem Berg sehr ähnlich war. Schließlich kam ich unten an und landete in meiner Vagina. Ich war winzig. Ich stand auf, teilte die Vulva und sprang auf die Sitzfläche des Stuhls, auf dem mein Körper gesessen hatte.

Ich war frei! Aber mir war unbehaglich zumute. Ich wollte in einen anderen Körper hinein, aber alle waren besetzt – und doch hatte ich keine Lust, wieder in meinen eigenen Körper zurückzukehren. Sie forderten mich auf, es doch zu tun. Widerstrebend stimmte ich zu. Ich entschloß mich, zurückzukehren, diesmal zu meinem Gehirn. Der Gedanke, in mein Gehirn zu gehen, stimmte mich freudig. Ich liebte mein Gehirn.

Ich trat ein, durch mein «drittes Auge», und stand vor einer schweren, eisenbeschlagenen Holztür.

Ich war immer noch ganz winzig und mußte meine ganze Kraft aufbieten, um die Tür zu öffnen. Sie ging gerade weit genug auf, daß ich rasch hindurchschlüpfen konnte, dann fiel sie mit einem lauten Knall wieder ins Schloß. Drinnen sah ich eine Feder an der Tür, die bewirkte, daß sie sich so rasch wieder schloß.

In meinem Gehirn war alles rosarot und sehr hell – strahlendes Licht überall. Ich hörte ein summendes Geräusch – es kam vom Gehirnmechanismus. Ich inspizierte den Mechanismus und stellte fest, daß alles reibungslos funktionierte.

Über mir hing ein Gespinst von feinen Drähten. Ich hörte ein surrendes Geräusch und sah, wie ein winziges, in der Mitte gefaltetes Stück Papier, das an einer Wäscheklammer befestigt war, rasch an einem der dünnen Drähte entlangglitt. Ich stellte mich auf die Zehenspitzen und las, was darauf geschrieben stand: «Bewege deine Füße!» Es schwirrten noch viele solcher Zettel an mir vorbei. Auf allen standen kurze Botschaften. Es machte mir richtig Spaß, alle diese an mein Gehirn gerichteten Botschaften zu lesen. Dann fiel mir plötzlich ein Buch auf, das an einem der Drähte hing. Es war ein sehr dickes, sehr altes Buch in einem abgegriffenen kastanienfarbenen Einband. Ich blätterte darin. Ich kam zu dem Schluß, es nicht zu lesen. Es war mir zu dick.

Dann forderten Sie mich auf, es doch wenigstens zu versuchen. Ich schlug die erste Seite auf, aber ich konnte den Text nicht lesen. Er war in einer fremden Sprache geschrieben. Darauf sagten sie, ich sollte jemanden holen, der mir dabei helfen würde. Dann sah ich Fritz. Er saß auf einem hohen Hocker in einer Ecke. Er trug seine schmutzige Fallschirmspringerkluft. Er hatte die Beine übereinandergeschlagen, und mit der einen Hand hielt er seinen Kopf, den Ellbogen auf das Knie gestützt.

Er fragte mich, ob er mir helfen könne – und da fing ich an zu weinen. Ich kam aus dem Phantasieerlebnis heraus. Ich dachte an unsere Begegnung am Morgen. Ich konnte mich nur noch an seine Schönheit und an die Liebe erinnern. Noch jetzt bin ich ganz verwirrt, wenn ich daran denke.

Sie fragten mich dann, ob nicht meine Zähne mir beim Lesen des Buches behilflich sein könnten. [Das geschah, weil sie mit den Zähnen knirschte, während sie dort lag.] Ich hielt mein Ohr dicht an meine Zähne. Ich vernahm Schwingungen. Könnte ich doch nur die Sprache dieser Schwingungen verstehen ... Meine Zähne teilten mir etwas mit, aber ich konnte die Sprache nicht verstehen. Ich saß auf meiner Zunge. Sie bewegte sich in einem bestimmten Rhythmus – dem gleichen Rhythmus wie die Schwingungen –, aber ich begriff nicht, was der Rhythmus bedeutete.

Ich begab mich wieder zurück in mein Gehirn. Ich öffnete das große Buch. Die erste Seite war mit Schriftzeichen bedeckt, aber es waren nicht zu geraden Zeilen angeordnete Buchstaben: die verschiedenartigsten Zeichen, alle bunt durcheinandergewürfelt, füllten die Seite. Ich sah genauer hin und bemerkte, daß das Buch in verschiedenen Fremdsprachen geschrieben war. Da gab es russische und japanische Schriftzeichen und altägyptische Hieroglyphen – alles in buntem Durcheinander.

Ich war verwirrt und hilflos. Wie konnte ich hoffen, diese Schriftzeichen je zu entziffern? Ich wußte, daß sie eine sehr wichtige Botschaft enthielten; könnte ich diese Zeichen lesen, verstünde ich auch die Botschaft.

Sie sagten darauf, ich sollte mir die ersten Zeichen genauer ansehen. Ich tat es und strengte mich sehr an. In der ersten Zeile entdeckte ich Hammer und Sichel, einen Stern, ein X und ein Dreieck. Keines dieser Symbole hat für mich irgendeine besondere Bedeutung. Ich wiederholte immer wieder: Hammer und Sichel, Hammer und Sichel. Was macht man mit einem Hammer? Mit einem Hammer hämmert man. Und was tut man mit einer Sichel? Mit einer Sichel schneidet man. Hämmern und schneiden! Aber was? Oh, den Stern hämmern und schneiden! Ich hämmerte und schnitt den Stern, und alle fünf Zacken brachen ab, und auf einmal hatte der Stern zehn Zacken. Ich hämmerte und schnitt immer weiter, bis der Stern zahllose winzige Zacken hatte und zu einer Art Siegel wurde. Es sah aus wie das Siegel eines Notars. Es war aus Gold und wurde immer größer. Es war das Großsiegel. Das Großsiegel der Billigung! Ich hämmerte und schnitt, und es zerbrach in lauter winzige Teilchen. Ich zermahlte die Teilchen zu Goldstaub und blies ihn weg. Hammer und Sichel und Stern waren verschwunden. Ich sah mir das X an. X ist das Zeichen für das Unbekannte. Ich hasse das Unbekannte. Ich änderte das X und mache AX daraus. Ich dachte an Akzeptieren. Was sollte ich akzeptieren? Ich sollte das Dreieck akzeptieren, aber was bedeutet das Dreieck? Ich starrte auf das Dreieck. Unter meinen Blikken wurde es zu einer «Haman-Tasche». Eine Haman-Tasche ist ein jüdisches Gebäck in Form eines Dreiecks. Man ißt es während des Haman- oder Purimfestes. Die Haman-Tasche ist nach dem bösen König Haman benannt, der verkündete, alle Juden in seinem Reich müßten sterben.

Die Botschaft bedeutete also: Akzeptiere die Haman-Tasche. Ich mußte lachen – das war doch absurd! Nach all der Quälerei nichts weiter zu erfahren, als daß ich die Haman-Tasche akzeptieren sollte! Diese Botschaft sagte mir nichts. Ich suchte nach einem Sinn. Da ich noch immer winzig war, wirkte die Haman-Tasche riesig. Ich ging mitten in sie hinein. Sie war mit Pflaumenmus gefüllt und sehr klebrig. Bald war ich mit Pflaumenmus bedeckt. Es haftete an meinen Füßen und meinem Gesicht. Ich wischte es mir aus den Augen und der Nase. Ich erstickte fast und konnte kaum noch atmen. Jetzt bedeckte es auch meine Hände. Ich leckte an einem meiner Finger. Es schmeckte gut, es war süß. Ich leckte Pflaumenmus von meinen Händen ab und aß nach und nach die ganze Füllung auf, bis nur noch die krustige Hülle übrig war. Ich hatte großen Hunger. Ich aß einen Bissen von der Kruste. Auch sie schmeckte gut – gar nicht wie eine Haman-Tasche, eher wie ein Butterkeks. Es war eine große Kruste, aber ich aß sie auf. Die Haman-Tasche war verschwunden. Nur das X war noch da. Es bedeutete immer noch das Unbekannte, aber dann fiel mir ein, daß ich es in AX verwandelt hatte und dann in «Akzeptieren». Die Botschaft bedeutete: Akzeptiere! Das hatte einen tiefen Sinn für mich. Ich mußte mich selbst akzeptieren, ich mußte meinen Körper als Teil meiner selbst akzeptieren. Ich kann nicht nur aus Geist bestehen, ich muß auch einen Körper besitzen.

Als ich aus dem Phantasieerlebnis in die Wirklichkeit zurückkam, war ich glücklich und zufrieden. Ich staunte über mich – fast wie über ein Wunder.

Ich wünschte, Sie wären hier gewesen, als ich nach Hause kam, und hätten an den Tagen darauf die Freude gesehen und miterlebt! Sie haben die «Geburtsschmerzen» geteilt, aber Sie haben nicht die Freude danach erlebt!

Ich kehrte heim zu David, meinem Mann. Ich sah ihn, und ich wußte, wie sehr ich ihn liebte. Ich kann mir nicht vorstellen, daß ein nach Hause zurückkehrender Reisender jemals mit so viel Wärme und Verständnis willkommen geheißen wurde, wie das bei mir der Fall war.

Das Leben ist wunderbar – aber allzubald verdeckt das «Alltagsleben» das eigentliche Leben. David geht seinem Beruf nach, ich gehe wieder zur Schule, und unsere Söhne gehen zur Schule, und wir tragen wieder unsere Armbanduhren und ziehen uns wieder jeden Morgen die Schuhe an.

Der Friede bleibt. Und die Freude? Die Freude, fürchte ich, ist zu zart. Wie die Fäden im Altweibersommer. Sie kann den rauhen Winden unserer irdischen Welt auf die Dauer nicht standhalten.

Nach Noras Heimkehr gab es noch ein halb amüsantes Nachspiel zu diesem Phantasieerlebnis. Nora sagte ihrem Mann, eines ihrer Eheprobleme schiene ihr nun gelöst: sie habe das Gefühl, sie sei physisch stärker als er. Sie machten einen Ringkampf, und ihr Mann gewann. Nora war mit diesem Ausgang sehr zufrieden.

Aber er war es nicht. Er war seit diesem Ereignis um seine Männlichkeit besorgt und hatte das Gefühl, er müsse sich selbst bestätigen, durch einen Ringkampf mit Noras Kontaktgruppenleiter – mit mir. Er trainierte sich intensiv im Gewichtheben und Ringen, und fünf Monate später meldete er sich bei mir zur Teilnahme an einer Kontaktgruppe an. Am letzten Tag dieses Kurses verkündete er stolz, nun sei der Augenblick gekommen. Alles Zureden war vergeblich, wir mußten unbedingt einen Ringkampf machen. Am folgenden Tag wirkte er gelöst und heiter – er hatte seinen Test bestanden. Und tatsächlich hat es den Anschein, als sei dieser Test-Kampf sehr wertvoll für ihn gewesen.

Ich hoffe es jedenfalls. Während ich hier sitze und diese Zeilen schreibe – zwei Wochen später –, tun mir noch immer die Rippen weh!

Ich fragte Nora, welche Wirkung das Phantasieerlebnis jetzt, nach sechs Monaten, noch habe. Hier folgt ihre Antwort.

Noras Antwort: Die Botschaft war gut, denn sie besagte, daß ich mich ganz und gar akzeptieren mußte. Aber in den seither vergangenen Monaten ist für mich zugleich eine Art Barriere daraus geworden, da es mir nicht gelang, meinen Körper zu akzeptieren. Ich wollte ihn verändern, und das bedeutete, daß ich ihn nicht so akzeptierte, wie er war.

Vor zwei Wochen beschlossen David und zwei Freunde von uns, um mich herum einen Kreis zu bilden und mich ausbrechen zu lassen – so wie wir es in der Gruppe mit Nancy gemacht haben. Meine Reaktion auf diese Einschließung war grotesk. Ich war wie versteinert. Schließlich gelang es mir, mich von David und einer anderen Frau loszureißen. Aber der andere Mann fing mich ab und umschlang meine Taille, so daß ich mich nicht mehr losreißen konnte. Ich stand eine schreckliche Angst aus, als er mir so nahe war, mich festhielt und ich ihn fühlte. Später wurde mir bewußt, was mir diese Angst eingejagt hatte: daß er mich berührte und meinen Körper fühlen konnte. Ich wollte nicht, daß er fühlte, wie dick und häßlich ich war. Als er mich festhielt, konnte ich es nicht länger verbergen: nun kannte er mein Geheimnis. Dann begriff ich, daß ich mein Fett benutzt hatte, um mich dahinter zu verbergen. Mein ganzes Leben lang hatte ich das Gefühl gehabt, daß ich wegen meines häßlichen Körpers nicht mit anderen Frauen konkurrieren konnte. So wurde ich zu einer Art «Helferin» für sie – ich stellte keine Bedrohung für sie dar, und sie mochten und akzeptierten mich. Den Männern gegenüber was es das gleiche. Ich war für sie niemals eine physisch begehrenswerte Frau und wurde ihnen gegenüber dadurch so etwas wie eine Mutter. Manchmal war diese Helferrolle wirklich echt, aber allzuoft spielte ich sie nur, damit man mich akzeptierte – immer jedoch auf «sicherem Grund», niemals körperlich. Schließlich war die Helferrolle so sehr Bestandteil meiner Persönlichkeit geworden, daß ich nicht unterscheiden konnte, ob ich wirklich das Bedürfnis hatte zu helfen oder ob ich diese Rolle nur wie eine Maske benutzte.

Jetzt habe ich es nicht mehr nötig, diese Helferrolle zu spielen. Ich möchte mit anderen Frauen konkurrieren und von Männern begehrt werden. Ich benötige also nicht mehr ein Fettpolster zur Tarnung. Ich bin dabei, es loszuwerden. Ich will meinen Körper schöner machen.

Ich habe keine Geheimnisse mehr! Ich bin den letzten Trümmerschutt losgeworden, der den Strom in mir verstopft hat. Jetzt fließt es rasch und sauber!

Die schönen Nachwirkungen unserer Gruppenarbeit hören nicht auf... Immer von neuem schenken sie mir ein Gefühl der Freude.

«Nora» ist nur noch ein häßliches Pseudonym für mich. Ich sehe nicht mehr aus wie Nora und fühle mich auch nicht mehr so. Nora klingt so nach Mutter – wie wär's mit Bathsheba?

Die Freude ist doch nicht wie die Fäden im Altweibersommer. Die Freude, das ist das wunderbare, pochende Herz in mir.

Ich hoffe, Ihre Rippen sind inzwischen geheilt...

Meine Aufgabe bei Noras (oder Bathshebas) Phantasieübung bestand vor allem darin, ihre Aufmerksamkeit so lange auf die Botschaft zu lenken, bis es ihr gelang, sie zu entschlüsseln. Es sah ganz so aus, als habe sie die Antwort auf ihr Problem bereits in sich getragen, aber sie brauchte die Hilfe Außenstehender, um sie zu lesen und zu verstehen. Nachdem sie die Botschaft entschlüsselt hatte, trat sofort die Entspannung ein.

Auch das folgende Beispiel, einschließlich des Titels (nach dem Roman von Carson McCullers), wird mit den Worten des Mädchens wiedergegeben, das dieses Phantasieerlebnis hatte. Sally hatte damals emotionale Probleme – es ging um irgendeine Liebesaffäre. Sie stand vor der schweren Entscheidung, ob sie sich scheiden lassen sollte oder nicht. Zur Einleitung der Phantasieübung wurde ihr gesagt, sie sollte sich ganz klein machen und eine Reise in ihren eigenen Körper unternehmen – einerlei, wo sie ihn betreten wollte.

Das Herz ist ein einsamer Jäger. Als das Phantasieerlebnis im eigenen Körper zum erstenmal beschrieben wurde, dachte ich gleich an den Roman und die damals unter dem Titel ‹*Fantastic Voyage*› angekündigte Verfilmung. Der «Raum» im Menschen kann bestimmt ebenso interessant und verlockend sein wie der Weltraum. Da die Rede davon gewesen war, daß man sich zu dem Körperteil begibt, der am stärksten an einem Konflikt beteiligt ist, meinte ich, ich würde wahrscheinlich in der Vagina landen oder in einem anderen weiblichen Organ, denn ich dachte, da läge bei mir die größte Schwierigkeit. Und über Phantasieerlebnisse in dieser Richtung hätte ich nicht gern vor den Teilnehmern meiner Gruppe gesprochen, einerlei wie verständnisvoll sie waren. Doch als ich dann Nora bei ihrer Exkursion durch ihren Körper zuhörte, war ich geradezu hingerissen von ihrer Begeisterung, ihren Phantasievorstellungen, ihrer Faszination und ihren intensiven Empfindungen. Am meisten beeindruckt hatte mich ihre innere Erregung, als sie «ihr Buch nicht lesen konnte». Mich überkam ein Gefühl der Entfremdung von mir selbst, und die Fassade der Selbstsicherheit, der Zuversicht, des Selbstbewußtseins und der Reife brach zusammen.

Das Gefühl auswegloser Einsamkeit ergriff mich mit solcher Intensität, daß ich rief, es täte mir leid, daß ich überhaupt an dem Seminar teilgenommen hätte; daß ich wünschte, ich wäre tot; und daß ich es nicht mehr ertragen könnte. Rob, der wunderbare gütige Rob, nahm mich in die Arme und tröstete mich. Während dieses Erlebnisses beobachtete ich mich selbst, und als Madeline ihre abgeschmackte Bemerkung machte, die meiner Meinung nach eine Einmischung in meine Empfindungen bedeutete, schrie ich sie an, und es tat mir gut, als ich sie damit zum Schweigen brachte.

Plötzlich ließen meine intensiven Empfindungen nach. Ich wollte die weitere Erkundung bis nach dem Mittagessen aufschieben, vor allem mit Rücksicht auf die anderen Teilnehmer. Doch Bill schlug vor, ich sollte die Prozedur lieber gleich in der Kabine fortsetzen, und die Gruppe stimmte zu. Ich erinnere mich noch, daß ich mich brüstete, ich könnte, wenn ich wollte, auf der Stelle ein Phantasieerlebnis herbeiführen. Rob legte den Arm um mich und ging mit mir zur Kabine hinüber. Ich schluchzte nur und fragte immer wieder: «Warum kümmern Sie sich um mich? Das geschieht doch nicht bloß deswegen, weil ich ein menschliches Wesen bin, nicht wahr?»

Als ich mich auf die Matte legte, hörte ich, wie jemand sagte, es werde sicher nicht sehr angenehm werden, oder das werde sicher eine harte Sache, oder so ähnlich. Ich reagierte darauf, indem ich die Gefahr verharmloste – ich glaubte, die anderen übertrieben. Und da ich ehrgeizig bin, überlegte ich, ob bei mir alles ebenso gut verlaufen würde wie bei Nora. Würde ich ebenso phantasievoll und interessant sein? Oder würden die anderen von meiner Gruppe sich langweilen? Während des Phantasieerlebnisses wurde ich mir hin und wieder der Anwesenheit der anderen bewußt – wenn sie über irgendwelche komischen Bemerkungen von mir lachten, oder wenn ich anfing zu schluchzen und irgend jemand meine Hand nahm oder mir sanft über die Stirn strich. Selbst wenn ich einiges von dem, was ich gerade erlebte, zu interpretieren versuchte, überlegte ich, ob die anderen auch interessiert zuhörten. Hier nun, was geschah, soweit ich mich noch daran erinnern kann:

Den Anweisungen folgend schloß ich die Augen und machte mich in Gedanken ganz klein. Das kam mir zuerst etwas gekünstelt vor, aber schließlich identifizierte ich mich doch mit dieser Miniaturperson. Ich versuchte (genau wie ich befürchtet hatte), die Reise in meinen Körper durch die Vagina anzutreten, aber ich stellte fest, daß dieser Eingang blockiert war. Also kehrte ich um und kletterte außen auf meinen Körper hinauf. Ich kann mich nicht mehr erinnern, wie ich in meinen Körper hineinkam. Ich weiß nur noch, daß ich ihn entweder durch den Oesophagus (Speiseröhre) oder durch die Trachea (Luftröhre) betrat. (Ich erinnerte mich dunkel an die anatomischen Begriffe und bemühte mich, die richtigen Namen zu finden – was später von einem Gruppenteilnehmer als ein Hinweis darauf, daß ich Krankenschwester sei, erklärt wurde.) Es muß die Trachea gewesen sein – ich sah runde Knorpelgebilde, und ich stieg hinunter in die Alveolen (Lungenbläschen). Auch hier war der weitere Zugang blockiert. Die kleinen, runden Luftklammern hinderten mich daran, weiter vorzudringen.

Plötzlich sah ich mein Herz. Es schwebte in meiner Brusthöhle, ohne irgendwelche Verbindungen – es hing sozusagen im Nichts. Ich war sehr erschrocken, daß es so losgelöst schwebte, und ich hatte furchtbare Angst.

«Können Sie zu ihm hingelangen?» fragte Bill.

«Nein, es ist zu glatt und glitschig.» Mein Herz – eine Kreuzung zwischen einem Herzen, wie man es auf Glückwunschkarten sieht, und dem, wie ich es mir vom Anatomieunterricht her vorstellte – war sehr glatt, rötlich und gerundet. Und es war feucht. Ich wußte, wenn ich versuchte, zu ihm hinüberzuspringen, würde ich mit Sicherheit hinunterfallen – tief, tief, tief hinunter!

(Können Sie eine Brücke bauen?)

Dieser Gedanke hatte eine beruhigende Wirkung auf mich. «Ich kann es versuchen. Ich werde den Abstand mit einer Planke überbrükken.» Die Planke bestand aus einem ziemlich großen Stück Muskel – es sah dem Walfischsteak ähnlich, das ich kurz nach meiner Verlobung in Boston gegessen hatte. Ich dachte sofort auch daran, daß es etwa die Form eines Penis hatte, aber das wollte ich vor den Zuhörern nicht sagen. Ich benutzte die Planke als Brücke und ging vorsichtig hinüber. Plötzlich begann die Planke auf und nieder zu schwanken. «Ein Erdbeben!» war mein erster Gedanke. Ich stand erschrocken auf meiner schwankenden Brücke und hatte das Gefühl, ich würde jeden Augenblick hinunterstürzen.

(Können Sie nicht Hilfe bekommen?)

«Doch. Ich werde die Rettungsmannschaft vom Katastrophendienst herbeirufen.» Sie bestand aus einer Gruppe kleiner Männchen, die in meinem großen Zeh lebten. Sie trugen große, an Feuerwehrhelme erinnernde Kopfbedeckungen. Als ich sie rief, reagierten sie sofort. Sie drängten sich in großer Zahl über meine Beine hin und liefen mit ihren kleinen Leitern in meinem Unterleib geschäftig hin und her. Die Stümper! Sie waren völlig untauglich, rannten nur planlos hin und her und unternahmen nichts, während ich ihnen immer wieder zurief: «He! Ich bin hier oben!» Aber sie hörten überhaupt nicht auf mich, und dann war das Erdbeben auch schon vorbei. Ich fand diese kleinen Männchen wirklich lustig, obwohl ich ihnen böse war, weil sie mir nicht geholfen hatten. Ich lachte und lachte, aber unversehens ging mein Lachen in ein Schluchzen über. Ich war mir bewußt, daß hier ein hysterisches Element hineinspielte.

Bill schlug vor, ich sollte die Brücke zu meinem Herzen stärker absichern. Ich warf eine (haarähnliche) Flechtschnur hinüber. Zuerst fand sie keinen Halt, aber schließlich verfing sie sich an einem kleinen Knoten.

(Können Sie die Brücke stärker absichern?)

Da tauchte die Golden Gate Bridge als Verbindung zu meinem Herzen auf, aber wie so oft waren beide Enden in Nebel gehüllt. Plötzlich verwandelte sie sich in die Brooklyn Bridge. Da stand ich nun, ein kleines Mädchen, das über die Brücke hüpfte und auf irgendeine Einweihungszeremonie wartete – daß jemand das Band mit der Schere zerschnitt. Auf der anderen Seite standen Millionen von Zuschauern, die mir applaudierten. Zuerst war ich darüber sehr erfreut, aber dann stellte ich zu meinem Entsetzen fest, daß die applaudierende Menge so überaus winzig war, daß sie praktisch überhaupt nicht ins Gewicht fiel.

(Können Sie jemanden bitten, Ihnen zu helfen?)

Plötzlich tauchte ein großer grüner Riese auf und hob mich hinauf in seine Hand. Er ging mit riesigen Schritten (ich glaube, es waren drei) quer über das Land und brachte mich zurück an die Westküste. Ich war ihm sehr dankbar dafür. Außerdem machte er mir ein Angebot: «Möchtest du gern eine Konservenbüchse mit grünen Erbsen als Herz haben?» Ich kicherte zuerst ein bißchen und wurde dann sehr traurig. «Nein, danke», antwortete ich, «ich möchte ein menschliches Herz haben!»

Ich sah – ich weiß nicht mehr, wo es war – ein anatomisches Schaubild von einem Herzen, auf dem die einzelnen Teile mit ihren Namen bezeichnet waren. Ich nahm eine Schere und schnitt es aus.

Ging ich dann hinüber und saß auf meinem Herzen? Wenn das der Fall war, dann ähnelte die Situation einem Foto, das ich einmal beim Bergsteigen aufgenommen hatte – ich saß, auf mein eigenes Bein gestützt, auf einem großen Felsblock. Während ich jetzt dort saß, senkte sich plötzlich das Dach immer dichter auf mich herab und drohte mich zu ersticken und zu erdrücken. Es (das Dach) war wie die Maske aus Mohnblütenblättern des Lachenden Mannes in der Kurzgeschichte von J. D. Salinger. Als ich aufschrie, fragte Bill mich, ob ich mir mehr Raum zum Atmen verschaffen könnte, und es gelang mir, das zu tun.

Dann griff ich nach einem Blutgefäß und schwang mich daran – wie Tarzan – aus meinem Körper hinaus und wieder hinein. Das machte Spaß, aber schließlich ließ ich davon ab und begab mich in meine weichen, federnden Därme. Ich nehme an, Bill sagte, ich sollte wieder zu meinem Herzen zurückkehren, und so kletterte ich an meiner Wirbelsäule wieder empor. Es war wundervoll! «Wußtet ihr eigentlich», sagte ich zu den anderen Gruppenmitgliedern, «wie nützlich alle diese kleinen Wirbelknochen beim Klettern sind? Eine geniale Erfindung!» Die Knochen sahen weiß aus, und man konnte an ihnen bequem emporklettern – fast wie auf einer Leiter.

Aber meine Freude war plötzlich dahin, als ich sah, wie mein Herz in der Ferne hinter einigen Hügeln verschwand. Als ich vor Schreck aufschrie, fragte Bill: «Können Sie es wieder einfangen?»

Ich glaubte, mir wuchsen irgendwie Flügel – ähnlich denen einer Fledermaus –, und ich verfolgte mein Herz. Schließlich fand ich es. Es lag in einem Vogelnest, ganz zusammengeschrumpft und sehr klein. Ich erschrak, und wieder fing ich an zu schreien.

(Können Sie ihm irgendwelche Nahrung zuführen und es wieder wachsen lassen?)

«Ja, das kann ich!» Die ganze Zeit über kam ich mir vor wie ein verheultes, verwahrlostes kleines Mädchen. Ich gab meinem Herzen (das einen kleinen Schnabel hatte) mit einem kleinen Silberlöffel etwas Vogelfutter. Plötzlich weitete sich mein Herz und füllte meinen ganzen Körper. Ich mußte lachen, aber ich war doch erschrocken über diese ungeheure Ausdehnung. Ich dosierte die Nahrung jetzt so, daß es nur noch wenig zunahm. Nun wurde mein Herz zu einem kleinen gelben Kanarienvogel, der glücklich vor sich hin sang. Irgendwo flog eine gelbschwarze Biene summend umher und stach mich plötzlich.

Als ich mich von neuem verängstigt und einsam fühlte, fragte Bill: «Können Sie nicht jemanden finden, der Ihnen hilft?» Da erschien ein Indianer mit einer riesigen Decke. Er hüllte mich in diese Decke, legte den Arm um meine Schultern und nahm mich mit in seinen Wigwam. Er sagte, sie würden mich in ihren Stamm aufnehmen, und ich würde den Namen «Kleine Prinzessin Flinkfuß» erhalten. Das tat mir gut. Ich trug ein weißes Hirschledergewand mit Fransen. Man machte mich darauf aufmerksam, daß ich nicht über eine bestimmte Linie hinausgehen sollte, die sich etwa in Höhe meiner Taille befand. Ich rief, ich sei bereits über diese Linie hinausgegangen; ich hatte das Gebot übertreten. (Das erinnerte mich an einen Albtraum, den ich als fünfzehnjähriges Mädchen häufig gehabt hatte:) Rauchsignale gingen hoch und signalisierten: SOS! Das bedeutete: *Save Our Sally!*

Ich begab mich wieder zu meinem Herzen. Bill fragte mich, ob ich etwas Schönes oder Gutes daran finden könnte. Ich sah, daß mein Herz einen Gletscher in der Mitte hatte, aber der Schnee war strahlend und warm und erfreulich anzuschauen. Ich fing an, Engel aus Schnee zu formen.

(Möchten Sie, daß Ihnen jemand Gesellschaft leistet?)

«Ja!» Ein Mann, den ich nicht kannte, kam zu mir und spielte mit mir in dem wundervollen Schnee. Wir warfen uns mit Schneebällen und gingen dann in einen strahlendweißen, behaglichen, lichtdurchlässigen Iglu. Mein Hund, Saluki, begleitete uns, und wir waren sehr glücklich.

Als ich am Ende des Phantasieerlebnisses die Augen öffnete, konnte ich kaum glauben, daß ich all das in meiner Vorstellung erlebt hatte. Die anderen sagten kaum etwas dazu, und mir selbst war es ein bißchen peinlich, daß ich mich vor ihnen so exponiert hatte. Mein Erlebnis wurde jedoch anerkannt, und dadurch fühlte ich mich den anderen noch stärker verbunden. Ich war erleichtert und zugleich erstaunt – ich hatte nicht geahnt, daß ich diese Fähigkeit besaß. Ich fühlte mich noch etwas unsicher. An den folgenden Tagen wagte ich nicht, an irgendwelche Einzelheiten meines Erlebnisses zu denken, außer an die kleine Rettungsmannschaft vom Katastrophendienst, weil ich darüber lachen konnte. In Gedanken stellte ich zwei Schilder auf: «Kein Zutritt!» und: «Zutritt bei Strafe verboten!» Diese Warnungen hielt ich mir immer vor Augen, wenn ich auch nur entfernt an das Wort «Herz» zu denken begann. Als wir am folgenden Tag zu einer Meditationsübung in einen

Cañon gingen und, um über einen Bach zu gelangen, eine Holzplanke überqueren mußten, wurde ich von Ängsten gepeinigt. Die Planke sah so ähnlich aus wie jene, über die ich zu meinem Herzen hatte gelangen wollen. Anfangs fürchtete ich mich auch davor, mich wieder meinen Phantasien zu überlassen, weil ich um keinen Preis die schrecklichen Phasen meines Erlebnisses noch einmal durchmachen wollte. Aber dann fühlte ich mich doch dazu imstande und tat es mit Freude und bekam es nur mit der Angst zu tun, als für einen Augenblick das Erdbeben überhandnahm.

Mein Phantasieerlebnis scheint mir in etwa dem zu ähneln, was ich über LSD-Trips gelesen habe. Es war für mich eine sehr erstaunliche Erfahrung. Ich wußte, daß ich das Erlebnis abbrechen konnte, wenn ich nur die Augen öffnete. Die Gruppe und besonders der Gruppenleiter machten mir immer wieder Mut: Es war ein Erlebnis, das mir sehr viel bedeutet, und obwohl inzwischen sechs Wochen vergangen sind, erinnere ich mich an all die hier erwähnten Einzelheiten. Mir ist jetzt deutlicher bewußt, wie leicht verletzlich ich bin, und ich versuche zu ergründen, was für Erlebnisse ich in meiner Kindheit gehabt habe, die ein so unauslöschliches Gefühl der Einsamkeit und der Verlassenheit in mir zurückgelassen haben können. Mein Phantasieerlebnis hat für mich eine sehr große Bedeutung.

Diesem eindringlichen Bericht ist kaum noch etwas hinzuzufügen. Physisch machte Sally alle Emotionen durch, von denen sie berichtet: sie lachte und weinte, verkrampfte sich und war heiter und gelöst. Meine Aufgabe als Therapeut sah ich darin, Sally zu helfen, daß sie ihr Herz als Teil ihres Seins begriff. Nach den Symbolen, die in dem Phantasieerlebnis zutage traten, und nach Sallys Verhalten innerhalb der Gruppe zu schließen, bestand eines ihrer Probleme darin, daß sie nicht in der Lage war, ihre Empfindungen und ihre Zuneigung zu steuern. Gelang es ihr, zuverlässige Brücken zwischen ihrem Herzen und ihrem übrigen Körper zu errichten, würde sie vielleicht auch mit den Gefühlen der Liebe auf eine ihr gemäßere Weise umgehen können. Was Sally symbolisch und physisch (durch ihre physischen Verwandlungen im Verlauf der Phatasieübung) bewerkstelligte, war, daß sie die Entfremdung zu überwinden begann, die sie gegenüber ihren Liebesempfindungen spürte. Das Phantasieerlebnis hatte es ihr ermöglicht, symbolisch etwas zu vollbringen – die Integration ihres Herzens –, was ihr vorher niemals gelungen war. Das stärkte ihr Vertrauen darauf, daß sie entsprechenden Empfindungen und Situationen gewachsen ist.

Ihre innere Auseinandersetzung mit den Gefühlen des Liebens und des Geliebtwerdens ist noch nicht zu Ende, aber die Dinge liegen jetzt anders, wie sie selbst sagt. Sie fühlt sich jetzt eher imstande, damit fertig zu werden. Bei späteren Gesprächen mit Sally stellte sich deutlich heraus, daß sie jetzt – in persönlicher wie in beruflicher Hinsicht – entschieden besser weiß, was sie will. Sie hat inzwischen mehrere wichtige Entscheidungen getroffen, unter anderem hat sie ihre Stelle gewechselt, worüber sie sich sehr zuversichtlich und zufrieden äußert.

Wie diese Beispiele zeigen, sind die imaginativen Methoden – bei sachgerechter Anwendung – außerordentlich wirkungsvoll. Unter günstigen Umständen können sie einem Menschen dazu verhelfen, daß er seine tiefgreifendsten Probleme identifiziert und sich symbolisch mit ihnen auseinandersetzt. Besteht er diesen Kampf, dann hat er im wahrsten Sinne des Wortes das Unmögliche möglich gemacht, und er sieht sich nun selbst in einem neuen Licht. Er ist jetzt ein Mensch, der etwas vollbringen kann, was er sich nie zugetraut hätte. Die in ihm angelegten Möglichkeiten sind freigelegt, und Freude und Heiterkeit stellen sich ein.

Die Methoden zur Vervollkommnung der Persönlichkeit zielen hauptsächlich darauf ab, das Bewußtsein von den eigenen Kräften und Fähigkeiten zu intensivieren, die Hindernisse, die der Selbstverwirklichung im Wege stehen, zu überwinden und durch Übung und Training diese Fähigkeiten weiter zu entwickeln und zu integrieren. Bei vielen dieser Verfahren spielen die nichtverbalen Methoden eine wesentliche Rolle. Von unschätzbarem Wert für die Intensivierung des inneren Bewußtseins sind ferner die Methoden der Phantasie, der Imagination und des Psychodramas. Wie bereits erwähnt, sind mit den hier dargestellten Verfahren bei weitem nicht alle Mittel und Wege zur Vervollkommnung der Persönlichkeit behandelt, doch geben sie zumindest einen Begriff von den Möglichkeiten, vor allem auch im Bereich der schöpferischen Tätigkeit.

Diese Methoden sind dagegen nicht zur Beschäftigung mit jener Art Freude bestimmt, die aus wechselseitigen menschlichen Beziehungen gewonnen wird. Den Methoden, die auf eine Bereicherung der zwischenmenschlichen Beziehungen hinzielen, ist das folgende Kapitel gewidmet.

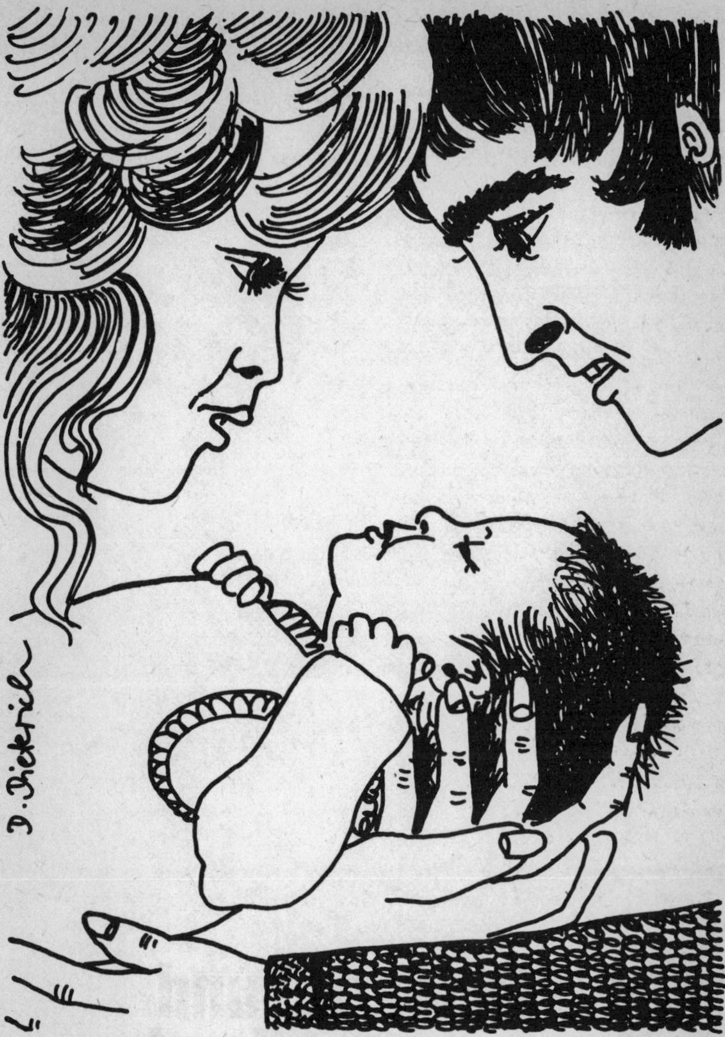

Wirkliche Freude . . .

... sei eine ernste Angelegenheit, meinte Seneca in einem seiner Briefe an Lucilius. Wer Humoristen privatim kennt, weiß um die Wahrheit dieses Wortes.

Freude hängt nicht vom Geld ab, aber beide haben etwas gemeinsam: Sie verdrängen Sorgen. Zwar fand Seneca, glücklich sei nur, wer kein Geld hat. Aber wie sollte er's wissen – er war ja reich.

4 Zwischenmenschliche Beziehungen

In einer früher erschienenen Publikation[1] habe ich die Auffassung vertreten, daß es im Bereich der zwischenmenschlichen Beziehungen drei fundamentale Bedürfnisse gibt. Diese Bedürfnisse bilden die Grundlage für die Erforschung der zwischenmenschlichen Beziehungen und für die Methoden, die dazu beitragen können, daß die Möglichkeit des Menschen im Umgang mit anderen Menschen voll ausgeschöpft werden.

Für viele, vielleicht sogar für die meisten Menschen sind andere Menschen die Hauptquelle der Freude. Freude jedoch bedingt die Möglichkeit des Leids: wo überschäumende Freude ist, da gibt es auch bitteres Leid; andere Menschen können einem ebenso das Leben zur Hölle machen, wie sie einem den Himmel bereiten können. Nach meiner Theorie entfalten sich Freude und Leid vor allem in den von den zwischenmenschlichen Bedürfnissen – *Zugehörigkeit, Steuerung* und *Zuneigung* – bestimmten Bereichen.

Das Zugehörigkeitsverhalten bezieht sich auf die menschlichen Bindungen – ob man ausgeschlossen oder einbezogen wird, ob man jemandem angehört, ob man zusammengehört. Das Bedürfnis nach Zugehörigkeit manifestiert sich in dem Wunsch, Aufmerksamkeit und Interesse zu erregen. Das «schwarze Schaf» in einer Klassengemeinschaft, das mit Radiergummis wirft, protestiert damit hauptsächlich dagegen, daß es zuwenig oder gar nicht beachtet wird. Selbst wenn es auf Ablehnung stößt, ist es bis zu einem gewissen Grade doch befriedigt darüber, daß ihm überhaupt jemand Beachtung schenkt.

Ein wesentlicher Aspekt der Zugehörigkeit besteht darin, daß man eine ausgeprägte Persönlichkeit ist, das heißt, daß man eine festumrissene Identität besitzt. Eine entscheidende Voraussetzung für Anerkennung und Aufmerksamkeit ist, daß sich der einzelne Mensch von anderen Menschen unterscheidet. Er muß als ein spezifisches Individuum erkennbar sein – er muß eine besondere Identität besitzen. Der höchste Grad dieser Identifizierung ist, daß er verstanden wird. Verstandenwerden bedeutet, daß jemand an ihm in einem solchen Maße interessiert ist, daß er sich die Mühe macht, seine spezifischen Persönlichkeitsmerkmale herauszufinden.

Ein Problem, das sich häufig gleich zu Beginn irgendwelcher persönlichen Beziehungen stellt, ist die Frage der Bindung, die Entscheidung, ob man bereit ist, sich für eine bestimmte Beziehung oder Aktivität zu engagieren. Gewöhnlich versuchen die Menschen in der ersten tastenden Phase einer Bekanntschaft, sich einander mehr oder weniger offen darzustellen, um herauszufinden, an welchem Aspekt der eigenen Persönlichkeit die anderen Interesse finden könnten. Häufig ist jemand in der Anfangsphase recht schweigsam, weil er nicht sicher ist, ob sich die anderen Menschen für ihn interessieren – hier offenbart sich eine gewisse Sorge um die Zugehörigkeit.

Das Charakteristische der Zugehörigkeit kommt in Begriffen zum Ausdruck wie Kontakt zu anderen Menschen, Aufmerksamkeit, Anerkennung, Bedeutung und Prestige oder wie Identität, Individualität und Interesse. Zugehörigkeit unterscheidet sich insofern von Zuneigung, als sie nicht mit starken emotionalen Bindungen an einzelne Personen verbunden ist. Von der Steuerung unterscheidet sie sich dadurch, daß es bei ihr vor allem darum geht, anderen etwas zu bedeuten, und nicht darum, andere zu beherrschen.

Das Steuerungsverhalten bezieht sich auf den Prozeß, im Bereich der zwischenmenschlichen Beziehungen Entscheidungen zu treffen und Macht, Einfluß und Autorität auszuüben. Das Steuerungsbedürfnis variiert vom Streben nach Macht und Autorität und nach Kontrolle über andere Menschen (und damit zugleich über die Gestaltung der eigenen Zukunft) bis zu dem Bedürfnis, sich selbst der Kontrolle anderer zu unterwerfen und von Verantwortung befreit zu werden.

In einer Debatte zeigt sich am deutlichsten der Unterschied zwischen demjenigen, dem es auf Zugehörigkeit ankommt, und demjenigen, der auf Steuerung aus ist. Wer vor allem auf Zugehörigkeit bedacht ist, der hat den starken Wunsch, an der Debatte teilzunehmen, dagegen möchte derjenige, der auf Steuerung bedacht ist, als Sieger aus ihr hervorgehen oder doch zumindest auf der Seite des Siegers stehen. Wer auf Zugehörigkeit bedacht ist, würde es vorziehen, um der Teilnahme willen zu verlieren; wer dagegen auf Vorherrschaft aus ist, würde es vorziehen, um des Sieges willen nicht teilzunehmen.

Steuerung kommt auch in dem Verhalten gegenüber Menschen zum Ausdruck, die versuchen, andere unter ihre Kontrolle zu bringen. Alle Ausdrucksformen von Unabhängigkeit und Rebellion sind Beispiele für die Abneigung, sich von anderen steuern zu lassen, während Nachgiebigkeit, Unterordnung und das Hinnehmen von Befehlen Anzeichen für verschiedene Grade der Bereitschaft sind, sich mit der Kontrolle durch andere abzufinden. Zwischen dem Verhalten eines Menschen, wenn es um die Steuerung anderer geht, und seinem Verhalten, wenn es darum geht, daß er selbst von anderen gesteuert wird, gibt es keine zwangsläufige Relation. Zwei Menschen, die Kontrolle über andere Menschen ausüben, können sich hinsichtlich des Ausmaßes, in dem sie sich von anderen steuern lassen, durchaus unterscheiden. Der tyrannische Feldwebel zum Beispiel kann seinem Vorgesetzten gegenüber ein williger und ergebener Befehlsempfänger sein. Ebenso aber kann es sein, daß der «Schreck» der Nachbarschaft auch zu Hause gegen seine Eltern rebelliert.

Das Steuerungsverhalten unterscheidet sich vom Zugehörigkeitsverhalten insofern, als es nicht nach äußerer Anerkennung verlangt. Die «Graue Eminenz» ist ein hervorragendes Beispiel für eine Rolle, die ein starkes Steuerungsbedürfnis und ein geringes Zugehörigkeitsbedürfnis befriedigt. Der «Spaßvogel» ist dagegen ein Beispiel für ein starkes Zugehörigkeitsbedürfnis und ein nur geringfügiges Steuerungsbedürfnis. Vom Zuneigungsverhalten unterscheidet sich das Steuerungsverhalten insofern, als es mehr mit Machtverhältnissen zu tun hat als mit emotionalen Bindungen. Die häufig auftretenden Schwierigkeiten zwischen Menschen, die «rasch zur Sache kommen» wollen, und solchen, die «einander kennenlernen» wollen, veranschaulichen eine Situation, in der für die eine Seite das Steuerungsverhalten und für die andere Seite das Zuneigungsverhalten wichtiger ist.

Das Zuneigungsverhalten bezieht sich auf intime persönliche emotionale Empfindungen zwischen zwei Menschen, insbesondere auf Liebe und Haß in ihren verschiedenen Schattierungen und Abstufungen. Zuneigung ist eine dyadische Beziehung; sie tritt jeweils nur zwischen zwei Menschen auf. Dagegen sind Beziehungen, die auf Zugehörigkeit oder auf Steuerung beruhen, ebenso zwischen zwei Personen möglich wie zwischen einer einzelnen und einer Gruppe von Personen.

Innerhalb von Gruppen drückt sich das Zuneigungsverhalten in der Anknüpfung von Freundschaften zwischen einzelnen Gruppenmitgliedern aus. Eine weitverbreitete Methode, eine allzu enge Bindung an ein einzelnes Gruppenmitglied zu vermeiden, besteht darin, daß man sich allen Mitgliedern gegenüber gleich freundlich verhält. «Beliebtheit» braucht also nicht unbedingt etwas mit Zuneigung zu tun zu haben. Oft liegt also nichts anderes als Zugehörigkeitsverhalten vor – im Gegensatz zu fester Freundschaft, bei der es sich gewöhnlich in erster Linie um eine echte Zuneigung handelt.

Der Unterschied zwischen Zugehörigkeitsverhalten, Steuerungsverhalten und Zuneigungsverhalten läßt sich an den verschiedenen Empfindungen verdeutlichen, die sich bei einem Mann einstellen, wenn er von einer studentischen Verbindung abgewiesen wird, wenn er bei seinem Professor in einem Examen durchfällt oder wenn er von seiner Freundin einen Korb bekommt. Die Verbindung nimmt ihn nicht – man macht ihm klar, daß man als Gruppe nicht genügend an ihm interessiert ist. Der Professor läßt ihn durchfallen und sagt ihm damit praktisch, daß er ihn auf diesem Gebiet für inkompetent hält. Die Freundin gibt ihm einen Korb und deutet damit an, daß sie ihn nicht liebenswert findet.

Auf dem Gebiet der zwischenmenschlichen Beziehungen geht es bei der Zugehörigkeit hauptsächlich um das Herstellen einer Beziehung, während Steuerung und Zuneigung sich mit bereits bestehenden Beziehungen befassen. Innerhalb bereits existierender Beziehungen ist Steuerung derjenige Bereich, wo festgelegt wird, wer wem Befehle erteilt und wer für wen Entscheidungen fällt, während es bei der Zuneigung darum geht, ob sich in emotionaler Hinsicht eine enge oder distanzierte Beziehung entwickelt. Bei der Zugehörigkeit geht es darum, ob man «dazugehört» oder «außen steht», bei der Steuerung darum, ob man in einer Hierarchie «oben» oder «unten» steht und bei der Zuneigung darum, ob jemand einem «nahesteht» oder nicht.

Die speziellen Schwierigkeiten, die sich in jedem der drei Bereiche ergeben und ohne deren Überwindung sich die dem Menschen auf diesem Gebiet gegebenen Möglichkeiten nicht voll verwirklichen lassen, werden im folgenden neben den Methoden zur Behebung dieser Schwierigkeiten beschrieben. Am einfachsten lassen sie sich vielleicht erörtern, wenn man die Karikatur eines Menschen als Beispiel nimmt, der in allen drei Bereichen aus dem Gleichgewicht geraten ist, weil er von dem, was er braucht, zuviel oder zuwenig hat.

Zugehörigkeit

Da Zugehörigkeit die Herstellung einer Beziehung voraussetzt, ist sie in der Regel das erste, was beim Entstehen einer Gruppe geschieht. Die Beteiligten müssen sich entscheiden, ob sie eine Gruppe bilden wollen oder nicht. Beim Einwirken der Menschen aufeinander kommt es zunächst darauf an, einen Kontakt herzustellen bzw. eine Begegnung herbeizuführen.

Ein Mensch mit wenig ausgeprägtem Zugehörigkeitsgefühl – ein gesellschaftlicher Außenseiter – neigt dazu, introvertiert und zurückgezogen zu leben. Ganz bewußt will er die Distanz zwischen sich und anderen Menschen aufrechterhalten, und er vermeidet es beharrlich, sich mit anderen Leuten einzulassen und auf diese Weise seine Einsamkeit aufzugeben. Unbewußt ist er jedoch dringend darauf bedacht, daß die anderen ihm ihre Aufmerksamkeit zuwenden. Nichts fürchtet er so sehr, wie daß die Menschen ihn ignorieren, nicht das geringste Interesse an ihm zeigen und ihn links liegenlassen könnten.

Seine unbewußte Einstellung läßt sich etwa so ausdrücken: «Keiner interessiert sich für mich, also will ich nicht das Risiko eingehen, daß man mich ignoriert. Deshalb halte ich mich von den Menschen fern und komme auch allein zurecht.» Darin bekundet sich eine starke Neigung zur Selbstgenügsamkeit als Mittel, ohne andere auszukommen. Hinter seiner Zurückgezogenheit steht das persönliche Gefühl, daß die anderen Menschen ihn einfach nicht verstehen.

Seine größte Sorge ist, da sie an sein Selbstverständnis rührt, daß er tatsächlich ein unbedeutender Mensch sein könnte. Er denkt, wenn kein Mensch ihn je seiner Aufmerksamkeit für würdig hielt, dann müsse er doch praktisch ein Mensch ohne jeden Wert sein. Vermutlich ist diese fundamentale Angst vor völliger Verlassenheit und Isolierung von allen seinen Ängsten im zwischenmenschlichen Bereich die nachhaltigste und stärkste.

Der allzu gesellschaftsbezogene Mensch neigt zu übertrieben extrovertiertem Verhalten. Er sucht ständig andere Menschen auf und möchte, daß sie ihn aufsuchen. Auch er hat Angst, daß sie ihn ignorieren könnten. Seine unbewußten Empfindungen gleichen aufs Haar denen des zurückgezogen lebenden Menschen, aber nach außen hin verhält er sich genau entgegengesetzt.

Seine unbewußte Einstellung läßt sich so zusammenfassen: «Zwar scheint sich niemand wirklich für mich zu interessieren, aber ich werde auf jede nur denkbare Weise dafür sorgen, daß die Menschen mir ihre Aufmerksamkeit zuwenden.» Er hat ein ständiges Bedürfnis nach Gesellschaft. Er gehört zu jenen Menschen, die es «nicht ertragen können, allein zu sein». Sein ganzes Tun ist auf «gemeinsames Wirken» ausgerichtet.

Sein Verhalten im zwischenmenschlichen Bereich zielt darauf hin, die Aufmerksamkeit auf sich zu lenken, bemerkt zu werden und einen gewissen Grad von Berühmtheit zu erlangen. Die direkte Methode ist, sich bei einer Gruppe intensiv zu beteiligen und sich ständig zu produzieren. Indem er sich der Gruppe aufdrängt, zwingt er sie, ihm ihre Aufmerksamkeit zuzuwenden. Eine etwas subtilere Methode besteht darin, daß er Macht (Kontrolle) zu erlangen oder sich beliebt zu machen versucht (Zuneigung), beides jedoch hauptsächlich in der Absicht, Aufmerksamkeit auf sich zu lenken.

Für jemanden, der in seiner Kindheit gute Zugehörigkeitsbeziehungen gehabt hat, stellen die gegenseitigen Beziehungen mit anderen Menschen kein Problem dar. Er fühlt sich in Gesellschaft anderer Menschen ebenso wohl, wie wenn er allein ist. Er kann, ohne sich darüber irgendwelche Sorgen zu machen, in der Hierarchie einer Gruppe einen hohen oder niedrigen Rang einnehmen, und er kann ebensogut eine unauffällige Rolle spielen. Er ist in der Lage, sich in bestimmten Gruppen stark zu engagieren, aber ebenso kann er auch, wenn er es für angemessen hält, auf jedes persönliche Engagement verzichten. Unbewußt spürt er, daß er etwas darstellt, daß er eine Persönlichkeit ist.

Es gibt verschiedene Methoden, die geeignet sind, das Zugehörigkeitsgefühl zu fördern. Sie konzentrieren sich auf die Schwierigkeiten, Kontakt herzustellen und menschliche Begegnungen herbeizuführen, und tragen zur Klärung der Empfindungen bei.

Kontakt

Wann: Eines der am weitesten verbreiteten Probleme der modernen Gesellschaft ist das Herstellen von Kontakten zu anderen Menschen.

Einmal gelten nur sehr wenige Arten der Kontaktaufnahme als «gesellschaftsfähig», zum anderen stellt für sehr viele Menschen jede Kontaktaufnahme ein ernsthaftes Problem dar: es fällt ihnen schwer, einen anderen Menschen ins Gespräch zu ziehen, sie wissen nicht recht, was sie sagen sollen und wie sie den Kontakt pflegen und ausbauen können. Wie quälend diese Situation sein kann, zeigen extreme Fälle, die bei Psychosekranken vorkommen: viele haben es einfach nicht gelernt, wie man sich Zugang zur menschlichen Gesellschaft verschafft, wie man Kontakte zu anderen Menschen herstellt. Soweit es darum geht zu lernen, wie man sich anderen anschließt, gibt es mehrere Methoden, die sich als nützlich erwiesen haben.[2]

Raumfühlen: Alle Mitglieder einer Gruppe werden aufgefordert, nahe zusammenzurücken – sie sitzen dabei entweder auf dem Fußboden (was vorzuziehen ist) oder auf Stühlen. Dann sollen sie die Augen schließen, die Hände ausstrecken und «ihren Raum fühlen» – den gesamten Raum vor ihnen, über ihnen, hinter ihnen und unter ihnen. Schließlich sollen sie sich des Kontakts bewußt werden, den sie mit den anderen Gruppenmitgliedern dadurch haben, daß die Hände sich überkreuzen und berühren. Die Prozedur sollte etwa fünf Minuten lang dauern. (Um die Methode besser zu begreifen, sollte der Leser, bevor er weiterliest, einen entsprechenden Versuch unternehmen.)

Gewöhnlich zeichnen sich dabei sehr deutlich die verschiedensten Reaktionen ab. Manche Menschen ziehen es vor, in ihrem eigenen Raum zu verharren, und betrachten es schon als einen Übergriff, wenn zufällig jemand in ihren Raum gelangt. Andere dringen nur sehr vorsichtig in einen anderen Raum ein, aus Furcht, sie seien unerwünscht. Wieder andere suchen bewußt nach der Berührung und freuen sich über den Kontakt. Während der eine sich einladend verhält, ist ein anderer vielleicht abweisend und zieht sich nach einem Kontakt zurück. Eine Diskussion nach dieser Prozedur ist meist sehr nützlich, da sie Aufschluß gibt über die ganze Skala von Empfindungen, die durch Einsamkeit und Kontakt ausgelöst werden können.

Blindekuh. Das «Raumfühlen» trägt dazu bei, den Konflikt zwischen Alleinsein und Zusammensein zu klären. Ein nächster Schritt besteht nun darin, das Wesen der anderen Menschen intensiver zu erkunden – und zwar noch immer in nichtverbaler Form. Dazu läßt man alle Gruppenmitglieder aufstehen, die Augen schließen, die Hände ausstrecken und so (ähnlich wie beim Blindekuh-Spiel) im Raum umhergehen. Treffen zwei Menschen aufeinander, erforschen sie einander, wie immer und wie lange sie wünschen. Gedämpfte Begleitmusik mag das Erlebnis noch intensivieren. (Wenn der Leser die Möglichkeit hat, sollte er es gleich versuchen.)

Meist sind Empfindungen dabei mehr allgemeiner als individueller Natur. Das heißt, die Erfahrung ist von größerer Bedeutung für die Begegnung des einzelnen mit der Gruppe als für den Kontakt zwischen einzelnen Personen. Deshalb stärkt das Verfahren meist auch den Zusammenhalt einer Gruppe. Darüber hinaus schärft es das Bewußtsein dafür, daß man es im anderen mit menschlichen Wesen zu tun hat. Teilnehmer, die vor dem «Blindekuh-Spiel» den anderen wenig interessant scheinen, werden danach oft so behandelt, als hätten ihre Persönlichkeit und ihre Bedeutung eine Steigerung erfahren.

Körperliche Darstellung. Einem Menschen mit Hilfe des Raumfühlens und der körperlichen Bewegung sein eigenes Verhalten – vor allem sein Zugehörigkeitsverhalten – stärker zum Bewußtsein zu bringen, erweist sich oft als sehr nützlich. Im Gegensatz zum Sprechen, bei dem von den Gefühlen nur die Rede ist, führt die körperliche Darstellung zu einer sinnvollen Konfrontation. Ein stark verbal eingestellter junger Psychiater, der an einem psychiatrischen Ausbildungskurs teilnahm, wurde von der Gruppe dazu gezwungen, alles, was er innerhalb der Gruppe durch sein Verhalten ausdrückte, auch körperlich darzustellen. Das Ergebnis war sehr eindrucksvoll. Er selbst schreibt darüber: «Der Vorgang, der mir am stärksten in Erinnerung geblieben ist, war folgender: Ich hatte die Gruppe aufgefordert, bei der Erforschung der gegenseitigen Empfindungen noch weiter und tiefer vorzudringen, aber ich zögerte, als erster damit zu beginnen. Jemand versuchte, mir Mut zu machen – ich sollte aufstehen und demjenigen Mitglied der Gruppe gegenübertreten, für das ich zu jenem Zeitpunkt die negativsten Gefühle empfand. Ich konnte mich nicht dazu entschließen und weigerte mich. Darauf wurde ich aufgefordert, den Kreis der Gruppe zu verlassen und mich in eine Ecke zu setzen. Das tat ich. Ich fühlte mich sowohl physisch als auch psychisch isoliert. Ich war bis auf den Grund meines Wesens erschüttert, als ich erkannte, daß ich mich lieber zurückzog, als daß ich einem anderen Menschen unmittelbar gegenübertrat. Ich erinnerte mich, daß mir die Tränen kamen, als ich erkannte, welche Rolle ich in meiner Einsamkeit spielte.»

Zusammenstoß. Eine weitere Methode der körperlichen Darstellung eines emotionalen Zustands ergab sich, als jemand davon sprach, daß er sich nicht genügend als Teil seiner Gruppe empfinde. Eine Möglichkeit, sein Zugehörigkeitsgefühl zu intensivieren, zeichnete sich ab, als er den Begriff «Zusammenstoß» erwähnte. Im folgenden beschreibt Harold, was daraufhin geschah.

Harolds Bericht: Meine Teilnahme war bis zu diesem Zeitpunkt im großen und ganzen befriedigend gewesen. Mit mehreren Mitgliedern hatte ich einen durchaus ergiebigen Kontakt gehabt. Unbewußt fragte ich mich allerdings, was ich der Gruppe wirklich bedeutete; noch immer hatte ich keine rechte Beziehung zu der gesamten Gruppe.

Bei der hier erwähnten Zusammenkunft fühlte ich mich in zunehmendem Maße frustriert und enttäuscht. Ich hatte den Versuch gemacht, mit einem anderen Teilnehmer in Verbindung zu kommen. Nach und nach staute sich in mir Groll gegen ihn auf, da er meine Fragen und Hinweise hinsichtlich seines bisherigen Verhaltens einfach nicht zu begreifen schien und einer Beantwortung durch törichte Gegenfragen auswich. Die anderen Teilnehmer fragten mich nach meinen Empfindungen und zogen aus meinen Antworten gewisse Schlußfolgerungen, während ich mich unter Druck gesetzt fühlte und mein Groll ständig zunahm. Zugleich genoß ich es jedoch, daß ich im Mittelpunkt der Aufmerksamkeit stand, und ich sagte, zum erstenmal hätte ich das Gefühl, daß es zu einem «Zusammenstoß zwischen mir und anderen Menschen» gekommen sei, und ich sei froh darüber, trotz einiger damit verbundener negativer Empfindungen.

Es wurde der Vorschlag gemacht, die Männer der Gruppe sollten einen engen Kreis bilden, und ich sollte in der Mitte stehen und ähnlich wie beim «Hahnenkampf» mit der Schulter auf die anderen losgehen. Ich sagte, ich fände es sehr wichtig, daß sie auch zurückstießen, sonst sei es kein richtiger Zusammenstoß. Wir fingen an, und die Intensität der Stöße nahm immer mehr zu. Ich fühlte keine Hemmung, die anderen zu attackieren, und auch die anderen hielten sich in keiner Weise zurück. Das dauerte ungefähr drei bis vier Minuten.

Ich hatte ein gutes Gefühl: Festigkeit – Wirklichkeit – Stärke – Begegnung – Entspannung – Zufriedenheit mit mir selbst – freundschaftliche Gefühle gegenüber den anderen. Wir waren aufeinandergeprallt. Jetzt war der Kampf vorüber. Ich war in die Gruppe aufgenommen. Mich überkam ein Gefühl heiterer Gelöstheit.

Ich nahm wieder meinen Platz neben dem Teilnehmer ein, mit dem ich vergeblich Kontakt aufzunehmen versucht hatte. Jetzt war es mir einerlei, was er über mich dachte und ob er auf das, was ich sagte, einging. Ich grinste und sagte zu ihm, von mir aus könne er sich zum Teufel scheren. Halb wollte ich ihn necken. Aber ich fühlte mich jetzt zehnmal stärker als vorher und mehr dazugehörig. Meine Beziehung zur Gruppe hatte sich vertieft; und was innere Freiheit anlangt und die Fähigkeit, mit anderen Menschen intensive, auf Gegenseitigkeit beruhende Beziehungen aufzunehmen, war ich um einen weiteren Schritt vorangekommen.

Das hier beschriebene Erlebnis hat Harold offenbar noch nicht ganz das Gefühl genommen, ein unbedeutender Mensch zu sein, aber es wird ihm sehr helfen, wenn er versucht, mit diesem Gefühl besser fertig zu werden.

Erster Eindruck. Konzentriert man sich mit mehreren Sinnesorganen zugleich auf einen anderen Menschen, so kann das die Herstellung eines persönlichen Kontaktes erleichtern. Meistens achten wir auf viele Hinweise, die der andere gibt, überhaupt nicht, oder aber wir reagieren eher unbewußt darauf als wirklich bewußt. Eine Möglichkeit, solche Hinweise und Merkmale wahrzunehmen, besteht darin, daß man zu Beginn eines neuen Kurses jeden einzelnen Teilnehmer auffordert, allein vor die ganze Gruppe zu treten. Die Gruppe hat die Aufgabe, ihren ersten Eindruck von dem Teilnehmer zu beschreiben, und zwar ausschließlich nach seiner äußeren Erscheinung und möglichst, bevor er anfängt zu sprechen. «Beobachten Sie die Körperstruktur, die Körperhaltung, den Gesichtsausdruck, die Art, wie er sich bewegt und wie Anspannung und Entspannung in den verschiedenen Haltungen und Bewegungen zum Ausdruck kommen. Gehen Sie dann zu ihm und berühren Sie seine Haut und prüfen Sie, ob sie sich fest oder weich anfühlt; prüfen Sie auch die Stärke, die Festigkeit und die Anspannung der Muskeln und die Beschaffenheit des Haars. Stoßen Sie ihn an oder lassen Sie sich von ihm anstoßen und beobachten Sie, ob er widerstrebend oder nachgiebig reagiert. Fügen Sie jetzt Ihren ersten Aussagen weitere hinzu, und bestätigen oder korrigieren Sie Ihre ersten Eindrücke. Stellen Sie fest, wie die Versuchsperson riecht.» Nur selten machen wir bewußt von unserem Geruchssinn Gebrauch, aber oft ruft er in uns bestimmte Erinnerungen wach, und er kann unser Urteil, ohne daß wir uns dessen bewußt werden, prägen oder beeinflussen.

Nach dieser ersten Kontaktaufnahme gibt man den Teilnehmern die Möglichkeit, eine Zeitlang, vielleicht eine halbe Stunde, gemeinsam zu verbringen, und fordert sie dann auf, die Schilderung ihrer ersten Eindrücke fortzusetzen. Diesmal wird das Verfahren um einige Details ergänzt. Zunächst werden die Teilnehmer veranlaßt, untereinander in eine direkte gegenseitige Beziehung zu treten. Jeder wird aufgefordert, seinen ersten Eindruck von jedem der anderen Gruppenmitglieder zu schildern, und zwar nicht nur in verbaler Form. Vielmehr soll er dabei unmittelbar vor dem anderen stehen, um dessen Gegenwart und Persönlichkeit bewußt in sich aufzunehmen, und ihm direkt in die Augen blicken, damit er sich besser auf sein Gegenüber konzentrieren kann, und schließlich soll er ihn in der Art und Weise berühren, die am besten seine eigenen Empfindungen gegenüber dem Beachteten zum Ausdruck bringt. Durch diese Prozedur erhält für ihn der andere eine größere Realität.

Dieses Erlebnis ist gewöhnlich für beide Beteiligten – für den Beobachter wie für den Beobachteten – mit starken Emotionen verbunden und bringt die Gruppenmitglieder untereinander näher. Gelegentlich erhebt sich Widerspruch gegen das Berühren. Das ist eine Folge gesellschaftlicher Vorurteile, nach denen eine Berührung entweder aggressiven oder sexuellen Charakter hat. Eine solche Interpretation trifft natürlich nicht unbedingt zu, aber sie verhindert einen wärmeren und unmittelbareren Ausdruck von Empfindungen. Im Rahmen einer Gruppe sind die Menschen jedoch oft so gelöst, daß sie eine zwanglosere Einstellung gegenüber jeder Art von Berührung haben. Ist jedoch der Widerstand gegen das Berühren zu groß, kann ein Beobachter seine Eindrücke auch ohne Tastkontakt schildern.

Bei allen diesen Methoden steht das Zugehörigkeitsproblem im Mittelpunkt. Wie reagiert man auf andere Menschen, und welche Empfindungen werden dabei angesprochen? Ein weiteres gesellschaftliches Hindernis für echten Kontakt sind die stereotypen Vorstellungen, die wir voneinander haben, und bestimmte Erwartungen, die gelegentlich Menschen dazu verleiten, sich auf engumgrenzte, allgemein akzeptierte Verhaltensweisen zu beschränken. Bei der Bewältigung dieses Problems erweist sich im allgemeinen die folgende Methode als hilfreich und wirksam.

Neue Namen

Wann: Zu Beginn eines Kurses, wenn sich die Gruppenmitglieder untereinander noch nicht kennen, besteht für sie die günstige Möglichkeit, ihre Vergangenheit abzuschütteln, indem sie neue Namen annehmen und übereinkommen, zumindest in der ersten Zeit, nicht über ihr privates Milieu – Beruf, Wohnort usw. – zu sprechen. Berufe wie Geistlicher, Psychiater, Krankenschwester, Lehrer oder Manager verlangen manchmal bestimmte Verhaltensformen und lösen meist stereotype Reaktionen aus. Unter den oben geschilderten Voraussetzungen ist ein Mensch eher in der Lage, sich selbst zu erforschen und festzustellen, wie er ohne Rücksicht auf berufliche Zwänge handeln und empfinden würde und wie die Menschen auf ihn reagieren würden, wenn sie ihn nicht als Vertreter eines bestimmten Berufsstandes betrachteten, sondern einfach als Mensch.

Wie: Bevor die Gruppenmitglieder Gelegenheit haben, einander kennenzulernen, erhalten sie neue Namen, und diese Namen gelten für die Dauer der Zusammenkunft. In der Regel benutzt man nur Vornamen. Natürlich gibt es verschiedene Möglichkeiten, den Gruppenteilnehmern neue Namen zu geben. Man kann eine Liste männlicher und weiblicher Vornamen zusammenstellen und auf gut Glück jedem Teilnehmer einen dieser Namen zuweisen. Man kann auch die Teilnehmer auffordern, vor die Gruppe zu treten und sich von den anderen verschiedene Vorschläge machen zu lassen, bis ein Name gefunden ist, mit dem alle Beteiligten einverstanden sind. Oder jeder Teilnehmer wählt sich selber einen Namen, der für ihn etwas ausdrückt, was er sich erhofft. Die beiden zuletzt erwähnten Verfahren scheinen am zweckmäßigsten zu sein, aber man sollte es den Gruppenmitgliedern freistellen, ein Verfahren zu wählen, das ihren Wünschen entspricht.

Oft kommt es vor, daß jemand seinen Namen während des Kurses ändern oder wieder seinen richtigen Namen annehmen will oder daß jemand plötzlich seine eigene Identität preisgeben oder die eines anderen Teilnehmers kennenlernen will. Man sollte in solchen Fällen den Teilnehmern ihren Willen lassen, denn solche Wünsche entspringen im allgemeinen weniger einer stereotypen, konventionellen Denkweise, als vielmehr einem bewußten Forschungsdrang oder aber einer übertriebenen Ängstlichkeit.

Vorsichtsmaßregel: Psychisch gestörten Menschen mit Identitätsproblemen sowie verschiedenen anderen Menschen fällt es zuweilen aus nicht geklärten Gründen schwer, ihren eigenen Namen aufzugeben. In solchen Fällen ist es das beste, man läßt sie ihre Namen behalten.

Beispiele: Im folgenden soll von einigen erfolgreichen Namenswechseln berichtet werden. Eine etwas schlampig wirkende, dickliche Schulpsychologin mittleren Alters, die mit Vornamen Henrietta hieß, bat die Gruppe, ihr einen Namen zu geben, der das Gegenteil von dem ausdrückte, was sie äußerlich darstellte, denn sie sei zur Zeit mit sich selbst nicht recht glücklich. Schließlich einigte sich die Gruppe auf «Bubbles» – ein Name, der sie entzückte. Als sie sich an den Namen «Bubbles» gewöhnt hatte, begann sie sich nach und nach etwas freier zu fühlen, aber der Namenswechsel reichte nicht aus, um eine bedeutsame Änderung ihres Verhaltens zu bewirken. Noch immer wirkte sie so steif und gedämpft, daß ein Teilnehmer die Bemerkung machte, er habe manchmal Lust, sie richtig durchzuschütteln. Nach dem Prinzip, psychische Empfindungen in physische Aktionen umzuwandeln, wurde er aufgefordert, seinen Wunsch in die Tat umzusetzen. Er stand auf, nahm Bubbles bei den Schultern und schüttelte sie mehrmals kräftig durch, wobei er mit ihr in einer Art Hüpfbewegung den ganzen Raum durchmaß. Bubbles lebte richtig auf. Ihr Gesicht rötete sich und fing an zu glühen. Sie wirkte richtig sprudelnd und überschäumend – eine Seite ihres Wesens, von der bisher niemand etwas bemerkt hatte. Sie war witzig, ausgelassen, keß und außerordentlich schlagfertig. Dieses Verhalten setzte sich jetzt mehr und mehr bei ihr durch und machte sie auch aktiver und kühner. Am Schluß des Seminars war sie geradezu sprudelnder Laune, und nach der Rückkehr an ihren Arbeitsplatz versuchte sie dort in den ersten Wochen zu erreichen, daß ihre Kollegen sie «Bubbles» nannten.

Zu der gleichen Gruppe gehörte ein kleiner, etwas koboldhafter Mann, dem alles, was die Gruppe unternahm, sehr viel Spaß zu machen schien, besonders einige der Bewegungs- und Tanzübungen. Das war so charakteristisch für ihn, daß er bereitwillig den Namen «Pix» (*pixy* = Kobold) annahm. Die Freude über diesen Namen trug dazu bei, daß er sich weiter so munter und erfrischend verhielt. Besonders war er daran interessiert, mit den weiblichen Mitgliedern der Gruppe, vor allem mit den hübschen, möglichst viel zusammenzusein. Sein fröhliches, unbefangenes Verhalten nahm alle Teilnehmer für ihn ein. Gegen Ende des Gruppenseminars kam das Gerücht auf, er sei Priester von Beruf. Als ihn jemand direkt danach fragte, bestätigte er, daß er römisch-katholischer Priester sei, und zwar seit 35 Jahren. Die Gruppe war verblüfft. Pix entsprach in keiner Weise ihren stereotypen Vorstellungen von einem Priester.

Was geschah: Nach diesem Erlebnis äußerte sich Pix sehr zufrieden darüber, daß er die Möglichkeit gehabt hatte, seine Identität geheimzuhalten. Seit 35 Jahren hatte er zum erstenmal erfahren können, wie Menschen auf ihn reagierten, wenn sie ihn nicht als Priester, sondern einfach als ein menschliches Wesen sahen. Und er selbst hatte die Gelegenheit gehabt, einige der Empfindungen auszudrücken, die er stets unterdrückt hatte. Während er sprach, kamen ihm die Tränen, und er schien geradezu überwältigt vor Dankbarkeit. Viele Gruppenmitglieder traten spontan auf ihn zu und umarmten ihn, und er erwiderte jede Umarmung. Diese ergreifende Szene hinterließ bei Pix ein warmes, strahlendes Lächeln, das er bis zum Ende des Seminars behielt. Er versprach, er wolle nach seiner Rückkehr versuchen, auf seine Kirche einzuwirken, daß sie mehr von jener Wärme und Menschlichkeit annehme, die er hier erfahren hatte. Noch viele Monate später hatte seine Begeisterung nicht nachgelassen, und er schien nach seiner Rückkehr seinen Beruf mit größerer Kraft und Zuversicht auszuüben als vorher.

Für Menschen wie Bubbles und Pix bedeutet ein solches Erlebnis, daß sie sozusagen die Chance für ein neues Leben erhalten, indem sie das Milieu abstreifen, das die Möglichkeit der Weiterentwicklung eingeengt hat. Beide hatten die ihnen gebotene Chance genutzt und hatten das stärkende Gefühl einer Selbsterneuerung.

Die folgende Methode befaßte sich mit dem Problem der Entfremdung, das in unserer Gesellschaft eine so große Rolle spielt. In praktisch allen Kontaktgruppen ist für einige Teilnehmer diese Entfremdung ein Hauptproblem. Auch das hier erläuterte Verfahren stützt sich auf das Prinzip, nicht nur zu reden, sondern vor allem zu handeln.

Einbrechen
Wann: In jedem gesellschaftlichen Bereich spielen die Begriffe der Entfremdung, der Isolierung und der Einsamkeit eine bedeutende Rolle. Das Gefühl, von einer Gruppe ausgeschlossen zu sein oder nicht der am

meisten begehrten Gruppe anzugehören, oder aber in der Gruppe, der man angehört, kein vollwertiges Mitglied zu sein – dieses Gefühl ist den meisten Menschen vertraut. Es ist ein so nachhaltiges, beunruhigendes Gefühl, daß es oft nicht eingestanden oder verzerrt wiedergegeben wird. Wenn dieses Problem in einer Gruppe auftaucht, erweist sich häufig die Methode des *Einbrechens* als nützlich – eine unmittelbare Konfrontation der Gefühle der Zugehörigkeit sowohl hinsichtlich der «dazugehörenden» Teilnehmer als auch hinsichtlich derjenigen, die versuchen, Zugang zu der Gruppe zu finden.

Wie: Die als «dazugehörend» identifizierten Teilnehmer haken sich unter und bilden einen dichten Kreis. Sie können nach innen oder nach außen gewandt stehen, je nachdem, ob derjenige, der in den Kreis einzubrechen versucht, der Ansicht ist, die anderen Teilnehmer seien zu stark miteinander beschäftigt und ignorierten ihn deshalb (nach innen gewandt), oder ob er glaubt, sie versuchten ihn bewußt herauszuhalten (nach außen gewandt). Der Außenseiter versucht nunmehr auf jede nur denkbare Weise, in den Kreis einzubrechen, und die Gruppenmitglieder versuchen, ihn daran zu hindern. Eine Variante dieser Methode besteht darin, daß der Außenseiter versucht, den Kreis an einer Stelle aufzubrechen und dort seinen Platz als ordentliches Mitglied der Gruppe einzunehmen. Welche der beiden Methoden er anwendet, bleibt dem Außenseiter überlassen.

Anschließend findet gewöhnlich eine Diskussion statt. Oft kommt es vor, daß auch einige der anderen Teilnehmer versuchen wollen, in den Kreis einzubrechen, da diese Aktivität oft ein starkes Einfühlungsvermögen zutage fördert.

Vorsichtsmaßregeln: Das *Einbrechen* kann sehr ungestüm verlaufen. Deshalb müssen Teilnehmer, die sich aus gesundheitlichen Gründen nicht überanstrengen dürfen, auf diese Übung verzichten. Ferner sollte dafür gesorgt werden, daß sich in einem gewissen Umkreis von der Gruppe keine zerbrechlichen Möbel und keine scharfen Gegenstände befinden, an denen die Teilnehmer sich bei einem Zusammenprall verletzen könnten.

Beispiel: Als bei einem Vortrag einige dieser Methoden demonstriert wurden, beklagte sich eine junge Frau darüber, daß sie nicht ganz mitkam und nicht ebensoviel Nutzen davon hatte wie andere, die bereits mit dem Verfahren vertraut waren. Ihrer Ansicht nach beherrschten die anderen die ganze Diskussion und schienen schon viel mehr zu wissen.

Sie wurde gebeten, nach vorn zu kommen und sich fünf oder sechs dieser anderen auszusuchen, was sie auch prompt tat. Die anderen bildeten einen Kreis, die Gesichter nach innen gewandt, und die Frau sollte versuchen, in diesen Kreis einzubrechen. Sie ging langsam um den Kreis herum und machte ein paar vergebliche Versuche, zwei Personen voneinander zu trennen. Dann konzentrierte sie sich auf den stärksten Mann in der Gruppe und versuchte mehrere Minuten lang, ihn aus der Umklammerung mit seinem Nebenmann zu lösen, gab aber schließlich diesen eindeutig aussichtslosen Versuch auf. Nachdem sie es noch an anderen Stellen versucht hatte, verzichtete sie und sagte, im Grunde liege ihr gar nicht daran, der Gruppe anzugehören.

Über dieses Verhalten entrüsteten sich wiederum zwei der Zuhörer. Der eine konnte sich kaum beherrschen. Er sagte, es sei ihm völlig unverständlich, wie man sich über eine solche Situation so beiläufig hinwegsetzen könne. Als die junge Frau mit der Aktion begann, hatte er versucht, sich in ihre Lage zu versetzen, und sich vorgestellt, wie er um sich schlug und zerrte und stieß und alles tat, um in die Gruppe einzudringen. Allein schon die Vorstellung, die anderen wollten ihn aus ihrem Kreis heraushalten, hatte genügt, ihn in Rage zu bringen.

Ein anderer Zuschauer bat um eine Chance, seinerseits in den Kreis einzubrechen. Offensichtlich hatte er sich in Gedanken schon eingehend damit befaßt und sich eine Taktik zurechtgelegt. Langsam umkreiste er die Gruppe und suchte offensichtlich nach schwachen Stellen. Dann kitzelte er der Reihe nach mehrere Gruppenmitglieder, bis er eines fand, das tatsächlich kitzlig war – eine Frau! Er kitzelte sie so lange, bis sie ihren Griff lockerte, und schon war er im Kreis.

Was geschehen war: Eine anschließende Untersuchung zeigte deutlich, wie typisch die drei verschiedenen Verhaltensweisen für die drei beteiligten Personen waren. Der kleinmütige Versuch der jungen Frau, die Tatsache, daß sie heimlich wünschte, in den Kreis aufgenommen zu werden, sich aber nicht entschließen konnte, die Bitte offen auszusprechen, und wie sie dann ihren Verzicht damit begründet hatte, daß ihr im Grunde gar nichts an der Sache liege – das alles war zweifellos typisch für ihre Beziehung zu Dingen, die sie in Wirklichkeit wünschte. Zum Teil erklärte es auch, warum sie sich häufig in der Rolle des Außenstehenden sah und sich Dinge versagte, die sie eigentlich wollte. Ihr Verhalten machte diese Eigenschaft allen Anwesenden wie auch ihr selbst sehr deutlich. Sie hatte Schwierigkeiten, ihre Bedürfnisse direkt zum Ausdruck zu bringen, erwartete von anderen, daß sie ihre Bedürfnisse errieten, und versuchte, einer Zurückweisung mit der Behauptung zu begegnen, es sei ihr gleichgültig.

Die Heftigkeit, mit der der andere Zuhörer, ein College-Lehrer, in Gedanken reagiert hatte, überraschte ihn selbst. Daß sich bei ihm sofort so heftige Gefühle eingestellt hatten, machte ihm noch deutlicher bewußt, wie leidenschaftlich er auf jede Art von Ausschluß reagierte, was er unter anderem darauf zurückführte, daß er selbst einer Minderheitsgruppe angehört hatte. Verblüffend war für ihn jedoch die Erkenntnis, daß aus diesen frühen Erfahrungen noch so viel aufgestauter Zorn zurückgeblieben war.

Daß der dritte zu einer List gegriffen hatte, brachte ihm selbst und denjenigen, die ihn kannten, Klarheit über seine Art. Es war charakteristisch für ihn, daß er zunächst die Lage geprüft und die angreifbaren Punkte herauszufinden versucht hatte, und dann an der schwächsten Stelle in den Kreis eingedrungen war, ohne daß die Gruppe es auch nur merkte. Die Reaktion verschiedener Gruppenmitglieder half ihm zugleich, nachträglich verschiedene Reaktionen zu verstehen, auf die er bei anderen Gelegenheiten gestoßen war. Einige bewunderten offen seine Taktik. Andere, vor allem die Männer, waren verärgert, da sie das Gefühl hatten, er habe sich hinterlistig eingeschlichen und hätte das, was er erreicht hatte, in Wirklichkeit gar nicht verdient.

In allen drei Fällen ging aus dieser einfachen Situation klar und deutlich hervor, auf welche Art sich die Beteiligten mit der Tatsache des Ausgeschlossenseins auseinandersetzten. Eine solche Klärung kann zu größerem Verständnis dafür führen, wie der einzelne Mensch, wenn er ausgeschlossen wird, reagiert. Auch die Gefühle derer, die den Kreis bilden, treten klar zutage: während manche mit sich selbst im Widerstreit sind und nur schwache Versuche unternehmen, sind andere sich ihrer Sache absolut sicher und versuchen lautstark, den anderen auszuschließen.

Die folgende Methode befaßt sich mit dem Problem der Zugehörigkeit bzw. des Ausgeschlossenseins für die Gruppe in ihrer Gesamtheit.

Umherwandern

Wann: Die Kenntnis der Gruppenstruktur ist oft wichtig, um die Bedürfnisse einzelner Gruppenmitglieder bestimmen zu können. Fühlen sich zum Beispiel einige Teilnehmer isoliert, ist es nützlich, wenn man dies den übrigen Gruppenmitgliedern zur Kenntnis bringt. Oft führen jedoch Gespräche über Probleme dieser Art nicht zur Klärung der Situation, da manche Teilnehmer vielleicht gar nicht wissen oder nicht eingestehen wollen, daß sie sich der Gruppe entfremdet fühlen. Das Umherwandern im Raum ist eine Methode, die zur Klärung solcher Probleme beitragen kann.

Wie: Der Leiter der Gruppe steht auf, entfernt sich einige Schritte von der Gruppe und erklärt dann: «Stehen Sie bitte einer nach dem anderen auf, kommen Sie auf mich zu und gehen Sie in irgendeine Richtung weiter. Bleiben Sie stehen, wo Sie sich am wohlsten fühlen. Versuchen Sie nicht, sich vorher zu überlegen, wohin Sie gehen wollen. Überlassen Sie es Ihrem Körper, Sie dorthin zu führen, wo er hin will. Wenn Ihnen noch nicht nach Stehenbleiben zumute ist, wandern Sie weiter umher. Kommen andere in Ihre Nähe, werden Sie den Wunsch haben, sich umzudrehen, wegzugehen, dem anderen entgegenzugehen oder einfach stehenzubleiben. Tun Sie das, wonach Ihnen gerade zumute ist. Wir wollen so lange umherwandern, bis jeder irgendwo seinen Platz gefunden bzw. sich entschlossen hat, ständig umherzuwandern.» Auch der Gruppenleiter nimmt an der Übung teil. Anschließend setzen sich in der Regel alle zusammen und diskutieren über die Erfahrungen, die sie dabei gemacht haben.

Gelegentlich ist eine Gruppe zum Umherwandern ungeeignet. Trotzdem kann man den Teilnehmern den Wert dieser Erfahrung vermitteln, indem man sie nach den Wünschen oder Vorstellungen fragt, die sie zu verwirklichen versucht hätten, wenn sie zum Umherwandern in der Lage gewesen wären. Es kommt nur sehr selten vor, daß jemand nichts darüber zu sagen weiß.

Vorsichtsmaßregeln: Keine.

Beispiel: In einer Gruppe von Psychiatern schien ein Teilnehmer hinter seinen Kollegen zurückzubleiben. Er hatte mehrere Treffen versäumt, sein Interesse schien nachzulassen, und oft war er nicht bei der Sache. Zur gleichen Zeit bildeten sich in der Gruppe zwei Parteien. Es ging um die Frage, ob man in tiefere Gefühlsschichten vordringen oder ob man es bei den gegenseitigen Beziehungen auf einer mehr oberflächlichen Ebene belassen sollte. Tendenzen für und gegen den Gruppenleiter, der sich für mehr Tiefe ausgesprochen hatte, schienen sich insgeheim herauszubilden. Um alle diese vermuteten Phänomene zu klären, schlug der Leiter das Umherwandern vor und stand auf. Die Gruppenmitglieder standen ebenfalls auf und stellten sich hinter ihre Stühle. Die einzige Ausnahme bildete derjenige, der der Gruppe entfremdet war: er stellte fest, er fühle sich im Sitzen wohler. Nachdem man mehrere Minuten lang herumgestanden hatte, ohne daß sich auch nur einer zum Umherwandern entschließen konnte, setzten sich alle wieder hin. Die Übung schien ein Fehlschlag. Es kam zu einer Diskussion darüber, warum für Psychiater, die unter Gruppenarbeit etwas ganz anderes verstehen – nämlich hauptsächlich Sprechen und nur selten, wenn überhaupt, körperliche Bewegung –, das Umherwandern schwierig sein könnte. Dann schlug jemand vor, alle Gruppenmitglieder sollten berichten, was sich in den Minuten der Immobilität in ihrer Phantasie abgespielt hatte. Er selbst machte den Anfang und berichtete, er habe den Wunsch gehabt, seine beiden Gruppennachbarn – einen Mann und eine Frau – zu umarmen, aber irgend etwas habe ihn davon abgehalten. Ein anderer erzählte, am liebsten wäre er von der Gruppe weg in eine andere Ecke gelaufen und hätte allein aus dem Fenster geschaut. Wieder ein anderer wäre gern zum Gruppenleiter gegangen und hätte sich vor ihn hingestellt, und einer hatte den Wunsch gehabt, seinen Kopf zu verbergen. An Hand der Phantasievorstellungen ließ sich nun auch die Gruppenstruktur klären, obwohl die Gruppe nicht imstande gewesen war, im Raum umherzuwandern. Im Verlauf der nächsten Treffen wurden diese Empfindungen diskutiert, und das führte zu einer weitgehenden Klärung der Reaktionen, die die Teilnehmer gegenüber dem Gruppenleiter der ganzen Gruppe und gegenüber einzelnen Mitgliedern gezeigt hatten.

Was geschehen war: Auch bei dieser Übung sollte der ganze Körper als Einheit betrachtet werden. Unter dieser Voraussetzung lassen sich mit ihrer Hilfe innere Empfindungen eher aufdecken und klären, als wenn man diesen Prozeß ausschließlich dem Denken überläßt. Die Empfindungen, die durch gewisse Spannungen im Körper zum Ausdruck kamen, gaben den Teilnehmern weit mehr Aufschluß über ihre Haltung innerhalb der Gruppe. Zwar fanden sie sich nicht bereit, sich durch diese Empfindungen zu physischen Bewegungen anregen zu lassen, aber sie registrierten sie in ihrer Begriffswelt, in der sich die Psychiater auf Grund ihrer Ausbildung und ihrer Persönlichkeit besser zurechtfinden. Die Gruppe war jetzt in der Lage, diese Erkenntnisse produktiv auszuwerten.

Bei den Übungen, die den zwischenmenschlichen Beziehungen gelten, werden nicht nur die Empfindungen in körperliche Bewegung umgewandelt, sondern man befaßt sich auch mit den Empfindungen, die durch die räumliche Nähe zweier Menschen ausgelöst werden. Geht man auf einen Menschen zu, oder entfernt man sich von ihm, so ist das ein deutlicher Hinweis auf die Art der Beziehungen, die zwischen beiden bestehen. Im Alltagsleben wird das ganz offenbar. Ist jemand anziehend, hat man den Impuls, ihn zärtlich zu umarmen; ist jemand abstoßend, dann hat man den Impuls, ihn zu verlassen; wird man von jemandem gereizt, hat man das Bedürfnis, ihn zu schlagen oder wegzustoßen. In allen Fällen werden die Empfindungen unmittelbar in eine Art physische Beziehung umgesetzt. Demzufolge ist ein Test, der Aufschluß über den gewünschten physischen Abstand gibt, eine wesentliche Methode zur Klärung von Empfindungen.

Die folgenden drei Methoden eignen sich besonders zur Verbesserung der Beziehungen zwischen zwei Menschen. Häufig ist es für einzelne Menschen schwierig, Kontakt zu finden oder sich in angemessener Form mitzuteilen. Die hier erörterten Methoden können sich dabei als hilfreich erweisen.

Nichtverbale Kommunikation und Dyade

Wann: Oft versuchen zwei Menschen, ihre Gefühle füreinander in

Worte zu fassen, oder sie versuchen, einander eine bestimmte Situation zu erklären, und es gelingt ihnen einfach nicht, sich einander verständlich zu machen. Das kann daran liegen, daß sie sich nicht deutlich ausdrücken können, daß sie Konflikte hinsichtlich ihrer Gefühle haben und das zu verbergen versuchen, daß sie sich über ihre Empfindungen selbst nicht im klaren sind oder daß sie sich zu sehr vom Verstand leiten lassen und mit ihren Worten aus Gründen des Selbstschutzes eine Situation verschleiern. In allen diesen Fällen können sich zwei Methoden als nützlich erweisen. Die erste beschränkt sich auf verbale Wechselwirkung, die zweite ist ein nichtverbales Verfahren. Meistens ist es am wirksamsten, wenn man erst die eine und dann die andere Methode anwendet, und zwar in der hier gegebenen Reihenfolge.

Wie: Bei der ersten Methode wird jeder Teilnehmer aufgefordert, sein Gespräch abzubrechen und zu versuchen, den Standpunkt seines Gegners so klar und objektiv wie möglich darzulegen. Manche Teilnehmer versuchen zunächst, sich über den Standpunkt des Gegenspielers lustig zu machen. In diesem Fall ist es wichtig, auf einer vernünftigen Darstellung zu bestehen. Auf diese Weise wird der Protagonist gezwungen, sich mit der Überzeugungskraft der Argumente seines Gegners auseinanderzusetzen.

Die zweite Methode besteht darin, daß man die beiden Kontrahenten auffordert, ihren Dialog fortzusetzen, doch ohne Worte zu benutzen. Die defensive, verschleiernde Funktion des gesprochenen Wortes wird auf diese Weise eliminiert, und die Empfindungen werden vom Bereich des Kopfes fort auf den Körper hin gelenkt. Manche Menschen haben dabei Schwierigkeiten, weil sie sich bei ihren Bewegungen gehemmt fühlen. Auch in solchen Fällen hat die Methode ihren Wert: man fragt die Teilnehmer nach den Bildern oder Phantasievorstellungen, die ihnen auf Anhieb in den Sinn kamen. Gewöhnlich haben die Menschen einen direkten Impuls, den sie auch identifizieren können.

Bei beiden Methoden ist es außerordentlich nützlich, wenn sich die beiden Kontrahenten direkt gegenüber sitzen. Die unmittelbare physische Konfrontation macht die Situation wirklichkeitsnäher und interessanter, als es der Fall ist, wenn die beiden Beteiligten in größerer Entfernung voneinander sitzen.

Vorsichtsmaßregeln: Bei dieser Übung sind keine besonderen Vorsichtsmaßregeln zu beachten. Die geringe physische Distanz zwischen den Kontrahenten mag eine etwas erhöhte Tendenz zu physischer Gewalttätigkeit zur Folge haben, doch ist es in meiner Praxis nie zu ernsten Zwischenfällen gekommen.

Beispiel: In einer Gruppe von Geschäftsleuten gab es zwischen zwei Teilnehmern ein schwieriges, ungelöstes Problem. Ihre einzige Beziehung hatte bisher darin bestanden, daß jeder auf die Beiträge des anderen mit bissigen Bemerkungen reagierte. Schließlich brachte die Gruppe die beiden Kontrahenten dazu, daß sie sich gegenseitig verpflichteten, die Hintergründe für ihr Verhalten aufzudecken, da sich die übrigen Gruppenmitglieder dadurch gestört fühlten. Die beiden redeten lange und ausführlich miteinander, aber es kam nichts dabei heraus. Dann wurden sie aufgefordert, sich nebeneinander zu setzen. Das taten sie ohne Zögern. Sie setzten ihr Gespräch fort, und einige Gruppenmitglieder versuchten, ihnen bei der Lösung ihres Problems zu helfen, aber je länger die beiden miteinander redeten, um so unklarer und verwickelter wurde die Situation. Als jeder den Standpunkt des anderen zum Ausdruck bringen sollte, waren sie dazu nicht in der Lage, da ihrer beider Standpunkte nicht klar genug waren.

Daraufhin wurden sie aufgefordert, ihren Dialog ohne Worte fortzusetzen, und der eine griff sofort nach dem anderen und zog ihn sich auf den Schoß. Damit war die Situation geklärt. Der auf dem Schoß des anderen sitzende Kontrahend stand auf und sagte, genau das sei das Problem. Er fühle sich bevormundet und wie ein Kind behandelt, und das nehme er übel. Der andere gab zu, er halte ihn in der Tat für einen unselbständigen, kindischen Menschen, der sich nicht wie ein Erwachsener benehme. Das darauf folgende Gespräch war sehr interessant, und nach und nach kamen sie einer Lösung näher. Jetzt, nachdem der Fall geklärt war, konnten auch die anderen mit Beobachtungen und Eindrücken zur Lösung beitragen. Während das Reden über das Problem die Sache nur noch undurchsichtiger gemacht hatte, war es mit Hilfe der nichtverbalen Kommunikation gelungen, zum Kern des Problems vorzustoßen. Das ermöglichte es den beiden Beteiligten, ihr Problem klar zu erkennen.

Ein weiteres Beispiel soll zeigen, welchen anderen Vorteil die gelegentliche Eliminierung des gesprochenen Wortes bietet. In einer Gruppe tauschten ein Mann und eine Frau ständig feindselige Bemerkungen und schienen zu keinerlei Verständigung zu kommen. Die Frau war leicht gereizt, kritisch und aggressiv. Der Mann dagegen hielt sich in der Defensive und ging nur gelegentlich zum Gegenangriff über. Als sie aufgefordert wurden, das Gespräch abzubrechen und ihren Dialog in nichtverbaler Form fortzusetzen, standen beide auf, und zur Überraschung aller, die beiden Betroffenen eingeschlossen, ging die Frau sogleich zu dem Mann hinüber, der seinerseits die Arme ausbreitete, und beide verharrten in einer langen und herzlichen Umarmung. In der darauf folgenden Diskussion kam die gegenseitige Zuneigung der beiden ans Licht und zugleich die Angst, der andere könnte sie nicht erwidern. Die Frau hatte das Gefühl, daß der Mann sie nicht mochte; sie war darüber verärgert und verbittert und nutzte jede Gelegenheit, sich dafür zu rächen. Als die wirklichen Gefühle beider zum Durchbruch kamen, schwand das Bedürfnis nach Angriff und Verteidigung dahin. Sie mochten sich in der Tat sehr gern, der scharfe Ton zwischen ihnen hörte auf, und sie begannen ein engeres, herzliches Verhältnis zueinander aufzubauen. Hier hatte das Reden das Problem nicht nur – wie beim vorhergehenden Fall – verschleiert, sondern es hatte genau das Gegenteil der wahren Situation vermittelt. Aus dem Verhalten sprachen Aggressivität und Feindseligkeit, aber die tatsächlichen Gefühle waren Zuneigung und Angst.

Was geschehen war: Paradoxerweise können gerade bei geistig interessierten Menschen Wörter das größte Hindernis für einen Austausch sein. Sie verwenden oft viel Zeit und Worte darauf, etwas *nicht* zu sagen (beispielsweise «Sie sind mir zu kindisch») oder dem Kern eines Problems, der ihnen häufig selbst nicht bewußt ist, auszuweichen (wie beim zweiten Beispiel). Befreit man sie plötzlich von ihren verbalen Abwehrmechanismen, ist es, als nehme man eine äußere Schicht von ihnen ab, und es tritt die Empfindung zutage, gegen die sie sich so lange gewehrt haben: Bevormundung und Abhängigkeit im ersten Fall, und Zuneigung und Groll wegen mangelnder Erwiderung der Zuneigung im zweiten Fall. Nimmt man den Menschen die Bürde, sich in Worten auszudrücken, treten die echten Gefühle in den Vordergrund. Sind die Gefühle geklärt, können nunmehr verbale Methoden produktiv angewendet werden, da es sich um deutlich gegenwärtige Empfindungen handelt und Abwehrmechanismen überflüssig sind.

Über eines muß man sich im klaren sein. Nicht jeder Verbalisierungsversuch ist defensiv. Die verbalen Auseinandersetzungen, die auf eine nichtverbale Klärung folgen, sind gewöhnlich völlig anderer Art, und man sollte sie durchaus fördern, solange sie dazu beitragen, vorhandene Gefühle herauszuarbeiten. Aber auch hier besteht eine gewisse Gefahr. Manchmal dauert ein Gespräch über einen eben abgeschlossenen nichtverbalen dramatischen Vorgang zu lange an, als daß es noch produktiv sein könnte, und es führt zu einem Abwehrmechanismus anderer Art, nämlich zu dem Versuch, das eben Erlebte zu zerreden. Der gerade erlebte Vorgang kann zum Beispiel starke Empfindungen wachgerufen haben, die den Beteiligten noch nicht vertraut sind und mit denen sie nicht zurechtkommen. Eine Möglichkeit, mit diesen Empfindungen fertig zu werden, besteht darin, daß man sie zerredet, bis sie aufhören zu existieren.

Meist kann man genau feststellen, wann das eintritt, weil die Diskussion dann langweilig wird und die Gruppenmitglieder nicht mehr zuhören. Das nichtverbale Erlebnis war faszinierend, und das Reden darüber wird jetzt als Wiederkäuen empfunden.

Das Problem, einen direkten und ersprießlichen Kontakt zwischen zwei Menschen herzustellen, versucht die im folgenden beschriebene Methode auf eine direktere und gewöhnlich wirkungsvollere Weise zu lösen.

Begegnung
Wann: Bei dem Versuch, eine echte persönliche Konfrontation zu vermeiden, tragen meist Worte die Hauptschuld. Wenn es darum geht, einen echten Gedankenaustausch anzubahnen, mag es sich gelegentlich als notwendig erweisen, Wortwechsel und andere Abwehrmechanismen zu unterbinden und den Beteiligten dabei zu helfen, daß sie sich ihrer wirklichen gegenseitigen Reaktionen bewußt werden – wiederum mit Hilfe ihrer körperlichen Empfindungen.

Wie: Man fordert die beiden beteiligten Personen auf, sich an zwei entgegengesetzten Enden des Raumes aufzustellen, einander schweigend in die Augen zu blicken und langsam aufeinander zuzugehen. Ohne sich vorher einen Plan zu machen, sollen beide, wenn sie einander nahe kommen, das tun, wozu sie sich aus sich heraus gedrängt fühlen. Sie sollen diese Begegnungen so lange fortsetzen, wie es ihnen Spaß macht. Anschließend unterhalten sich im allgemeinen die beiden Protagonisten über ihre Empfindungen, und die anderen Gruppenmitglieder tragen dazu bei, indem sie ihre Beobachtungen mitteilen und versuchen, sich mit den beiden Protagonisten zu identifizieren. Besonders wichtig ist, den Protagonisten einzuschärfen, daß sie nicht im voraus planen, was sie im Augenblick der Begegnung tun, sondern daß sie sich in ihren Empfindungen leiten lassen. (Falls der Leser einen Gefährten hat, sollte er es auf der Stelle selbst versuchen.) Es kommt dabei zu den verschiedensten Variationen, und man sollte unbedingt auf sie achten, so zum Beispiel darauf, wer von beiden als erster die Begegnung abbrechen will, wie unbehaglich jedem zumute ist, ob sie bei einer Umarmung Wärme ausstrahlen oder ob jeder dem Blick des anderen auszuweichen versucht, wer von beiden die Initiative ergreift usw.

Vorsichtsmaßregeln: Es gibt bei diesem Experiment keine besonderen Probleme. Das Erlebnis kann sehr aufschlußreich und zugleich erregend sein, aber gewöhnlich wissen die Menschen, ob sie sich dazu eignen oder nicht.

Beispiel: George war gerade geschieden worden. Er schien Frauen gegenüber sehr feindselig eingestellt und zugleich sehr viel für sie übrig zu haben. Seine Empfindungen gegenüber Frauen waren offenbar sehr konfus, aber er nahm die Sache von der leichten Seite und ging mit Scherzen darüber hinweg. Marla war ziemlich attraktiv, und ihre

Gefühle gegenüber den Männern waren sehr ambivalent. Einerseits war sie stark von ihnen abhängig, andererseits versuchte sie mit ihnen zu konkurrieren. Sie und George hatten sich in der Gruppe stets gemieden, bis irgend jemand feststellte, die Empfindungen beider gegenüber dem anderen Geschlecht seien offenbar sehr ähnlich, und es interessiere ihn, was sie füreinander empfänden. Bezeichnenderweise konnten beide nicht mit Worten ausdrücken, wie sie zueinander standen. Sie sagten, sie empfänden überhaupt nichts. Das schien der geeignete Zeitpunkt für eine «Begegnung»: auf diese Weise war es ihnen vielleicht möglich, sich ihrer blockierten Gefühle füreinander bewußt zu werden. Sie gingen also langsam aufeinander zu, und als sie sich «begegneten», blickte George Marla kurz an und ging dann geradeaus starrend an ihr vorbei. Fünf Minuten lang standen beide unbeweglich da, mit dem Rükken zueinander, und blickten in die entgegengesetzte Richtung. Für die Zuschauer wurde die Spannung allmählich unerträglich. Sie schlugen den Protagonisten verschiedene Auswege aus dieser Sackgasse vor, aber George und Marla waren mit keinem einverstanden. Schließlich ging Marla zurück, faßte George an den Schultern und drehte ihn herum, so daß sie seinen Rücken vor sich hatte. Sie trat ein paar Schritte zurück, und die Zuschauer warteten gespannt, was sie jetzt tun würde. Sie brauchten nicht lange zu warten: Marla nahm Anlauf und versetzte George einen kräftigen Tritt in den Hintern, so daß er ein Stück durch den Raum geschleudert wurde. Völlig verdutzt sah er Marla an, die ihn nun aufforderte, ihr seinerseits einen Tritt in den Hintern zu geben. Anfangs weigerte er sich, aber schließlich nahm Marla ein Kissen und hielt es sich vor das Gesäß. Widerstrebend gab George ihr einen leichten Tritt.

Die Wirkung dieses «Austauschs» war bei beiden Beteiligten verschieden. Marla fühlte sich gestärkt und gehoben, nahm intensiver an der Gruppenarbeit teil und wurde etwas sanfter. Später, in einem Psychodrama, gelang es ihr, sich mit ihrer Beziehung zu ihrem Vater auseinanderzusetzen, was wiederum zur Klärung ihrer Empfindungen gegenüber den Männern beitrug. George dagegen fühlte sich deprimiert. Seine Probleme im Umgang mit Frauen waren ernster Natur, und er sah sich gezwungen, sich unmittelbar mit ihnen auseinanderzusetzen, was er bis dahin geschickt vermieden hatte.

Was geschehen war: Die «Begegnung» gab Marla die Möglichkeit, eine ihrer tiefsten Ängste – die Angst, von Männern zurückgewiesen zu werden – in krasser und unmißverständlicher Form zu erleben: ein Mann sah sie an, ging weiter und wandte ihr den Rücken zu. Sie hatte die Kraft, mit dieser Situation fertig zu werden, indem sie ihren Zorn und das Gefühl des Verletztseins unmittelbar zum Ausdruck brachte und danach Mitgefühl und Fairness zu beweisen vermochte. Sie hatte eine bedrückende Situation erfolgreich gemeistert und genoß die Freude über ihren Erfolg. Die Sanftmut, die sie danach zeigte, war das Frauliche, das nun zum Vorschein kommen konnte, da es jetzt nicht mehr nötig war, Männer, aus Angst, von ihnen zurückgewiesen zu werden, zu attackieren. George wurde durch diese «Begegnung» klar, wie ernst sein Problem war, und ihm verging die Lässigkeit, die er zur Schau getragen hatte. Er vermochte nicht viel für eine Frau zu empfinden – das einzige, was er empfand, waren Zorn und Ärger. Es gelang ihm bei der Begegnung nicht, mit einem Scherz über seine Gefühle hinwegzutäuschen, und er wurde gezwungen, die Folgen seines Verhaltens gegenüber Marla buchstäblich zu fühlen. Bei den folgenden Treffen bemühte er sich ernsthaft um eine Lösung seines Problems. In beiden Fällen hatte die Begegnung das Problem in seiner ganzen Tragweite offenbar werden lassen. Das Ergebnis war in einem Fall eine Teillösung, im anderen eine realistischere Einschätzung der Situation.

Die Phantasiemethoden, die von so großem Wert für den Einzelmenschen sind, eignen sich auch zur Lösung von Gruppenproblemen.

Gruppen-Phantasie

Wie: Phantasieerlebnisse für mehr als eine Person lassen sich auf verschiedene Weise herbeiführen. Die im folgenden beschriebene Methode ist bisher die produktivste. Das Phantasieerlebnis beginnt mit zwei oder drei Menschen, die untereinander Schwierigkeiten haben. Sie werden aufgefordert, sich mit dem Rücken so auf den Fußboden zu legen, daß ihre Köpfe aneinanderstoßen und ihre Körper wie Speichen eines Rades ausgerichtet sind. Diese Position wirkt beruhigend und entspannend und versetzt die Teilnehmer in die Lage, einander auch dann zu verstehen, wenn sie leise sprechen. Dann fordert man alle Mitglieder der Gruppe auf, die Augen zu schließen. Einer der auf dem Fußboden liegenden Teilnehmer beginnt, von irgendeinem Bild zu berichten, das ihm gerade in den Sinn kommt, oder irgend jemand suggeriert ihm als «Starthilfe» ein bestimmtes Vorstellungsbild. Die anderen versuchen, sich in sein Phantasieerlebnis einzuschalten und es so weiterzuführen, wie es ihnen gerade in den Sinn kommt. Das heißt, es soll nicht der Versuch gemacht werden, bewußt eine kontinuierliche Geschichte zu ersinnen, sondern es kommt in erster Linie darauf an, daß mehrere Menschen am gleichen Phantasieerlebnis teilhaben.

Jeder der auf dem Fußboden liegenden Teilnehmer kann, wann immer er es wünscht, verbal in das Phantasieerlebnis eingreifen. Die anderen Gruppenmitglieder sollen das Phantasieerlebnis in ihrer eigenen Phantasie nachvollziehen. Haben sie den Wunsch, sich einzuschalten, legen sie sich auf den Fußboden und äußern sich, wie die anderen das getan haben. Hat ein Teilnehmer nichts mehr zu sagen, steht er auf und begibt sich wieder an seinen ursprünglichen Platz. Das Phantasieerlebnis ist beendet, wenn die Beteiligten aufhören wollen. Gegen

Ende kann der Gruppenleiter sich einschalten und versuchen, den einzelnen zu einem befriedigenden Abschluß des Experiments zu verhelfen, bevor er sie auffordert, ihre Augen zu öffnen. Häufig ist das Gruppen-Phantasieerlebnis eine sehr eindrucksvolle Erfahrung, und die Gruppenmitglieder haben danach vielleicht den Wunsch, zu schweigen. Verläuft das Experiment gut, dann leben die Teilnehmer wirklich in der Phantasiewelt, und es dauert manchmal eine Weile, bis sie in die Wirklichkeit zurückfinden.

Beispiele: Zwei Beispiele sollen zeigen, wie mit Hilfe dieser Methode zwei Arten von Empfindungen hervorgerufen und geklärt werden können: Feindseligkeit und Zuneigung.

Während der Vorbereitungen für ein Seminar, bei dem einige dieser Methoden angewandt werden sollten, hatten zwei Assistenten Schwierigkeiten, miteinander auszukommen und ihr Problem zu identifizieren. Es wurde beschlossen, diese Situation mit Hilfe eines Gruppen-Phantasieprozesses zu klären. Die beiden Kontrahenten begannen damit, daß sie sich vorstellten, sie machten einen Ringkampf miteinander. Dieses Bild sollte ihnen die Möglichkeit geben, ihre feindseligen Empfindungen zu erforschen. Sie waren durchaus in der Lage, die meiste Zeit über dasselbe Phantasieerlebnis durchzumachen: sie berichteten, wie sie einander niederrangen, wie sie einen Stock zur Hilfe nahmen, wie sie aneinandergeklammert einen Abhang hinunterrollten. Schwierig wurde es, als einer sagte, er sehe, daß der andere ihn schlage. Der andere dagegen sah nicht, daß er ihn schlug. Die Spannung nahm immer mehr zu, und schließlich mußten beide die Augen öffnen und das Experiment unterbrechen. Beide machten einen erregten und nervösen Eindruck und fühlten sich auch so. Sie berichteten von den intensiven destruktiven Impulsen, die sich bei dem gemeinsamen Phantasieerlebnis sofort eingestellt hatten, und die Stärke dieser Impulse war in der Tat erschreckend.

Es wäre nicht gut gewesen, den Prozeß an dieser Stelle abzubrechen, denn offensichtlich waren Impulse aufgedeckt worden, die einer Lösung bzw. Entspannung bedurften. Die Situation zeigt deutlich, daß bei Anwendung dieser Methode stets ein Fachmann zugegen sein sollte.

Die beiden wurden aufgefordert, wieder in ihr Phantasieerlebnis zurückzukehren, und unter Anleitung eines dritten begannen sie, auf eine Aussöhnung hinzuarbeiten. Als sie die Augen wieder öffneten, hatten sie entschieden freundlichere Gefühle füreinander – aus Gründen, die ihnen beiden zu diesem Zeitpunkt nicht bewußt waren. Es folgen nun die Berichte der Beteiligten.

Jims Bericht: Es fing damit an, daß man sich nicht darüber einigen konnte, was im Mittelpunkt des Phantasieerlebnisses stehen sollte. Krishna und Pierre wurden aufgefordert, die Situation szenisch darzustellen. Meiner Vorstellung nach hatte Pierre einen Stock aufgehoben und versuchte, Krishna damit zu verprügeln. Krishna weigerte sich, in das Phantasieerlebnis einzutreten und vermied so, von dem Stock, den Pierre schwang, getroffen zu werden.

Ich war sehr unzufrieden und ziemlich ärgerlich darüber, wie sich das Phantasieerlebnis vollzog. Es gab einen Übergang, und dann trat ich in das Phantasieerlebnis mit Pierre ein und hatte das starke Bedürfnis, ihn zu schlagen und zu verprügeln. Das Erlebnis begann damit, daß wir einen Ringkampf miteinander machten und uns fest umklammert hielten – mit wütender Energie, aber ohne uns gegenseitig zu verletzen, da wir einander fest im Griff hatten und uns nur gegenseitig schubsen und schieben und im Kreis umherzerren konnten. Dann rollten wir irgendwie einen Abhang hinunter und prallten gegen einen Baum. Ich glaube übrigens, ich selber brachte diesen Baum ins Spiel, um Ihrer Anweisung Widerstand zu leisten, nach der wir den Kampf beenden sollten, indem wir den Abhang hinunterrollten und in einen Fluß fielen. Jedenfalls bewirkte der Anprall gegen den Baum, daß wir getrennt wurden, und ich erinnere mich genau, daß ich nun gebückt und fast katzenhaft dahockte und bereit war, über Pierre herzufallen. Ich wollte nicht wieder wie vorher in fester Umklammerung mit ihm ringen, sondern ihn buchstäblich umbringen. An dieser Stelle wurde das Phantasieerlebnis unterbrochen, und wir wurden aufgefordert, der Gruppe über unsere Empfindungen zu berichten. Zwei Dinge haben mich besonders beeindruckt: das physische Wutgefühl war echt, mein Herz hämmerte, und als wir aus unserem Phantasieerlebnis herausgeholt wurden, hatte ich das Gefühl, daß mir etwas vorenthalten, daß ich um etwas gebracht wurde; das zweite, was mich beeindruckte, war, daß die anderen, eine Gruppe von Fachleuten, die schon vorher solche «Zweikämpfe» miterlebt hatten, nicht nur interessiert zuschauten, sondern sich selbst stark engagierten: sie feuerten den einen oder den anderen der Kombattanten an und hatten ihrerseits Phantasieerlebnisse, die mit dem «Haupterlebnis» einhergingen. So riefen einige einem der Hauptbeteiligten beispielsweise zu: «Paß auf!», und besonders deutlich erinnere ich mich noch daran, daß Ron Pierre zuschrie, er solle in den Fluß springen und davonschwimmen. Ein anderer, der ebenfalls seinen eigenen Wachtraum hatte, ermunterte Pierre, sich den Stock wiederzuholen, den er vorher in der Hand gehabt hatte, um mich damit zu verprügeln. Zwar war es im wesentlichen Pierres und mein Wachtraum, denn durch unsere Berichte erfuhr die ganze Gruppe, was wir miteinander erlebten, aber daneben gab es etliche «private» Wachträume, in denen die anderen Teilnehmer in unser Phantasieerlebnis eingegriffen und uns beobachtet hatten. Was sie beobachteten, nahm für sie einen so realen Charakter an, daß wir jetzt mehrere Minuten lang erstaunt über das hohe Maß an Feindseligkeit sprachen, das jeder einzelne der zehnköpfigen Gruppe empfunden hatte.

Nachdem wir eine Zeitlang diskutiert hatten, kehrten Pierre und ich in unser Phantasieerlebnis zurück. Diesmal sollten wir uns vorstellen, wir säßen am Ufer eines Flusses, ließen unsere Füße im Wasser baumeln und führten ein Gespräch miteinander. Jetzt war es ziemlich leicht, in der Phantasie einige der positiven Empfindungen zu erforschen, die Pierre und ich füreinander hatten. Nicht daß wir plötzlich Zuneigung zueinander empfanden, aber immerhin waren wir beide imstande, klarer zwischen den positiven und den negativen Seiten des anderen zu unterscheiden, und so war es uns möglich, den anderen, auch wenn man ihn nicht akzeptierte, doch zumindest anzuerkennen. Pierre brachte es nach dem Phantasieerlebnis fertig, mir zu gestehen, er habe mich immer für ein Großmaul gehalten. Durch das Phantasieerlebnis habe er eine genauere Vorstellung von mir gewonnen. Zwar irritiere ihn das Großsprecherische an mir noch immer, doch hindere es ihn nun nicht mehr daran, offen mit mir zu reden und sich Rat von mir zu holen.

Für mich selbst war es ein erschreckendes Erlebnis: es konfrontierte mich mit einer starken Neigung, andere zu zerstören – nicht sie zu erschießen, sondern sie zu verstümmeln. Ich hatte physisch das Bedürfnis empfunden, einen anderen Menschen in Stücke zu reißen. Die Intensität dieses Gefühls ist mir seither eine Warnung in meinen zwischenmenschlichen Beziehungen. Ich habe mich oft dabei ertappt, daß ich andere Menschen unabsichtlich oder unbewußt durch Worte verletzte. Zwar habe ich das Gefühl, daß ich mich noch immer nicht ganz in der Gewalt habe, aber zumindest begreife ich heute besser als früher, daß ich mehr auf diesen inneren Impuls reagiere als auf die Situation, in der ich mich gerade befinde. Zog sich früher jemand, dem ich etwas erklären oder mit dem ich diskutieren wollte, aus Gründen, die ich nicht verstand, zurück und ließ mich im Stich, bestand meine Reaktion darin, daß ich ihm nur noch mehr zusetzte, was natürlich unklug war, da sich der andere darauf nur noch rascher zurückzog. In solchen Fällen ließ ich meiner Feindseligkeit und meinem Zorn freien Lauf und gab dem anderen die Schuld dafür. Seit jenem Phantasieerlebnis halte ich erst einmal inne und versuche, meinen Kontrahenten so aufrichtig wie nur möglich zu sagen: «Ich glaube, das war jetzt nicht sehr fair von mir» oder so ähnlich, damit er weiß, daß ich merke, daß etwas Irrationales bei mir zum Durchbruch gekommen ist und Verwirrung bei unserer Diskussion gestiftet hat.

Eine weitere wichtige Lektion besteht darin, daß ich diesen irrationalen Zug nicht mehr zu fürchten brauche. Ich weiß, daß er existiert, ich weiß aber auch, daß ich mich, wenn ich will, genügend in der Gewalt habe, um verhindern zu können, daß dieser Zug sich durchsetzt. Vielmehr bewirkt er zweierlei: ich habe eine deutlichere Vorstellung von seinem Ursprung, und meine Mitmenschen können sich in einer für beide Teile nützlicheren Weise mit meiner Gesamtpersönlichkeit auseinandersetzen. Irgendwie hat jenes Phantasieerlebnis auch dazu beigetragen, meine darauffolgenden Phantasieerlebnisse zu vertiefen – ich war jetzt wirklich imstande, die Phantasie so weitgehend wie möglich den Gang der Ereignisse bestimmen zu lassen. Ich habe das Gefühl, daß meine Phantasieerlebnisse mit Männern darauf hinauslaufen, daß ich einen Großteil der Feindseligkeit, die ich meinem Vater gegenüber empfunden habe, zum Ausdruck bringe. Trotzdem war gerade jenes Phantasieerlebnis für mich der Anfang einer besseren Selbsterkenntnis; es hat mir Einblick in jene Emotionen gewährt, die meine Reaktionen auf andere Menschen beeinflussen – und zwar bei Problemen, von denen ich glaubte, daß sie mit Emotionen nichts zu tun hätten.

Pierres Bericht: Ich glaube, das gemeinsame Phantasieerlebnis mit Jim verhalf mir zu der Erkenntnis, in wie starkem Maß ich von aggressiven Impulsen beherrscht war, aber auch zu dem Gefühl, daß Aggressivität an sich weder gefährlich noch «böse» ist. Vor dem Erlebnis hatte mich an Jim das irritiert, was ich im stillen als «kindische Habgier» bezeichnet hatte. Während des Experiments stellte ich fest, daß er ziemlich schwach war, und gegen Ende entdeckte ich, daß die Dinge, die ich an ihm haßte, auch in mir waren, und meine Einstellung zu ihm änderte sich. In den zwei Wochen, die das Seminar noch dauerte, wurden wir sogar recht gute Freunde.

Das zweite Beispiel ereignete sich in einer Gruppe, die zuerst nicht in Gang kam. Das einzige, was sich innerhalb der Gruppe abzeichnete, war eine kaum merkliche Zuneigung zwischen einem Mann mittleren Alters namens Henry und einer Frau namens June. Um die Beziehung zwischen diesen beiden Menschen zu erkunden und so vielleicht der Gruppe ein bedeutsames zwischenmenschliches Erlebnis zu vermitteln, das die Teilnehmer einander näherbringen konnte, wurde ein Gruppen-Phantasieprozeß vorgeschlagen, der von den beiden begonnen werden sollte. Sie stimmten dem Vorschlag zu und legten sich auf den Fußboden.

Sie stellten sich ein Haus auf einem Hügel vor, June wirtschaftete in der geräumigen, schönen Küche, und Henry war viele Kilometer entfernt im Tal. Zwar wünschten alle, er möge zu dem Haus auf dem Hügel gehen, aber ihre Vorstellungen brachten ihn nicht dort hin. Schließlich wich der Wachtraum eines Teilnehmers von Henrys und Junes Phantasieerlebnis ab. Er legte sich ebenfalls auf den Fußboden und griff in das Geschehen ein. Er sah sich auf einem schwarzen Pferd auf das Haus zu reiten, traf unterwegs Henry und nahm ihn mit. Mit diesem Bild konnten die beiden anderen etwas anfangen, und so blieben alle drei mehrere Minuten gemeinsam in dem Haus. Schließlich stellte sich jedoch heraus, daß Henry und June den Mann auf dem Rappen zwar gern mochten, daß sie ihn aber nicht um sich haben wollten. Der Mann empfand ähnlich und zog sich aus dem Phantasieerlebnis zurück. Er stand auf und setzte sich wieder an seinen Platz.

Das Paar wollte nun ins Schlafzimmer gehen, aber wieder ließ sich ihre Phantasie nicht in diese Richtung lenken. Schließlich verließ Henry das Haus, und June ging in den Garten. Nach einiger Zeit kam Henry zurück, sie sprachen miteinander, es entspann sich eine warme, herzliche Atmosphäre zwischen ihnen, und beide hatten das Gefühl, daß sie jetzt, wann immer sie es wünschten, ins Schlafzimmer gehen konnten. Sie öffneten ihre Augen, umarmten sich herzlich, und beide waren sehr froh über dieses Erlebnis und empfanden eine starke Zuneigung zueinander.

Im folgenden berichtet Henry über das Erlebnis.

Henrys Bericht: Als ich aufgefordert wurde, mich an dem Phantasieerlebnis zu beteiligen, wehrte ich mich innerlich dagegen, weil ich nicht wußte, was ich dabei alles von mir enthüllen würde. Dieses Gefühl verstärkte sich noch, als auch June zur Teilnahme aufgefordert wurde, und zwar deshalb, weil sich innerhalb der Gruppe zwischen uns beiden bereits eine Art Beziehung angebahnt hatte. Ich sagte mir jedoch, daß ich hier war, um zu lernen, und aus diesem Grund entschloß ich mich, mitzumachen.

Als ich mich auf den Fußboden gelegt und die Augen geschlossen hatte, war mir noch einige Minuten lang deutlich bewußt, daß die Gruppe anwesend war und daß June Kopf an Kopf mit mir auf dem Boden lag. Als dann aber das Phantasieerlebnis begonnen hatte und ich das Haus sah, in dem June und ich uns befanden, vergaß ich die Teilnehmer um mich herum, und die einzigen Menschen, die für mich existierten, waren June und ich selbst. Die Situation wurde kompliziert, als ein dritter sich in das Phantasieerlebnis einschaltete. Ich spürte den Wunsch, den ‹dritten Mann› loszuwerden, wollte das aber erreichen, ohne ihn zu kränken. Wie Sie sich sicherlich erinnern werden, wurde er schließlich aus dem Wachtraum entlassen, und wir blieben allein zurück. Als June und ich aus der Küche und durch den Korridor gingen, sah ich mich in einem Konflikt: einerseits hatte ich den Wunsch, ans Ende des Korridors und ins Schlafzimmer zu gelangen; andererseits wurde mir unbewußt klar, daß ich dazu kein Recht hatte. In diesem Augenblick erblickte ich mitten im Korridor eine Schranke, und June und ich entfernten uns voneinander. June verließ durch die eine Tür das Haus, und ich ging zur anderen hinaus. Interessant war, daß sie sich in den Garten hinter dem Haus begab, um dort Blumen zu pflanzen, und daß ich um das Haus herumging, um sie dort zu treffen. Zusammen gingen wir wieder auf die Haustür zu und betraten die Küche. Diesmal gab es keine Unklarheit über die Gefühle zwischen uns: wir verließen die Küche und gingen durch den Korridor dem Ziel, wie ich glaube, unserer gemeinsamen Wünsche entgegen. In diesem Augenblick sprang June auf und sagte (und daran kann ich mich noch sehr lebhaft erinnern): «Was sich jetzt ereignen wird, ist zu schön, als daß die übrigen Mitglieder der Gruppe daran teilnehmen könnten.»

Als June aufsprang und ich allein auf dem Fußboden lag, kam ich mir vor wie jemand, der an der Kante eines Steilhangs hängt und kaum noch auf Rettung hoffen kann. Plötzlich kam mir zum Bewußtsein, daß sich in den Wachträumen viele Dinge ereignet hatten, denen ich ausgewichen war, und ich fragte mich, ob ich nicht nur in der Phantasie, sondern auch in der Wirklichkeit Konflikten aus dem Wege ging. Die Tatsache, daß ich mich emotional so stark engagiert hatte, machte das Erlebnis für mich natürlich besonders lebendig und eindrucksvoll. Sie werden sich erinnern, daß ich hinterher wohl eine Stunde lang geweint habe. Erst zwei Tage später hatte ich mich wieder ganz gefangen. Nachdem alles vorüber war, haben June und ich ein langes Gespräch über ihre und einige meiner Probleme gehabt. Wir fanden Trost in dem Bewußtsein, daß wir beide Probleme hatten, daß wir aber mit diesen Problemen fertig werden konnten, wenn wir uns entschlossen, uns mit ihnen auseinanderzusetzen.

Ich hoffe, die Schilderung, die ich Ihnen hier gegeben habe, entspricht in etwa Ihren Erwartungen und vermittelt ein Bild von der besonderen emotionalen Erfahrung, die dieses Phantasieerlebnis für mich gewesen ist. Ich darf wohl sagen, daß es für mich das intensivste emotionale Erlebnis war, das ich je in meinem Leben gehabt habe, und ich werde es nie vergessen. Bis in alle Einzelheiten ist es mir lebhaft in Erinnerung geblieben.

Als ich nach Hause zurückkam, hatte ich eine Aussprache mit meiner Frau, und wir brachten einiges in Ordnung, worüber zu sprechen ich bis dahin stets vermieden hatte. Das gleiche geschah, als ich wieder in mein Büro ging. Ich hatte eine Auseinandersetzung mit einem Kollegen und mit meinem Chef, und auch hier konnte ich einiges klären, worüber ich sonst nie hatte sprechen wollen.

Was geschehen war: Auf welche Art und Weise das Gruppen-Phantasieerlebnis im einzelnen wirkt, ist noch immer relativ unbekannt. Offenbar kommt es in gewisser Weise einer Kommunikation mit einer anderen Bewußtseinsebene, mit dem Unbewußten, gleich. Oft empfinden die Teilnehmer hinterher eine herzliche Zuneigung zueinander, ohne daß sie verstandesmäßig erklären könnten, warum das so ist. Gelegentlich vollzieht sich das Phantasieerlebnis jenseits der Kontrolle der

Beteiligten, so wie es in den beiden geschilderten Beispielen geschehen ist. Im ersten Fall hatten die beiden Kontrahenten gewiß nicht die Absicht, sich von ihren destruktiven Impulsen hinreißen zu lassen, konnten sich dann aber nicht dagegen wehren. Im zweiten Fall hatten die Teilnehmer den Wunsch, miteinander ins Bett zu gehen, aber die Phantasie «gestattete» ihnen das erst, als ihre gegenseitigen Beziehungen sich vertieft hatten. In der Regel enthüllt das Phantasieerlebnis alle Zusammenhänge der ihm zugrunde liegenden Situation, und der Beteiligte akzeptiert fast immer die im Wachtraum beschriebenen Empfindungen. Sowohl beim individuellen als auch beim Gruppen-Phantasieerlebnis treten im Verlauf des Prozesses ausgeprägte physiologische Veränderungen bei den Beteiligten auf. Abgesehen von den üblichen Erscheinungen – Spannungszustände, Angst, Entspannung, Weinen, Lachen und andere individuelle Reaktionen – kommt es häufig vor, daß einer der Partner den anderen berührt, sei es, daß er nach Beistand oder Kontakt sucht oder sich nur der Gegenwart des anderen versichern will.

Bei den übrigen Gruppenmitgliedern kommt es meistens zu einer beachtlichen Identifizierung mit dem Geschehen. Man kann aus einem Gruppen-Phantasieerlebnis viel lernen, aber vor allem ist es eine sehr intensive und unter Umständen sehr fruchtbare Erfahrung.

Zusammenfassend könnte man sagen, daß die Methoden zur Klärung des Zugehörigkeitsbereichs sich vor allem auf die persönliche Begegnung konzentrieren. Körperliche Empfindungen und produktive Phantasieerlebnisse helfen dabei, die Gefühle, die die Menschen füreinander empfinden, deutlicher zu machen; das gilt insbesondere auch für das jeweils als angenehm empfundene Maß an persönlichen Kontakten. Die meisten Methoden bieten darüber hinaus eine Gelegenheit, den Prozeß der Kontaktaufnahme zu anderen Menschen zielstrebiger zu betreiben, als wir das gemeinhin tun. Führt dieser Versuch zu einem positiven Ergebnis, so kann sich daraus eine Steigerung des Selbstbewußtseins ergeben und des Vertrauens in die eigene Fähigkeit, Beziehungen zu anderen Menschen herzustellen. Zugleich kann man dann aus der Begegnung mit anderen Menschen mehr Freude schöpfen.

Die nächste Phase bei der Gestaltung einer menschlichen Beziehung betrifft in der Regel den Bereich der Steuerung. Bei der Auseinandersetzung mit den entsprechenden Empfindungen erweisen sich physische Methoden als besonders wirksam, die mit einer noch unmittelbaren Konfrontation verbunden sind.

Steuerung

Bei der Entwicklung einer Gruppe oder einer persönlichen Beziehung folgen auf die Probleme der Zugehörigkeit in der Regel die Probleme der Steuerung. Hat sich eine Gruppe erst einmal gebildet, beginnt der Prozeß der Differenzierung: einzelne Gruppenmitglieder suchen oder übernehmen verschiedene Rollen, und Machtkämpfe, Rivalitäten und Beeinflussungen rücken in den Mittelpunkt. Es kommt in den gegenseitigen Beziehungen zu einer ständigen *Konfrontation*.

Der Mensch, der in einem extrem geringen Maße auf Steuerung anderer bedacht ist, der sogenannte «Abdikrat», neigt in seinem Verhalten anderen Menschen gegenüber dazu, sich zu unterwerfen und auf jede Macht und Verantwortung zu verzichten. Er strebt mit Vorliebe untergeordnete Positionen an, in denen er keine Verantwortung auf sich zu nehmen und keine Entscheidungen zu treffen braucht und in denen jemand anders die nötigen Anordnungen erteilt. Ganz bewußt legt er es darauf an, daß andere ihn von seinen Verpflichtungen entbinden. Er übt nicht einmal dann Befehlsgewalt über andere aus, wenn er dazu verpflichtet wäre; so würde er zum Beispiel auch dann keine Anordnungen treffen, wenn in einer Schule Feuer ausbräche und er der einzige anwesende Erwachsene wäre. Er trifft niemals eine Entscheidung, wenn er die Möglichkeit hat, sie einem anderen zu überlassen. Er fürchtet, andere würden ihm nicht helfen, wenn er sie darum bäte, und man könnte ihm mehr Verantwortung aufbürden, als er zu tragen vermag. Menschen dieser Art sind gewöhnlich «Mitläufer» oder bestenfalls loyale Stellvertreter, aber sie übernehmen nur selten die Verantwortung für eine wichtige Entscheidung.

Unbewußt hat ein solcher Mensch das Gefühl, er sei gar nicht imstande, sich wie ein verantwortungsbewußter erwachsener Mensch zu verhalten, und die anderen Leute wüßten das. Am liebsten reagiert er so, daß er Situationen, in denen er sich hilflos vorkommen könnte, vermeidet. Er fühlt, daß er inkompetent und verantwortungsscheu ist. Hinter diesem Gefühl verbergen sich Feindseligkeit und Mangel an Vertrauen gegenüber jenen Menschen, die ihm ihre Unterstützung versagen könnten.

Der «Autokrat» ist dagegen ein Mensch, dessen Verhalten anderen Menschen gegenüber in extremer Weise von Herrschgelüsten geprägt ist. Er wünscht sich eine Machthierarchie, in der er selbst an der Spitze steht. Er ist machthungrig und konkurrenzfreudig. Er hat Angst, daß andere Menschen sich von ihm nicht beeinflussen oder steuern lassen oder daß sie ihn gar beherrschen wollen.

Im allgemeinen verlagert sich dieses Bedürfnis, Menschen zu steuern bzw. zu beherrschen, auf andere Bereiche. Geistige oder sportliche Überlegenheit bieten eine ebenso gute Gelegenheit wie die mehr unmittelbare Methode der Ausübung politischer Macht. Die einem solchen Verhalten zugrunde liegenden Motive sind die gleichen wie beim «Abdikraten». Im Grunde hat der «Autokrat» das Gefühl, er sei gar nicht fähig, Verantwortung zu tragen oder seinen Verpflichtungen nachzukommen, und andere könnten das womöglich bemerken. Daher nutzt er jede Gelegenheit, um sich selbst und anderen zu beweisen, daß dieses Gefühl für ihn gar nicht existiert. Seine unbewußte Einstellung ließe sich etwa so zusammenfassen: «Keiner traut mir zu, daß ich in der Lage bin, Entscheidungen zu treffen, aber ich werde es ihnen schon zeigen. Ich werde von jetzt an alle Entscheidungen treffen – immer und für alle.» Hinter dieser Haltung verbirgt sich ein starkes Mißtrauen, andere könnten Entscheidungen an seiner Stelle treffen, sowie das Gefühl, daß die anderen ihm nicht trauen.

Für jemanden, der in seiner Kindheit mit seinen Beziehungen zu anderen Menschen, was die Frage der Steuerung angeht, gut zurechtgekommen ist, stellen Macht und Kontrolle kein Problem dar. Er ist zufrieden, einerlei, ob er Anordnungen erteilt oder nicht und ob er Anordnungen ausführt oder nicht. Unbewußt hat er das Gefühl, daß er ein fähiger, verantwortungsvoller Mensch ist und daß kein Anlaß für ihn besteht, vor Verantwortung zurückzuschrecken oder ständig Beweise dafür zu liefern, wie kompetent er ist. Im Gegensatz sowohl zum Abdikraten als auch zum Autokraten beschäftigt ihn nicht ständig die Angst vor der eigenen Hilflosigkeit, Beschränktheit und Unfähigkeit. Er hat vielmehr das Gefühl, daß andere Menschen seine Fähigkeiten anerkennen und sich von sachlichen Gesichtspunkten leiten lassen, wenn sie ihm Entscheidungen überlassen.

Auf die Bedürfnisse im Bereich der Steuerung kann man mit Hilfe einiger nichtverbaler Methoden und einiger Varianten des Gruppen-Phantasieprozesses einwirken. Eine der einfachsten Möglichkeiten, Empfindungen, die zum Steuerungsbereich gehören, aufzudecken, besteht darin, daß man die verschiedenen Machtverhältnisse räumlich und physisch durchspielt. Um das Erlebnis des Dominierens zu haben, steigt man auf einen Stuhl und agiert von dieser Position aus weiter; diejenigen, die auf ihren Stühlen sitzen geblieben sind, haben das Gefühl des Untergeordnetseins. Ebenso kann man sich auf den Fußboden setzen, während alle anderen auf ihren Stühlen sitzen bleiben, oder selbst sitzen bleiben, während alle anderen auf ihre Stühle steigen usw. Es ist erstaunlich, in welch starkem Maße derart einfache räumliche Veränderungen Gefühle des Behagens oder des Unbehagens zum Vorschein bringen.

Neben den hier erwähnten Übungen gibt es verschiedene andere Möglichkeiten zur Erforschung von Steuerungsproblemen. Als ein sehr wirksames Mittel hat sich die unmittelbare physische Konfrontation erwiesen.

Physische Konfrontation

Wann: Feindseligkeit und Rivalität gegenüber anderen Menschen sind Emotionen, bei denen es besonders wichtig ist, daß man sie versteht und richtig mit ihnen umzugehen weiß. Die Gesellschaft mißbilligt es jedoch, wenn sie zum Ausdruck kommen, mit dem Erfolg, daß die Menschen ständig neue Methoden ersinnen, um diese Empfindungen anderen gegenüber und auch vor sich selbst zu verbergen. Oft ist es allerdings wirksamer, aggressive Empfindungen in einer sicheren Umgebung zum Ausdruck zu bringen. Dann lassen sich auch Mittel und Wege finden, sich unmittelbar mit ihnen auseinanderzusetzen. Die üblichen Versuche, diese als negativ angesehenen Empfindungen zu unterdrücken, führen allzu oft dazu, daß damit zugleich das eigene Ich unterdrückt wird. Im folgenden werden einige Methoden beschrieben, mit deren Hilfe sich Aggressivität und Rivalität zum Vorschein bringen lassen, so daß man sich mit ihnen auseinandersetzen kann.

Wie: Das dänische Daumenringen ist eine Methode, Rivalitätsgefühle durch eine nichtverbale, unmittelbare Konfrontation aufzudecken, bei der es nicht speziell auf körperliche Stärke ankommt. Manchmal ist diese Übung eine nützliche Vorbereitung auf gewaltsamere Begegnungen, aber sie kann auch allein angewandt werden, zum Beispiel wenn zwischen einem Mann und einer Frau eine Rivalität besteht. Die beiden Kontrahenten setzen zu einem Händedruck an, krümmen dann aber statt dessen die vier Finger und haken sie ineinander. Diese Verbindung muß während des ganzen Kampfes beibehalten werden. Die beiden Daumen werden Seite an Seite gelegt und tauschen dann dreimal rasch die Plätze, indem sie übereinanderhüpfen. Nach dem drittenmal nehmen sie sofort den Kampf auf, dessen Ziel darin besteht, den Daumen des Gegners niederzuhalten, so daß er sich mindestens drei Sekunden lang nicht bewegen kann. Die Übung macht den Beteiligten meist viel Spaß, aber nach und nach werden dabei doch Rivalitätsgefühle geweckt, besonders bei dem Verlierer.

Auch das Armringen, eine alte, weitverbreitete Form des Wettkampfes, bietet zwei Menschen eine ausgezeichnete Möglichkeit, die Machtaspekte ihrer Beziehung zu ergründen. Zugleich zählt es zu den Übungen, mit deren Hilfe man die Anteilnahme eines Menschen an der Arbeit einer Gruppe intensivieren kann. Wenn ein Mensch alle seine Energien zu einer konzentrierten physischen Anstrengung mobilisieren muß, verliert er gewöhnlich seine Apathie, und sein Interesse nimmt erheblich zu. Beim Armringen sollen die Teilnehmer nach Möglichkeit flach auf dem Boden liegen, sich auf ihre Ellbogen stützen und den rechten (bzw. linken) Unterarm gerade in die Höhe halten; dann umklammern sie sich an den Händen, richten die Ellbogen parallel zueinander aus und versuchen, den Arm des Gegners zu Boden zu zwingen, ohne den Ellbogen zu bewegen oder die andere Hand zu Hilfe zu nehmen. Häufig stellt man fest, daß zwei Männer einander an körperlicher Stärke weit mehr gewachsen sind, als man ihrem Äußeren nach erwarten sollte.

Die wahrscheinlich umfassendste Übung zur Erforschung der zwischen zwei Menschen bestehenden Macht-, Abhängigkeits- und Konkurrenzgefühle ist das «Pressen».

Diese Übung kann vor allem Menschen helfen, in deren gegenseitigem Verhältnis ungeklärte negative Elemente mitspielen. Die beiden Personen werden aufgefordert, sich voreinander aufzustellen und erhalten folgende Instruktionen: «Einer von Ihnen legt jetzt seine Hände auf die Schultern des anderen und versucht, ihn zu Boden zu pressen. Sie können jede Ihnen geeignet erscheinende Methode anwenden, um ihn niederzuzwingen. Bedingung ist, daß er am Schluß flach auf dem Rükken liegt. Der Gegner kann dabei mitwirken oder Widerstand leisten oder tun, was er sonst für richtig hält. Liegt er auf dem Boden, sollen Sie ihm dabei helfen, wieder hochzukommen. Auch dabei kann er, je nachdem, wie ihm zumute ist, mitwirken oder Widerstand leisten. Anschließend wird die Übung mit vertauschten Rollen wiederholt.»

Nach dieser Übung haben die Beteiligten und die Zuschauer meist das Bedürfnis, sich über ihre Reaktionen auszusprechen. Es ist wichtig, dabei die Reaktionen auf alle vier Aspekte der Situation zu berücksichtigen: das Gefühl des Unterdrückens, das Gefühl, jemandem zu helfen, den man unterdrückt hat, das Gefühl des Unterdrücktwerdens und das Gefühl, daß einem geholfen wird. Häufig ist eine dieser vier Erfahrungen stärker ausgeprägt als die anderen drei. Auch von seiten der Zuschauer kommen oft heftige Reaktionen, die zu erforschen nützlich ist.

Vorsichtsmaßregeln: Die Übung kann unter Umständen einen gewaltsamen Verlauf nehmen. Deshalb sollten Herzkranke und Menschen mit anderen körperlichen Leiden auf sie verzichten. Ferner sollte genügend «Spielraum» vorhanden sein, und es sollten sich auch keine scharfen oder harten Gegenstände in der Nähe befinden. Schließlich sollten die beiden Beteiligten für alle Fälle Brillen, Uhren, Ringe, Ohrringe usw. ablegen. Im allgemeinen nimmt die Übung jedoch einen verhältnismäßig ruhigen Verlauf.

Beispiel: Mike war in einer verrufenen Gegend aufgewachsen und gehörte einer ethnischen Minderheitsgruppe an. Er hatte mit Erfolg studiert und es zu etwas gebracht, aber er hatte einen Preis dafür zahlen müssen. Offenbar hatte er seine aggressiven Impulse nie richtig zum Ausdruck bringen können. Jetzt wirkt er wie ein von unterdrückter Wut beherrschter Marlon Brando, der jederzeit in Gewalttätigkeit ausbrechen könnte. Außerdem schienen die weiblichen Mitglieder der Gruppe ein besonderes Problem für ihn zu sein; manchmal war er ausgesprochen freundlich zu ihnen, dann wieder kalt und abweisend.

Ginny, eine in ihrem Beruf sehr tüchtige Frau, war mitteilsam und charmant, verhielt sich aber ausgesprochen feindselig gegenüber mehreren Männern in der Gruppe, die sie für ehrgeizig und mißgünstig hielten. Sie fühlte sich dadurch verletzt und sagte, wenn die Männer so dächten, dann sei das deren Problem und nicht ihres. Zu Mike schien sie ein recht gutes Verhältnis zu haben. Daß es keine engere Beziehung war, mochte zu einem Teil daran liegen, daß die Gruppe noch nicht lange beisammen war. Die anderen Teilnehmer sprachen Mike auf seinen unterdrückten Zorn an. Er selbst versuchte darüber zu sprechen, leugnete ihn manchmal, gab ihn ein andermal zu und verteidigte sich, aber im besten Fall verlief die Diskussion planlos und sprunghaft, und die Gruppe reagierte allmählich ungeduldig und gelangweilt. Schließlich wurde die Preßübung vorgeschlagen, und es sah so aus, als würde Ginny eine gute Gegnerin abgeben, da aus irgendwelchen unklaren Gründen die Probleme der beiden verwandt schienen.

Ginny stand auf, und zur Überraschung aller nahm sie wie selbstverständlich ihre Ohrringe und Ringe ab, legte ihre Uhr und die Schuhe ab, und stellte sich mit gespreizten Beinen fest auf den Boden. Sie war bereit. Mike zog ebenfalls die Schuhe aus und stellte sich vor ihr auf. Er streckte die Hände aus, stellte das eine Bein hinter ihren Körper, und versuchte sie im Ringerstil zu Boden zu zwingen. Ginny wehrte sich verzweifelt, und beide schwangen in wilden Kreisen hin und her, bis Ginny schließlich zu Boden ging. Noch immer drehte und wand sie sich, aber schließlich mußte sie aufgeben – Mike war ihr an Stärke überlegen. Er half ihr wieder auf, und sie unterstützte ihn dabei. Danach gelang es ihr, Mike, der nur geringen Widerstand leistete, zu Boden zu zwingen, und mit seiner Unterstützung half sie ihm auch wieder auf.

Es folgen nun Mikes und Ginnys Berichte über den Vorgang.

Mikes Bericht: Innerhalb der Gruppe hatte Ginny für mich eine besondere Bedeutung gewonnen. Ich fühlte mich sexuell zu ihr hingezogen, und zugleich übernahm sie mir gegenüber eine Art Mutterrolle. Sie und Roberto standen sich damals sehr nahe. Ich fühlte mich Roberto gegenüber als Rivale und warb um Ginnys Aufmerksamkeit. Ginny reagierte darauf zustimmend und zugleich spielerisch. Bei den Zusammenkünften der Gruppe warf sie mir, wenn sie tanzen wollte, nicht selten einladende Blicke zu, aber sonst hatte ich nur wenig Kontakt zu ihr.

Das Ereignis, das vor dem Kampf zwischen Ginny und mir in emotionaler Hinsicht den stärksten Eindruck auf mich gemacht hatte, war das «Pressen» zwischen Shelly und Herb. Ich erinnere mich noch, daß der Kampf am Nachmittag, gleich nach dem Essen, stattfand und daß

Shelly in meinen Augen aussah wie ein dickliches kleines Kind und sich sehr ungeschickt anstellte, als er versuchte, Herb zu Boden zu pressen. Ich wurde wütend auf ihn, und als Shelly schließlich zu Herb sagte: «Würdest du dich bitte niederlegen?» und Herb das tatsächlich tat, kam zu meiner Wut auf Shelly noch Verachtung hinzu.

Als wir bei der nächsten Zusammenkunft darüber diskutierten, sagte Ginny, sie würde es auch gern einmal versuchen, und ich meldete mich freiwillig ... Es kann aber auch sein, daß ich sagte, ich wollte es versuchen, und daß Ginny sich freiwillig meldete. Ja, ich glaube, so war es, denn ich weiß noch, daß ich allein inmitten der Gruppe stand und Angst hatte, weil ich nicht wußte, ob jemand zum Kampf antreten würde, der stärker war als ich. Ich schrak regelrecht zusammen bei dem Gedanken, Frank [ein Judoexperte] werde sich vielleicht melden, im Grunde war es mir ganz gleich, wer gegen mich antrat, sofern ich ihn nur unterkriegen konnte. Das alles ist mir noch deutlich in Erinnerung, und ich sehe mich noch dort stehen und über Herbs Kopf hinweg durch das Fenster ins Freie blicken. Ich nahm meine übliche Boxhaltung ein und versuchte, mir nur ja nicht anmerken zu lassen, daß ich schreckliche Angst hatte.

Ginny kam in die Mitte und stellte sich mir gegenüber auf. Wir legten einander die Hände auf die Schultern, aber noch bevor die Übung begann, sagte ich, wie ich mich deutlich erinnere, zu Ginny: «Ich möchte, daß du dich wehrst», und sie antwortete: «Keine Sorge, und ob ich mich wehre!» Unmittelbar darauf fing ich an, Ginnys Schultern nach unten zu pressen, und versuchte, sie ein bißchen aus dem Gleichgewicht zu bringen. Sie leistete zähen Widerstand und reagierte auf meine Preßversuche mit erstaunlicher Kraft. Meine Reaktion war panische Angst, und so setzte ich meinen einen Fuß hinter ihre Beine und warf sie über meine Hüfte zurück. Als sie zu Boden ging, versuchte ich, mit dem Knie ihren Rücken niederzudrücken. Ginny genoß die Situation (wie sie in ihrem Bericht sagt), und versuchte jetzt, von mir wegzukriechen. Meine Reaktion darauf war in der Tat erschreckend. Ich konzentrierte mich bewußt auf ihre Schultern und auf ihre Beinmuskeln und versuchte, sie fest in den Griff zu bekommen und niederzudrücken, so daß sie nicht mehr wegkriechen konnte. Allerdings wollte ich sie nicht verletzen. Aber als Sekunde um Sekunde verging und sie mit Erfolg versuchte, sich von mir zu befreien, schien eine Stimme in meinem Kopf ihr zuzurufen: «Verdammt, nun bleib endlich liegen!» Ginny lag mit dem Bauch auf dem Boden und versuchte sich mir zu entwinden. Ich hatte die eine Hand auf ihrer Schulter und die andere auf ihrem Oberschenkel und versuchte, mein Knie auf ihren Rücken zu setzen und sie mit meinem ganzen Gewicht niederzudrücken, damit sie mir nicht mehr entkommen konnte. Falls das nicht gelang, wollte ich sie an den Handgelenken packen und ihre Arme hinter ihrem Rücken verschränken. Hauptsache, sie blieb endlich liegen!

Endlich gelang es mir, Ginny festzuhalten, und sie gab auf. Beide verharrten wir einige Sekunden in dieser Position, und ich erinnere mich, daß Ginny plötzlich Luft für mich war. Ich stand auf und ging fort, als läge dort nicht Ginny am Boden, sondern ein Bündel Kleider. Die anderen Gruppenmitglieder machten mich darauf aufmerksam, daß ich, wie es vorher verabredet worden war, zurückgehen und Ginny wieder auf die Beine helfen mußte. Ich tat es, doch ohne irgendwelche Empfindungen gegenüber Ginny. Aber ich fühlte mich in gehobener Stimmung. Ich war nicht stolz darauf, daß ich Ginny zu Boden gezwungen hatte, aber ich war froh, daß es mir gelungen war. Interessant waren für mich die Kommentare der einzelnen Gruppenmitglieder. Frank sagte: «Ich hatte große Lust, dir einen Tritt in den Hintern zu geben!» Herb sah mich an und sagte, das sei für ihn das unerfreulichste Schauspiel gewesen, das er je gesehen habe, und Shellys Kommentar lautete: «Du hast meine Mutter zu Boden geworfen, und ich habe das Gefühl, das gefällt mir nicht!» Ich erinnere mich, daß Sie mich fragten, ob ich es noch einmal tun würde, falls ich es noch einmal tun müßte; ich antwortete, meinetwegen sei es nicht nötig, aber falls Ginny und ich noch einmal einen Kampf ausfechten sollten, würde ich sie wieder ganz bis auf den Fußboden hinunterdrücken, allein schon wegen der Reaktionen der männlichen Gruppenmitglieder. Wörtlich sagte ich: «Ich glaube, der Gruppe würde es guttun!» Ich erinnere mich auch genau, daß damals keines der weiblichen Gruppenmitglieder auf ähnliche Weise reagierte, wie es die Männer taten. Sie schienen Ginny eher zu beneiden oder an ihrer Freude teilzunehmen, denn Ginny berichtete, sie fühle sich heiter und gelöst, und es sei doch ein herrliches Erlebnis, sich mit einem Mann in einen richtigen Ringkampf einzulassen.

Ginny zeigte während des Kampfes keinerlei Anzeichen von Furcht, aber ich war mir meiner eigenen Empfindungen sehr wohl bewußt: ich war willens und bereit, sie zu verletzen, nur um sie endgültig unterzukriegen. An zwei Dinge erinnere ich mich noch genau: erstens, daß ich mich hinterher sehr wohl fühlte, und zweitens, daß ich vor der Gruppe noch am gleichen Abend oder an einem der folgenden Tage sagte: «Als ich Ginny zu Boden warf, habe ich eine ganze Menge Frauen zu Boden geworfen.» Zu ihnen gehörten meine Mutter, meine ältere Schwester und eine weibliche Kollegin von mir, die ebenfalls an dem Seminar teilnahm. Am besten läßt sich das, was geschah, beschreiben, wenn ich sage, daß ich mich selbst und meine Kraft in einer Art und Weise erlebte, wie mir das bis dahin nie möglich gewesen war.

Die unmittelbare Wirkung, die das Erlebnis auf mich hatte, war ein Gefühl der Befreiung. Bis dahin hatten meine Beziehungen zu Frauen meistens einen Doppelcharakter gehabt. Einerseits nahmen sie die Form eines sexuellen Verlangens an – eines Verlangens, das dem

Bedürfnis entsprang, mir jede Frau, zu der ich in einer beruflichen oder privaten Beziehung stand, durch Geschlechtsverkehr zu unterwerfen und sie auf diese Weise vollkommen zu beherrschen. Andererseits hatte ich ein starkes Gefühl sexueller Unzulänglichkeit, so daß sich in meine Eroberungsträume ständig die Furcht einschlich, ich könnte versagen. Zwar verlor sich dieser merkwürdige Doppelcharakter nach dem Kampf nicht ganz, aber er übte auf mich nicht mehr diese lähmende Wirkung aus. Ich war jetzt in der Lage, mich in meinen Beziehungen zu den Frauen stärker an der Wirklichkeit zu orientieren. Zu Hause, bei meiner Frau und bei meinen Kindern, lernte ich Zärtlichkeit kennen, ein Gefühl, das ich stets zu unterdrücken versucht hatte, aus Angst, man könnte es als Schwäche auslegen. Ja, ich glaube, daß ich im Bereich der familiären Beziehungen am meisten gewonnen habe. Meine Bemerkung: «Als ich Ginny zu Boden warf, habe ich eine Menge anderer Frauen zu Boden geworfen!» scheint mir höchst charakteristisch und zutreffend zu sein.

Ginnys Bericht: Die Begegnung mit Mike fand ich damals aufregend und amüsant, aber keineswegs besonders wichtig oder ungewöhnlich. Ich war zunächst verblüfft über die starke Reaktion der übrigen Gruppenmitglieder, einschließlich des Leiters, und darüber, daß die Angelegenheit für Mike und die anderen viel wichtiger zu sein schien als für mich selbst. Rückblickend habe ich jedoch mit Hilfe dieses Erlebnisses versucht, einige meiner Verhaltensweisen gegenüber den Männern zu klären. Ich glaube, die Begegnung mit Mike hat mir geholfen, einige der positiven Aspekte meiner Beziehungen zu den Männern besser zu verstehen und zu integrieren. Das gilt besonders für die Beziehungen, die ich als willensstarke Frau, die sehr an ihrem Beruf hängt, zu den Männern habe.

Für mich war Mike ein gut aussehender, kräftiger junger Mann, so viel jünger als ich, daß ein ernsthafter Flirt von vornherein ausschied, aber attraktiv genug, daß ich tags zuvor gern Tennis mit ihm gespielt hatte. Er kannte sich in den Tennisregeln nicht aus und wußte nicht einmal, wie die Punkte gezählt werden. Ich bin auch keine sehr gute Tennisspielerin, aber ich habe viel gespielt, und so erschien es mir ganz natürlich, ihm beizubringen, wie man spielt und wie man die Punkte zählt, zumal er selbst den Wunsch geäußert hatte, es zu lernen. Ich war überrascht, als sich am nächsten Tag beim Gruppentreffen herausstellte, daß ich seiner Ansicht nach ihm gegenüber eine Führungsrolle eingenommen hatte und daß er mir deshalb böse war. Eine Folge war, daß er mich mit einer älteren Frau, die den gleichen Beruf hatte wie ich und deren Herrschsucht ihm schon seit langem ein Dorn im Auge war, identifiziert hatte.

Der Leiter unserer Gruppe machte nach einigen einleitenden harmlosen Bemerkungen den Vorschlag, wir sollten uns im Ringkampf messen. Ich war begeistert. Ich genieße jede körperliche Betätigung und war schon müde vom vielen Sitzen. Außerdem mag ich im allgemeinen auch den physischen Kontakt mit anderen Menschen. Ich nahm sofort meine Armbanduhr und meine Ringe ab, unter anderem auch einen Ring mit einem großen und scharfkantigen Stein, den ich immer trage. (Das sollte sich später noch als bedeutungsvoll erweisen.) Tage danach sagte ein Mitglied der Gruppe: «Ich habe noch nie eine Frau gesehen, die sich so schnell ihrer Sachen entledigt hat!» Ich nehme an, das sollte eine hübsch getarnte sexuelle Anspielung sein.

Schließlich stand ich Mike gegenüber. Er sagte sehr ernst: «Willst du es wirklich?» Ich war erstaunt über diese Frage. Ich gebe mir bei allem, was ich tue, immer große Mühe, sonst langweilt mich die Sache, und ich fange besser gar nicht erst damit an. Es kam mir überhaupt nicht in den Sinn, daß ich mich dabei verletzen könnte. Ich wußte sehr gut, daß ein athletischer junger Mann eine halbathletische Frau mittleren Alters mit Leichtigkeit zu Boden zwingen konnte, ohne sie zu verletzen. Ich nahm mir vor, so hart wie möglich zu ringen, und rechnete damit, daß Mike mich zu Boden zwingen würde, ohne mir weh zu tun.

So geschah es dann auch. Ich war amüsiert und begeistert, wie leicht es ihm fiel, mich niederzuzwingen, und wieviel Spaß es machte zu kämpfen. Ich lachte vor Vergnügen.

Ich erinnere mich noch gut an die Reaktion der Gruppe. Zwei Mitglieder waren entsetzt. Beide waren – Zufall oder nicht? – stiernackige, starke, erfolgreiche, konventionell eingestellte Geschäftsleute. Sie hatten mitansehen müssen, wie ein Mann gewaltsam gegen eine Frau vorging und ihr vielleicht sogar Schaden zufügte. Sie waren drauf und dran gewesen, in das Geschehen einzugreifen. Ich fand das einfach lächerlich. Ich wäre nie auf die Idee gekommen, dem Leiter der Gruppe und Mike nicht zu vertrauen.

Meine nächste Überraschung bestand darin, daß ich einige Tage später feststellte, daß unser Gruppenleiter das Gefühl hatte, er habe bei diesem Kampf zu viel riskiert; er hatte nicht erwartet, daß Mike und ich ihn bis zu Ende auskämpfen würden, und als er uns wirklich kämpfen sah, hatte er es mit der Angst zu tun bekommen. Ich war sehr zufrieden mit mir selbst. «So, Sie haben wohl nicht gedacht, daß ich so viel Mut und Zuversicht zeigen würde? Nun, jetzt wissen Sie es!» [Ginny hat vollkommen recht. Es war das erste Mal, daß ich diese Methode in einer Gruppe ausprobierte. Jetzt habe ich keine Bedenken mehr bei ihrer Anwendung.]

Ich bin ganz sicher, daß der Gruppenleiter nicht gewußt, aber wahrscheinlich irgendwie geahnt hat, daß Mike und ich körperlich trainiert und mit verschiedenen Sportarten und physischen Kontakten vertraut waren. Die anderen Gruppenmitglieder haben dagegen sicherlich gewußt, daß Mike mich niederringen würde, ohne mich zu verletzen, und daß ich mich nicht in einer Weise wehren würde, die seine sadistischen Impulse zum Vorschein bringen konnte. Wäre das der Fall gewesen, hätte die Situation natürlich für verschiedene Leute gefährlich werden können: für Mike in psychologischer Hinsicht, für mich selbst in physischer Beziehung, für einige andere Teilnehmer, wenn Frankie oder Shelly in den Kampf eingegriffen hätten, für den Gruppenleiter, wenn es zu einem Schlamassel gekommen wäre, und so weiter, und so fort.

Mikes Einstellung mir gegenüber änderte sich danach von Grund auf. Er freute sich, wenn er mich sah, und bewunderte mich als Frau. Ich hatte Bewunderung dringend nötig und fühlte mich dadurch ermutigt. Er gab mir Feuer, wenn ich rauchen wollte, half mir in den Mantel, forderte mich zum Tanzen auf und behandelte mich ganz allgemein wie eine attraktive Frau. Er machte mir nette konventionelle Komplimente, ohne mich je zu bedrängen, und hat später nie versucht, mich wiederzusehen, woran ich auch, ehrlich gesagt, nicht interessiert gewesen wäre.

Habe ich von dem Erlebnis profitiert? Wenn ich zurückdenke, meine ich, eine ganze Menge. Nachdem ich als Kind ziemlich unbeweglich und körperlich stark behindert gewesen war, habe ich mich Jahre hindurch bemüht, meinen Körper in zunehmendem Maße zu akzeptieren und mich an ihm zu freuen, und dieses Erlebnis ist eine der zahlreichen Episoden, die mich darin ein Stück vorangebracht haben. Obwohl ich damals nicht weiter darauf geachtet habe, steht mir heute deutlich vor Augen, daß ich auch einen Ring abnahm, der mit seinem großen, scharfen Stein zu einer gefährlichen Waffe hätte werden können. Ich habe damals nicht darüber nachgedacht, warum ich ihn abnahm, aber heute denke ich, wenn ich den Ring am Finger behalten und Mike zufällig damit verletzt hätte, wäre die Situation unter Umständen höchst unerfreulich und vielleicht sogar gefährlich geworden. Ich glaube, daß es so etwas wie eine faire Grundhaltung war, die mich unbewußt veranlaßte, den Ring abzunehmen.

Ich glaube auch, daß ich erkannt habe, wieviel Freude es mir bereitet, auf die Stärke eines Mannes zu vertrauen. In den letzten Jahren ist mir etwas an mir bewußt geworden, was mir sehr gefällt: ich kann Männer, auch Männer meiner eigenen Generation, unterrichten und anleiten, ohne daß sie das Gefühl haben, von einer Frau kastriert zu werden. Ich erkläre mir das gewöhnlich so, daß sie intuitiv erkennen, daß ich nicht versuche, ihnen auf Grund meiner Leistungen Konkurrenz zu machen, sondern daß ich versuche, ihnen Freude zu bereiten (mein Vater war stolz auf mich, wenn ich gute Zeugnisse nach Hause brachte, und er war ein sehr männlicher, starker Mann). Trotzdem ist es in unserer Kultur oft lästig und unangenehm, wenn man eine willensstarke und erfolgreiche Frau ist, und besonders dann, wenn man sich rasch bewegt und eine kraftvolle Stimme hat. Ich lehne es ab, mich schwächlich und unterwürfig zu geben, und irgendwie rechne ich immer mit mehr Mißbilligung für mein Auftreten, als ich sie dann gewöhnlich zu spüren bekomme.

Für mich war es also ein großer Spaß, von Mike niedergerungen zu werden.

Ich hatte zu Mike das Vertrauen, daß er mich zu Boden zwingen würde, ohne mich dabei zu verletzen. Ich hatte zu dem Gruppenleiter das Vertrauen, daß er wußte, was er tat. Und auf eine mir damals unbewußte Weise hatte ich zu mir selbst das Vertrauen, daß ich den möglicherweise gefährlichen Ring abnahm. Es war eine sehr schöne Erfahrung.

Was geschehen war: Der komplementäre Charakter der Übung erklärt zugleich ihren Erfolg. Mike mußte indirekt mit den Frauen, die in seinem Leben eine Rolle spielten, konfrontiert werden, und Ginny mußte die Kraft und Stärke eines Mannes fühlen, um ihre weiblichen Empfindungen bestätigt zu sehen. Ginnys analytischer Bericht (sie ist von Beruf Psychologin) berücksichtigt alle wesentlichen methodischen und persönlichen Aspekte des Vorgangs.

Die scheinbare Gefährlichkeit der Übung besteht tatsächlich eher dem Anschein nach als in Wirklichkeit. In den vielen «Preßkämpfen», die unter meiner Aufsicht stattgefunden haben, ist es, von kleinen Kratzern abgesehen, nie zu irgendwelchen körperlichen Verletzungen gekommen. Natürlich sind gewisse Vorsichtsmaßregeln zu beachten, aber im allgemeinen haben die Teilnehmer, wie sowohl Ginny als auch Mike hervorheben, in einer solchen Situation nicht die Absicht, einander Verletzungen beizubringen.

Die folgende Methode hat mit der hier beschriebenen eine gewisse Ähnlichkeit. Das Beispiel veranschaulicht zugleich, wie nützlich es sein kann, wenn man, um ein bestimmtes Ziel zu erreichen, mehrere Methoden kombiniert.

Schieben

Wann: Das «Schieben» ist eine Methode, die sich besonders in Konkurrenzsituationen als nützlich erweist, wenn zum Beispiel die gegenseitigen Empfindungen zwischen zwei Menschen ungeklärt sind oder wenn eine unklare Beziehung zwischen Gruppenleiter und einem Gruppenmitglied besteht. Sie eignet sich aber auch dazu, die innere Beteiligung zu fördern.

Wie: Die beiden Teilnehmer stehen einander gegenüber, legen ihre Hände mit den Handflächen gegeneinander und verhakeln dabei die Finger. Auf Verabredung versuchen sie, einander von der Stelle zu schieben und zurückzudrängen. Sie können den Kampf zu jedem beliebigen Zeitpunkt abbrechen.

Vorsichtsmaßregeln: Man braucht zu dieser Übung körperliche Kraft und genügend Raum. Menschen, die sich auf Grund ihrer physischen Verfassung nicht überanstrengen dürfen, sollten auf diese Übung verzichten. Es sollte genügend Platz vorhanden sein, und es sollten sich keine zerbrechlichen, scharfen, spitzen oder sonst irgendwie gefährlichen Gegenstände in der Nähe befinden.

Beispiel: Roger hatte Schwierigkeiten in seinem Verhältnis zum Gruppenleiter. Zu Beginn des Kurses gab er sich extrem unterwürfig und stellte Fragen wie: «Muß ich auf jede Frage, die Sie mir stellen, antworten?» Die Gruppe nahm sich vor, sein Verhältnis zum Gruppenleiter auf eine Ebene der Gleichberechtigung zu bringen. Ein Teilnehmer schlug vor, Roger sollte zu diesem Zweck ein Schiebe-Match mit dem Gruppenleiter austragen. Roger weigerte sich. Er war nicht imstande, ein vernünftiges Verhältnis zum Gruppenleiter herzustellen, bis folgendes geschah. In einer Gruppen-Phantasieübung war sein Hang zur Selbstbezichtigung aufgedeckt worden. Dadurch kam es zu einem Gespräch über die Leiden, die er als unerwünschtes Kind durchgemacht hatte, und über die daraus resultierenden Minderwertigkeitsgefühle. Anschließend unterzog er sich einer individuellen Phantasieübung, in dessen Verlauf er sich mit der Situation in seiner Kindheit auseinandersetzte. In seinem Wachtraum weinte er und quälte sich, doch das Ergebnis war, daß er seine Kindheit akzeptierte. Unmittelbar nach Abschluß der Phantasieübung sprang er auf und sagte, jetzt wolle er ein Schiebe-Match mit dem Gruppenleiter machen. Ungefähr fünf Minuten lang schoben wir uns gegenseitig im Raum herum. Der Kampf endete mit einer spontanen, herzlichen Umarmung. Von da an war unser Verhältnis ein normales Verhältnis von Gleichberechtigten. Er fing sogar an, hin und wieder meine Vorschläge zu kritisieren, und verhielt sich im übrigen vollkommen vernünftig, ohne in seine alten Fehler zurückzufallen.

Was geschehen war: Die erste Aufforderung zum Schiebe-Match war eindeutig zu früh erfolgt. Daß Roger nicht imstande war, ein realistisches Verhältnis zum Gruppenleiter herzustellen, hing eng mit seinem Minderwertigkeitsgefühl zusammen, das wiederum auf Kindheitserfahrungen zurückzuführen war. Daß er sich im Phantasieerlebnis mit diesen Gefühlen auseinandersetzen konnte, trug in solchem Maße zur Stärkung seines Selbstbewußtseins bei, daß er nunmehr auch zu einer unmittelbaren Konfrontation mit dem Gruppenleiter in der Lage war. Die Gelegenheit, sein neugewonnenes Selbstverständnis im Schiebe-

Match mit dem Gruppenleiter zu testen, mit Hilfe einer Methode also, die es ermöglichte, die Emotionen mit dem ganzen Körper spürbar zu machen, bestärkte sein Gefühl, etwas wert zu sein, und half ihm, eine Folge seines mangelnden Selbstbewußtseins zu überwinden, nämlich sein übertrieben unterwürfiges Verhalten gegenüber führenden Persönlichkeiten.

Die folgende Methode zielt darauf hin, bei einer übertriebenen inneren Selbstkontrolle zu helfen. Mit Hilfe der Gruppe soll das, was im Innern eines Menschen vorgeht, nach außen projiziert werden.

Ausbrechen

Wann: Das Ausbrechen ist eine sehr nützliche Übung für verkrampfte Menschen, die Hemmungen zu überwinden haben, sowie für Menschen, die sich gelähmt fühlen und sich nicht frei bewegen können oder nicht fertigbringen, das zu tun, was sie tun möchten.

Wie: Die Teilnehmer haken sich unter und bilden einen enggeschlossenen Kreis. Ist die Gruppe sehr groß, bilden sie zwei konzentrische Kreise. Ein Teilnehmer steht in der Mitte des inneren Kreises und muß auf jede nur denkbare Weise versuchen, aus dem Kreis auszubrechen. Die den Kreis bildenden Teilnehmer sind gehalten, den «Ausbrecher» nach Kräften zurückzuhalten.

Diese Methode kann auch dann angewendet werden, wenn ein Mensch sich durch einen anderen Menschen, beispielsweise durch einen Ehepartner, eingeengt fühlt. In diesem Fall stellt sich der «Einengende» hinter denjenigen, den er angeblich einengt, legt seine Arme um die Arme des anderen und hält sie umklammert. Dann versucht der «Eingeengte», aus dieser Umklammerung auszubrechen.

Vorsichtsmaßregeln: Diese Übung ist oft sehr anstrengend. Herzkranke und Menschen, die aus anderen Gründen körperlich behindert sind, sollten nicht daran teilnehmen. Da der von den Gruppenmitgliedern gebildete Kreis sich hin und her bewegen kann, sollte man darauf achten, daß genügend Raum vorhanden ist und daß keine Hindernisse im Weg stehen, die zerbrechlich sind oder an denen man sich verletzen kann.

Beispiel: Die vierundzwanzigjährige Nancy versuchte, ihr Problem zu bewältigen, das darin bestand, daß sie zu verkrampft und verklemmt war. Sie sprach mit gedämpfter und gepreßter Stimme und ging in allen Dingen konsequent und planvoll vor. Ihr Gesicht war meist ausdruckslos, ihre Bewegungen waren steif und ohne Anmut, und in ihren Beziehungen zu anderen Menschen vermißte man eine gewisse Spontaneität und Vitalität. Bei einem früheren Phantasieerlebnis hatte sie das Innere ihres Körpers erkundet und festgestellt, daß ihr Vater alle Organe ihres Körpers mit Stahlbändern festgebunden hatte. Ebenso wie ihre Erinnerungen an ihre frühe Kindheit wies das darauf hin, daß ihr Vater eine entscheidende Rolle bei ihrer Verkrampfung spielte. Aus diesen Überlegungen heraus wurde ein Psychodrama veranstaltet, in dem sie mit ihrem – von einem anderen Teilnehmer dargestellten – Vater konfrontiert wurde. Hierbei versuchte sie, alle die Empfindungen zum Ausdruck zu bringen, die sie früher ihm gegenüber nie hatte artikulieren können. Als sie ihm jedoch erklären wollte, sie sei jetzt unabhängig von ihm, wurde sie unsicher, fing an zu stottern und verhielt sich plötzlich ausgesprochen infantil. Es mußte also etwas geschehen, das ihr die für die psychodramatische Konfrontation mit ihrem Vater nötige zusätzliche Kraft und Zuversicht gab. Das Psychodrama wurde unterbrochen, und Nancy sollte sich der Übung des Ausbrechens unterziehen. Aus dem Gefühl der Frustration heraus begann sie wütend mit den Fäusten auf die den Kreis bildenden Teilnehmer einzuhämmern, aber die Gruppe wankte nicht. Schließlich ließ sich Nancy erschöpft auf den Boden fallen und gab auf. Das aber wollte die Gruppe ihr nicht durchgehen lassen. Man erinnerte sie daran, daß es ihr noch nicht gelungen war, den Kreis zu durchbrechen. Diese unerwartete Reaktion veranlaßte Nancy, sich aufzuraffen und es noch einmal zu versuchen. Nach einem längeren Kampf schaffte sie schließlich den Durchbruch.

Nachdem sie Atem geschöpft hatte, wurde sie gebeten, das Psychodrama wiederaufzunehmen. Gleich darauf packte sie den Gruppenteilnehmer, der ihren Vater darstellte, drückte ihn zu Boden, stemmte ihr Knie auf seine Brust und teilte ihm deutlich und energisch mit, daß sie sich in Zukunft nicht mehr von ihm gängeln lassen werde.

Dieses Erlebnis machte ihr neuen Mut, und ihr Verhalten änderte sich auffallend. Sie war gelöster und fröhlicher, wirkte plötzlich weiblicher, ihre Züge hellten sich auf, und ihre Beziehungen zu anderen Menschen wurden ungezwungener.

Was geschehen war: Die Erfahrung, daß sich eine einengende Kraft physisch überwinden ließ, war für Nancy ein Erlebnis, das ihr neue Zuversicht gab. Sie entdeckte, daß sie selbst zu einem solchen Verhalten in der Lage war. Dadurch, daß sie in ihrem Vater den Urheber ihrer Verkrampfung erkannte, konnte sie die ursprüngliche Situation wieder herstellen, so daß sie nunmehr imstande war, sie zu bewältigen. Daß in gewisser Weise ihr ganzer Körper an dem Prozeß beteiligt war, machte das Erlebnis noch bedeutungsvoller und nachhaltiger.

Ein entscheidender Augenblick dabei war, als die anderen Teilnehmer Nancy nach ihrem ersten Ausbruchversuch nicht aus dem Kreis entließen. Ihr Verhalten war typisch für alles, was sie tat: stets machte sie einen einzigen Versuch und gab dann auf. Nun mußte sie zu ihrer

Verblüffung feststellen, daß sie mit dieser Verhaltensweise nichts ausrichten konnte. Sie mußte sich etwas Neues einfallen lassen, um mit der Situation fertig zu werden. Obwohl ihre Arme ermüdet waren, gelang ihr nunmehr der Durchbruch. Das führte dazu, daß sie ihre Ansichten über ihre eigenen Fähigkeiten revidierte, und gab ihr ein Gefühl der Beschwingtheit. Daß es eine nachhaltige Veränderung war, geht aus dem folgenden Kommentar hervor, den Nancy abgab, als sie den hier gegebenen Bericht über den Vorgang gelesen hatte.

Nancys Kommentar: Ein paar Gedanken zu meinem «Fall». Der Bericht stimmt, glaube ich, genau, und er scheint mir den Kern dessen zu treffen, was damals geschehen ist. Als ich aufgeben wollte, wurde ich daran erinnert, daß ich noch nicht ausgebrochen war. Ich erinnere mich auch noch, daß jemand mit dem Fuß nach mir stieß.

Daß ich nach dem Ausbrechen das Psychodrama wieder aufgenommen habe, ist mir merkwürdigerweise nur noch sehr dunkel in Erinnerung...

Unmittelbar nach dem Ausbrechen fühlte ich mich lebendiger, begeisterter und großartiger als je zuvor in meinem Leben. Ich kam mir außerordentlich bedeutend vor. Ich hätte nie für möglich gehalten, daß man ein so intensives Gefühl der Befreiung und der Entspannung haben kann. Die *Freude* war unbeschreiblich.

Seither hat sich vieles bei mir geändert. An dem darauffolgenden Wochenende unterhielt ich mich ausführlich mit einer Freundin, die gerade aus Japan zurückgekommen war, und wir sprachen über einige Probleme, über die wir vorher nie zu sprechen gewagt hätten.

Jetzt, zwei Monate danach, sind viele der Empfindungen und Veränderungen immer noch vorhanden. In der letzten Woche sagte jemand zu mir, ich sähe aus, als hätte ich eine mehr als nur oberflächliche Metamorphose durchgemacht. Mehrere andere Menschen haben gesagt, ich sähe anders aus als vorher und wirkte auch anders. Manche sagten, ich sähe jetzt mehr sexy aus.

Ich selbst finde, daß ich fraulicher und aufgeschlossener bin und spontaner reagiere. Ich habe allerlei Neues versucht, zum Beispiel das Bad aprikosenfarben angemalt, mit einer Diät begonnen und sie bisher auch durchgehalten, meinen Stil, mich zu kleiden, etwas geändert, Gymnastikunterricht genommen, einen modernen Tanzkurs besucht. Ich habe die Gegenwart mehr genossen und bin anderen Menschen gegenüber stärker aus mir herausgegangen. Und ich habe ein paar Entscheidungen gefällt... So habe ich mich entschlossen, im nächsten Jahr nur noch zu studieren und meine Dissertation zu beenden. Im allgemeinen habe ich nicht mehr so stark unter einem inneren Druck gelitten, und ich habe meine Gefühle mehr ausgelebt. Ich habe meine Zeit mit Menschen verbracht, die ich gern mag. Ich habe öfter Dinge, die ich gern tun wollte, auch wirklich getan. Ich habe etwas großzügiger Geld ausgegeben. (Mein Vater ist von schottischem Geiz.)

Ich habe nicht mehr soviel Angst davor, von anderen Menschen kritisiert zu werden ... und bin freier gegenüber Menschen, die mir überlegen sind. Ich habe nicht mehr soviel Angst, ich selbst zu sein ... Ich habe manchmal nein gesagt, wo ich früher vielleicht lange gezögert hätte ...

Oft bin ich erstaunt darüber, daß mir viele der positiven Empfindungen von damals geblieben sind. Manchmal habe ich ein bißchen Angst, das könnte sich ändern.

Die auf der Umwandlung von psychischen Empfindungen in physische Elemente beruhenden nichtverbalen Methoden sind im Steuerungsbereich besonders wirkungsvoll. Die Menschen mobilisieren so selten ihre volle Energie und setzen so selten ihre Kraftreserven ein, daß allein schon das aus der körperlichen Anstrengung resultierende Gefühl des tätigen Wirkens ein anregendes Erlebnis ist. Außerdem sind die Empfindungen im Steuerungsbereich meist sehr eng mit physischen Ängsten und Besorgnissen verbunden, so daß auch deswegen die nichtverbalen Methoden hier besonders geeignet sind.

Diese Methoden tragen zur Klärung von Gefühlen der Macht, der Rivalität, der Stärke und der Leistungsfähigkeit bei und führen zu Situationen, die dem einzelnen ein überdurchschnittliches Maß an Fähigkeit und Stärke abverlangen. Wenn ein Mensch von seinen Reserven und Möglichkeiten wirkungsvoll Gebrauch macht, kann er seine Fähigkeit, mit schwierigen Situationen fertig zu werden, weiter ausbilden, und sein Gefühl der Kraft und Kompetenz erheblich steigern. Er hat die Gelegenheit, Dinge zu versuchen, die bisher seine Fähigkeit zu übersteigen schienen. Da er in der Lage ist, den einst unschlagbaren Feind zu schlagen, wird er seine Einschätzung der eigenen Fähigkeiten überprüfen, was oft zu einer Stärkung des Selbstbewußtseins führt. Heitere Gelöstheit und neue Kraft und Energie sind das unmittelbare Ergebnis.

Nach der Lösung der Steuerungsprobleme tauchen gewöhnlich erste Gefühle der Zuneigung auf. Um diese Empfindungen zu klären und zu entfalten und um sie zu einer weiteren Quelle der Freude im Bereich der zwischenmenschlichen Beziehungen zu machen, bedarf es allerdings etwas sanfterer Methoden.

Zuneigung

Da Zuneigung auf der Festigung emotionaler Bindungen beruht, ist sie – nach Zugehörigkeit und Steuerung – gewöhnlich die letzte Phase, zu der es bei der Entwicklung einer zwischenmenschlichen Beziehung kommt. In der Zugehörigkeitsphase müssen sich die Menschen begegnen und sich entscheiden, ob sie ihre Beziehung fortsetzen wollen. Zur Lösung der Steuerungsprobleme müssen sie sich auseinandersetzen und über die Art ihrer gegenseitigen Beziehungen einigen. Wenn eine dauerhafte Bindung entstehen soll, muß sich Zuneigung entwickeln.

Der unpersönliche Mensch mit zu geringer Zuneigungsfähigkeit neigt dazu, enge persönliche Bindungen zu anderen Menschen zu vermeiden. Seine Beziehungen bleiben oberflächlich und kühl, und es ist ihm am angenehmsten, wenn andere Menschen sich ihm gegenüber ebenso verhalten. Bewußt strebt er danach, diese emotionale Distanz aufrechtzuerhalten, und äußert häufig, daß er sich emotional nicht engagieren will. Unbewußt sucht er jedoch nach einer emotional befriedigenden Zuneigungsbeziehung. Er fürchtet, daß niemand ihn lieben könnte. Im Rahmen einer Gruppe fürchtet er, nicht beliebt zu sein. Es ist äußerst schwierig für ihn, andere Menschen wirklich gern zu haben, und er mißtraut den Empfindungen, die andere ihm gegenüber zum Ausdruck bringen.

Seine Einstellung läßt sich etwa so zusammenfassen: «Alles, was mit Zuneigung zu tun hat, ist mir sehr peinlich, da ich zurückgewiesen worden bin; daher werde ich in Zukunft alle engeren persönlichen Beziehungen vermeiden.» Die «direkte Methode», emotionale Distanz zu wahren, besteht darin, daß man andere Menschen zurückweist und meidet, um bewußt die Möglichkeit einer engeren persönlichen Bindung auszuschließen, auch auf die Gefahr hin, daß man sich feindlich zeigt. Die «subtile Methode» besteht darin, daß man nach außen hin zu *allen* Menschen gleichermaßen freundlich ist. Wenn man sich so verhält, braucht man sich mit *keinem* Menschen in eine enge oder persönliche Beziehung einzulassen.

Die größte Sorge des unpersönlichen Menschen ist, er selbst sei nicht liebenswert. Wenn die Leute ihn näher kennenlernten, so glaubt er, würden sie bald entdecken, was ihn so unliebenswert macht. Während die Sorgen im Zugehörigkeitsbereich dahin gehen, daß das eigene Ich wertlos und leer ist, und im Steuerungsbereich dahin, daß das eigene Ich dumm und verantwortungsscheu ist, läuft die Sorge im Zuneigungsbereich darauf hinaus, daß das eigene Ich abstoßend und unliebenswert ist.

Der allzu persönliche Mensch versucht möglichst enge Beziehungen zu anderen Menschen zu knüpfen. Und er legt ausgesprochen Wert darauf, daß andere ihn möglichst persönlich behandeln. Unbewußt geht er von folgender Überlegung aus: «Meine ersten Erfahrungen mit der Zuneigung waren peinlich, aber wenn ich es immer wieder versuche, wird es mit der Zeit vielleicht besser.» Da er ständig bemüht ist, sich seiner Sorge, daß er von anderen zurückgewiesen werden könnte oder daß er nicht beliebt sei, zu entledigen, ist es für ihn außerordentlich wichtig, daß andere Menschen ihn gern mögen. Die «direkte Methode», sich bei anderen beliebt zu machen, besteht darin, daß man sich offen um Anerkennung und Beifall bemüht und sich anderen gegenüber so persönlich, so verbindlich, so intim und so vertraulich wie nur möglich gibt. Die «subtile Methode» besteht darin, daß man seine Freunde völlig für sich in Anspruch nimmt und ihre Versuche, andere Freundschaften einzugehen, raffiniert vereitelt.

Die Gefühle, die sich dahinter verbergen, sind die gleichen wie beim unpersönlichen Menschen. Die Ursache für die extremen Reaktionen ist bei beiden, dem unpersönlichen und dem zu persönlichen Menschen, ein starkes Bedürfnis nach Zuneigung. Beide haben die große Sorge, sie würden vielleicht nie geliebt werden (und seien im Grunde auch gar nicht liebenswert), und bei beiden spielen starke aggressive Impulse mit, die darauf zurückzuführen sind, daß sie von vornherein mit Ablehnung rechnen.

Für jemanden, der während seiner Kindheit eine normale Zuneigung zu anderen Menschen gehabt hat, stellen enge persönliche Beziehungen zu einem anderen Menschen kein Problem dar. Er weiß ein persönliches Verhältnis zu schätzen, aber er kann sich auch in einer Situation, in der emotionale Distanz erforderlich ist, durchaus wohl fühlen. Auch für ihn ist es wichtig, daß andere Menschen ihn gern mögen, aber wenn das einmal nicht der Fall ist, vermag er die Tatsache zu akzeptieren, daß die Abneigung das Ergebnis der Beziehung zwischen ihm und einem einzigen anderen Menschen ist – mit anderen Worten: die Abneigung bedeutet nicht, daß er unliebenswert ist. Unbewußt fühlt er, daß er liebenswert ist, liebenswert auch für Menschen, die ihn sehr genau kennen. Und er ist auch imstande, anderen Menschen echte Zuneigung zu schenken.

Das wichtigste Ausdrucksmittel im Bereich der Zuneigung ist die *Umarmung* – entweder im wörtlichen oder im symbolischen Sinn. Das Problem besteht darin, tiefere Empfindungen zum Ausdruck zu bringen. In den meisten Gruppen ergibt sich aus dieser Frage ein Paradoxon. Zu Beginn eines Kurses kommt häufig die Sprache darauf, wie schwierig es ist, aggressive Empfindungen gegenüber anderen Menschen zum Ausdruck zu bringen. Später stellt sich dann heraus, daß nur eines noch schwieriger ist – nämlich herzliche, positive Empfindungen auszudrükken.

Die Probleme im Zuneigungsbereich – sowohl beim Geben wie beim Nehmen – sind meist schwer zu lösen. Bei vielen der bereits besprochenen Methoden spielen Elemente der Zuneigung eine gewisse Rolle, besonders bei der «Begegnung» und beim Phantasieerlebnis. Die folgende Methode konzentriert sich jedoch ausschließlich und unmittelbar auf Probleme der Zuneigung.

Geben und Nehmen
Wann: Den meisten Menschen bereitet es große Schwierigkeiten, anderen Zuneigung zu schenken und von anderen Zuneigung zu empfangen. Viele Menschen halten sich für unliebenswert, und es fällt ihnen außerordentlich schwer, irgendwelche Gesten der Zuneigung, der Sympathie oder der Bewunderung zu akzeptieren. Wenn ein Mensch «weiß», daß er nicht liebenswert ist, wie kann er dann jemandem glauben, der behauptet, ihn zu lieben? Es gibt jedoch Methoden, mit deren Hilfe ein Mensch in einer solchen Situation die ihm von anderen entgegengebrachte Zuneigung wirklich erleben kann. Zugleich bieten sie den anderen die Möglichkeit, herauszufinden, ob sie selbst gern oder nur zögernd Zuneigung schenken.

Wie: Um mit einer solchen Situation fertig zu werden, gibt es zwei Methoden, eine verbale und eine nichtverbale. Die nichtverbale Methode verhilft gewöhnlich zu einem sehr viel eindringlicheren Erlebnis, aber um ein möglichst günstiges Ergebnis zu erzielen, sollte sie erst dann angewandt werden, wenn sie unter den Teilnehmern bereits engere persönliche Beziehungen entwickelt haben.

Bei der verbalen Methode[3] werden die Gruppenmitglieder aufgefordert, dem Menschen, der im Mittelpunkt ihrer Aufmerksamkeit steht, alle positiven Empfindungen zu sagen, die sie für ihn hegen. Er selbst braucht nur zuzuhören. Die Intensität dieses Erlebnisses läßt sich auf verschiedene Weise variieren. Das einfachste Verfahren besteht wohl darin, daß der im Mittelpunkt stehende Teilnehmer aus dem Kreis der anderen heraustritt, sich mit dem Rücken zur Gruppe stellt und den Ausführungen anderer zuhört. Oder er bleibt im Kreis der Gruppe, und die anderen sprechen unmittelbar zu ihm. Noch stärker ist der Eindruck, wenn jedes einzelne Gruppenmitglied aufsteht, vor den im Mittelpunkt stehenden Teilnehmer hintritt, ihn mit der Hand berührt, ihm in die Augen blickt und dann direkt zu ihm spricht.

Bei der nichtverbalen Methode muß der im Mittelpunkt der Aufmerksamkeit stehende Teilnehmer im Zentrum eines Kreises stehen, der von den anderen Gruppenmitgliedern gebildet wird. Er muß die Augen schließen, und die anderen Teilnehmer müssen sich ihm der Reihe nach nähern und ihre positiven Empfindungen in einer beliebigen nichtverbalen Form zum Ausdruck bringen, sei es, daß sie umarmen, streicheln, massieren, hochheben usw. Wird diese Methode im rechten Augenblick angewandt, kommen sowohl dem im Mittelpunkt stehenden Teilnehmer als auch einigen der anderen Gruppenmitglieder fast immer die Tränen. Das Erlebnis so massiver Zuneigung ist wirklich höchst ungewöhnlich und löst auch bei den Teilnehmern, die ihre Zuneigung zum Ausdruck bringen sollen, die verschiedensten Gefühle aus. Für manche, die nicht im gleichen Maße Zuneigung empfinden können wie die anderen, ist diese Übung eine stark beunruhigende Erfahrung, aber zugleich bietet sie einen guten Ansatz zur Selbsterkenntnis. Die Übung wird beendet, wenn alle Beteiligten der Meinung sind, daß nichts mehr hinzuzufügen ist. Eine anschließende Diskussion ist zuweilen nützlich, aber meist sind die Gefühle so intensiv, daß sie in einem Gespräch nur zerredet werden könnten. Die Gruppe zieht es daher im allgemeinen vor, zu schweigen.

Vorsichtsmaßregeln: Besondere Vorkehrungen sind bei dieser Übung nicht erforderlich. Man sollte nur bedenken, daß die Wirkung sehr stark sein kann und daß es nicht ungewöhnlich ist, wenn den Teilnehmern die Tränen kommen.

Beispiele: Suzy, eine siebzehnjährige Chinesin, war Mitglied einer gemischten Gruppe von Erwachsenen und Teenagern. Die Gruppe war ein Querschnitt der Schulgemeinschaft und bestand aus Eltern, Lehrer, dem Direktor der Schule und mehreren Schülern aus dem elften Schuljahr. Suzy litt unter ihrem strengen Elternhaus und ihrem mangelnden Selbstbewußtsein in einem solchen Maße, daß sie absolut unfähig war, irgendeine positive Bemerkung, die über sie gemacht wurde, ernst zu nehmen. Dagegen hörte sie die geringste Anspielung auf etwas Negatives an ihr deutlich heraus, fühlte sich sofort getroffen, steigerte sich hinein und sah darin eine Bestätigung des Bildes, das sie sich von sich selbst gemacht hatte. Worte konnten hier nicht helfen, obwohl Suzy bei praktisch allen Mitgliedern der Gruppe herzliche Zuneigung auslöste. Die Übung des «Gebens und Nehmens» wurde vorgeschlagen, und schon, als die ersten Gruppenmitglieder ihre Zuneigung zum Ausdruck brachten, fing Suzy an zu weinen. Schließlich brach sie in den Armen eines Lehrers völlig zusammen. Daß sie weinte, war durchaus ungewöhnlich, ihr «kühles» Gebaren hatte alles von ihr ferngehalten, was sie hätte zu Tränen rühren können. Der Vorgang war so ergreifend und eindrucksvoll, daß auch einige andere Mitglieder der Gruppe zu weinen anfingen. Über eine Stunde lang war Suzy nicht in der Lage, zu irgend jemandem zu sprechen. Niemand sagte etwas, und zu zweit oder zu dritt verließen die Teilnehmer nach und nach den Raum, um spazierenzugehen und sich still zu unterhalten.

Es folgt nun Suzys charmante und zugleich prägnante Beschreibung dieses Ereignisses.

Suzys Bericht: Von der Tür eines Hauses, in dem eine Sechzehnjährige wohnte, führten schmale Stufen in eine einzige Richtung, und auch die Kreuzungen, an die ich kam, erschlossen mir keine neuen Wege. Denn schon vor langer Zeit war beschlossen worden, welche Wege ich gehen sollte, wo ich mich rechts halten sollte und wo ich mich nicht nach links wenden durfte. Man sagte mir, wo ich in Zukunft die Schule besuchen sollte, und auch meine Interessen wählte man für mich. Ich fühlte mich wie ein kleines Kind, das am Arm genommen und über die Straße gezerrt wird.

Ich hatte bei der Zusammenkunft der T-Gruppe gerade meine traurige Geschichte erzählt, da placierte man mich auch schon in der Mitte des Raumes. Ein Austausch physischer Empfindungen wurde demonstriert. Zum erstenmal seit langer Zeit fing ich an zu weinen, und als mein Geschichtslehrer mich in die Arme nahm, begann ich fassungslos zu schluchzen. Ich hatte das Gefühl, daß ich meinem Lehrer und auch den anderen Gruppenmitgliedern wirklich etwas bedeutete und nicht nur ein lustiger Vogel war, den man gern zum Vergnügen um sich hat. In diesem Augenblick verband mich etwas Bedeutsames mit den anderen Mitgliedern der Gruppe. Hinterher wollte mein Gehirn nicht recht funktionieren, und ich begriff einfach nicht, was für eine spürbare Veränderung in mir vorgegangen war. Als ich am nächsten Tag wieder in die Schule ging, begann eine Zeit anhaltend hoher Begeisterung. Von diesem Tag an erkannte und akzeptierte ich, was andere Menschen mir bedeuteten und was ich anderen bedeutet hatte.

Was geschehen war: Worte hatten Suzy geholfen, anderen gegenüber Distanz zu wahren. Wenn sie sprach, blickte sie weg und reduzierte so den menschlichen Kontakt auf ein Minimum – Worte waren also kein Weg, über den man sie erreichen konnte. Das nichtverbale Verhalten dagegen untergrub ihre Abwehrhaltung und traf auf Gefühle der Traurigkeit und der Sehnsucht, zu denen sie sich selbst den Zugang versperrt hatte. Die besondere Bedeutung, die dem Lehrer zukam, unterstreicht, was für eine entscheidende Rolle ihr Vater dabei gespielt hatte, daß sie sich jeglicher Zuneigung beraubt fühlte und glaubte, sie sei nicht liebenswert. Daß sie bei der Übung ihr starkes Bedürfnis nach Zuneigung empfand, half ihr bei der Lösung ihres Problems. Sie dachte nicht mehr über die Unfähigkeit, Zuneigung zu empfinden, nach, sondern ging das Problem selbst an. Sie war jetzt den Schwierigkeiten, die sie mit ihren Eltern hatte, besser gewachsen, und konnte auf eine Klärung dieser Empfindungen hinarbeiten, was vielleicht ihre Selbstachtung stärken würde. Es war außerordentlich schwierig, ja fast unmöglich gewesen, an sie heranzukommen, und ohne die Hilfe der sehr intensiven nichtverbalen Methode wäre es auch nicht gelungen, sie mit ihren wirklichen Gefühlen in Kontakt zu bringen. Die Selbstachtung hatte bei Suzy einen so niedrigen Grad erreicht, daß dieses Erlebnis, wenn der Erfolg andauern sollte, recht bald durch weitere Übungen ergänzt werden mußte.

Bei der Anwendung dieser Methode kann es zu wesentlichen Einsichten sowohl bei denjenigen kommen, die Zuneigung schenken, als auch bei denjenigen, die Zuneigung empfangen. Jedes einzelne Mitglied der Gruppe erhielt die Möglichkeit, einmal im Mittelpunkt der Aufmerksamkeit zu stehen. Zum Schluß wurden die Reaktionen jedes einzelnen erörtert. Eine Frau berichtete von einer Entdeckung, die sie beim Schenken von Zuneigung gemacht hatte und von der sich später herausstellte, daß sie eines ihrer entscheidenden Erlebnisse bei dem Seminar gewesen war. Sie sagte, etwa in der mittleren Phase dieser Übung sei ihr aufgegangen, daß sie stets herauszufinden suchte, was der Betreffende wünschte, und sich dann bemühte, ihm das auch zu geben. Nun war ihr der Gedanke gekommen, daß sie gar nicht in Erwägung zog, was *sie selbst* eigentlich geben wollte. Von da an begann sie, den anderen das zu geben, was sie selbst ihnen geben wollte, und zu ihrer großen Überraschung stellte sie fest, daß die anderen in fast allen Fällen dankbar und erfreut akzeptierten, was sie zu geben bereit war. Allein schon die Tatsache, daß sie es geben wollte, ließ es in den Augen der Empfänger wertvoller und begehrenswerter erscheinen.

Auf diese Weise verstand sie nun auch einige Schwierigkeiten besser, die sie in ihrem Beruf hatte, wo sie von manchen als unbedeutende Person abgetan wurde. Abgesehen davon, daß sie anderen nie etwas so gab, wie sie selbst es geben wollte, gestand sie sich nicht einmal ein, was sie dabei empfand. Sie war allzu eifrig darauf bedacht, anderen einen Gefallen zu tun, ohne dabei auch nur die geringste Rücksicht auf ihre eigenen Wünsche zu nehmen. Als sie sich nun nach ihrer neuen Einsicht zu richten versuchte, kam sie nach einiger Zeit zu der Erkenntnis, daß sie ebenso auch in der anderen Richtung zu weit gehen konnte, wenn sie nämlich stets nur in Erwägung zog, was sie selbst geben wollte. Richtiges Geben verlangt, daß man das, was der andere haben will und braucht, mit dem, was man selbst gern geben möchte, kombiniert. Unter dem Eindruck der Empfindungen, die diese Frau bei dem Versuch erlebt hatte, etwas in nichtverbaler Form zu geben, war sie jetzt auf dem besten Wege, sich einen wichtigen neuen Bereich in ihren Beziehungen zu ihren Mitmenschen zu erschließen.

Bei der folgenden Übung geht es darum, wie man jemandem Freude bereiten kann.

Roll and Rock

Wann: Eines der wesentlichen Elemente im Bereich der Zuneigung ist das Vertrauen auf die Gefühle und Empfindungen anderer Menschen. Das Gegenstück zu diesem Vertrauen ist die Fähigkeit, jemandem, der dieses Vertrauen hat, Freude zu bereiten. Wenn es darauf ankommt,

Vertrauen zu bekunden oder zu testen, oder wenn man herausfinden will, wie man jemandem eine Freude bereiten kann, erweist sich das *Roll and Rock* als eine ausgezeichnete Methode.

Wie: Der Teilnehmer, dessen Vertrauen getestet werden soll, steht in der Mitte der Gruppe. Die anderen Gruppenmitglieder bilden einen Kreis um ihn. Die Gruppe wird aufgefordert, ihn im Kreis von einem zum anderen herumzureichen. Er muß dabei die Augen schließen, sich bemühen, alle Muskeln zu entspannen, und versuchen, sich den anderen Gruppenmitgliedern rückhaltlos anzuvertrauen. Die Gruppenmitglieder reichen ihn mehrmals im Kreis herum. Oft ist er am Anfang steif und verkrampft, aber nach und nach beginnt er sich bei dieser Prozedur zu entspannen. Dann heben ihn die anderen hoch und halten ihn in Brusthöhe parallel zum Erdboden, wobei sie alle Muskelpartien stützen. Meist ist es am besten, wenn seine Hände und Arme auf seiner Brust- und Bauchpartie ruhen und er den Kopf ganz natürlich zurückfallen läßt. Damit er seine Nackenmuskeln nicht verkrampft, stützt man seinen Kopf mit zwei Fingern. Dann wird er sacht hin und her geschaukelt, wobei die Gruppenmitglieder darauf achten, daß sie so wenig Lärm wie möglich machen. Während die Schaukelbewegung immer weiter fortgesetzt wird, läßt die Gruppe ihn immer tiefer herunter und legt ihn schließlich behutsam auf den Boden. Langsam und vorsichtig ziehen sich alle Hände von ihm zurück.

Man kann zusätzlich nach dem Herablassen des Körpers noch eine kleine Pause einlegen und ihn ein wenig strecken, damit die Muskelspannungen reduziert werden. Seine Arme werden ausgestreckt, so daß die Hände hinter seinem Kopf liegen. Jemand ergreift seine Handgelenke. Ein anderer ergreift seine Knöchel, ein weiterer legt eine Hand unter das Kinn und die andere unter die Rückseite des Schädels. Ein vierter hockt in der Höhe des Magens, um das Unternehmen zu dirigieren. Er legt seine Hände zusammen, um damit den Beginn der Streckaktion anzuzeigen. Dann bewegt er seine Hände langsam auseinander, um die Ziehbewegungen der drei Strecker miteinander zu koordinieren. Jeder von ihnen zieht langsam und gleichmäßig von der Mitte des Körpers weg. Man kann ziemlich heftig ziehen, ohne daß es zu Schmerzen oder Verletzungen kommen kann, und je kräftiger gezogen wird, desto größer ist meist das Vergnügen für den, der gestreckt wird. Der Leiter der Aktion nimmt seine Hände weit auseinander, bis eine maximale Streckung erreicht ist. Dann führt er die Hände langsam wieder zusammen, die Strecker lassen mit dem Ziehen allmählich nach und nehmen schließlich ihre Hände langsam vom Körper des Liegenden zurück. Der Gestreckte bleibt so lange liegen, bis er selbst aufstehen möchte.

Mit Hilfe einer Zwei-Personen-Variante dieser Methode kann man das Vertrauen eines Menschen zu einem anderen testen. Bei diesem Verfahren wendet ein Teilnehmer einem anderen den Rücken zu und läßt sich dann nach rückwärts fallen und von dem anderen auffangen. Die Gefühle des Vertrauens oder des Mißtrauens kommen dabei gewöhnlich sehr deutlich zum Ausdruck.

Vorsichtsmaßregeln: Obwohl die Übung ein beträchtliches Maß an körperlicher Aktivität verlangt, dürfte kaum ein Risiko bestehen. Es sollten genügend starke Leute vorhanden sein, die imstande sind, den Hauptbeteiligten in der Schwebe zu halten. Beim Strecken sollte derjenige, der gestreckt wird, sofort sagen, wenn er auch nur das geringste Unbehagen spürt.

Beispiel: Evelyn hatte große Schwierigkeiten, sich an die Gruppe anzuschließen. Sie konnte sich zwar recht gut in andere Menschen einfühlen, aber es fiel ihr sehr schwer, ihre eigenen Empfindungen zum Ausdruck zu bringen. Als sich die Aufmerksamkeit auf sie konzentrierte, wurde deutlich, daß eines ihrer größten Probleme Mangel an Vertrauen war. Sie hatte kein Vertrauen zu der Gruppe. Sie wurde aufgefordert, sich nach hinten fallen zu lassen und darauf zu vertrauen, daß der Gruppenleiter – dem sie ihren Angaben nach am wenigsten mißtraute – sie auffangen würde. Aber es war ihr praktisch unmöglich. Schließlich wurde sie aufgefordert, es mit der *Roll and Rock*-Methode zu versuchen, um noch einmal zu erforschen, wie weit sie der Gruppe Vertrauen schenken konnte und vielleicht mehr Klarheit über die Art ihrer Schwierigkeiten zu gewinnen. Im folgenden beschreibt Evelyn selbst ihr Erlebnis.

Evelyns Bericht: Die Gruppe bildete daraufhin einen dichten Kreis um mich, und ich wurde aufgefordert, mich fallen zu lassen. Mit einem Gefühl der Erleichterung ließ ich mich zurückfallen gegen die anderen Körper, die sich teils fest, teils weich anfühlten. Dann wurde ich in diesem Kreis, der aus Männern und Frauen bestand, herumgerollt. Ich war erstaunt, wie sicher er mich umschloß und daß er meinem Gewicht nicht im geringsten nachzugeben schien. Jemand sagte, ich sollte meine Knie lockern. Ich tat es und konnte feststellen, daß ich ganz und gar von den Gruppenmitgliedern gestützt und gehalten wurde, die mich leicht und fast mühelos von einem zum anderen weiterreichten. Ich überließ mich ganz dem Gefühl von Bewegung und dem Gefühl, daß stärkere Hände mich stützten, während ich immer weiter im Kreis herumwanderte. Ich war selig und dachte, das könnte immer so weitergehen!

Eine ferne Stimme sagte plötzlich: «Hebt sie hoch!», und die ganze Gruppe hob mich wie ein Mann sanft in die Höhe. Sie wiegten mich auf ihren Armen, sie schaukelten mich hin und her. Diese Schaukelbewegung verursachte mir im Magen ein Gefühl, als sauste ich auf der Achterbahn gerade tief hinab ins Tal. Irgendwie kam es mir vor, als würde ich von einem Ende des Raumes zum anderen hin und her geschwungen, und später, als wir jemand anders hin und her schwangen, war ich überrascht, daß es eine so sanfte Bewegung war. Eine meiner Hände bedeckte mit leicht gespreizten Fingern mein Gesicht, die andere lag in der Hand eines Gruppenmitglieds. Tränen rannen mir aus den Augenwinkeln. Ich fühlte mich wie in Ekstase – völlig außer mir selbst.

Plötzlich merkte ich, daß ich auf jede Schaukelbewegung mit einem Seufzer reagierte und daß diese rhythmischen Seufzer bemerkenswert an die Reaktionen beim Geschlechtsakt erinnerten. Nach dieser Erkenntnis ließ die Verzückung etwas nach. Ich war in keiner Weise peinlich berührt, aber es schien mir, als seien die rhythmischen Gefühle in meinem Magen und die Seufzer irgendwie charakteristisch für meinen Zustand. Die vorhergehenden Übungen hatten sicherlich das Vertrauen in mir gestärkt, und das Phantasieerlebnis in der Höhle mußte psychische Barrieren niedergerissen und dieses Erlebnis möglich gemacht haben. Ich war sozusagen auf den Armen der Welt dargebracht worden, und ich fühlte, daß die Darstellung dieses Rituals mich von dem Druck einer lange angehäuften Schuld befreien konnte.

Man legte mich behutsam auf den Fußboden, und ich wäre am liebsten gleich aufgestanden und an meinen Platz zurückgegangen, denn dieses Erlebnis schien wirklich abgeschlossen, und irgendwie hatte ich auch das Gefühl, daß das, was ich mir von dem Seminar erwartet hatte, Wirklichkeit geworden war. Während ich noch auf dem Fußboden lag, wurde ich gefragt: «Was würden Sie jetzt am liebsten tun?» – «Nach Hause gehen!» antwortete ich.

Ich fühlte mich froh und erleichtert und versuchte nun, die Fragen der Gruppenmitglieder zu beantworten. Sie schienen zu wissen, daß sich für mich etwas sehr wichtiges ereignet hatte, aber sie wußten nicht, was es war. Ich sagte, ich hätte das Gefühl gehabt, als bekäme ich ein Baby, denn in beiden Fällen hatte in einem Dämmerzustand eine Hand die meine ergriffen und mich beruhigt und ermutigt. Die anderen wunderten sich auch darüber, daß ich gleich danach so ruhig geworden war, aber das gleichzeitige Gefühl der Entspannung und des Entzückens, das sich nach dem Geschlechtsakt und nach einer Geburt einstellt, schien identisch zu sein mit dem Gefühl, das ich jetzt empfand. Ein paar weitere Fragen, die mir die Gruppenmitglieder stellten, gaben mir die beruhigende Gewißheit, daß im Grunde niemand verstanden hatte, was eigentlich geschehen war. So war es mir möglich, das Gesicht zu wahren, obschon ich symbolisch auf eine Art und Weise aus mir herausgegangen war, die ich mehr als alles andere im Leben fürchtete.

Am Tage darauf fühlte ich mich schrecklich verliebt, aber es war niemand da, auf den ich dieses Gefühl hätte übertragen können.

Was mir an diesem Erlebnis so wichtig erscheint, ist nicht die emotionale Darstellung des Geschlechtsakts, sondern die Tatsache, daß er sich (symbolisch) vor einer Gruppe vollzog. Seit meiner Kindheit habe ich eine Gruppe stets als etwas Feindseliges betrachtet, als eine Ansammlung von Menschen, die mit den Fingern auf mich zeigen und mich sexueller Vergehen beschuldigen. Es ist mir nie gelungen, mit dieser Furcht fertig zu werden. Jetzt, da ich mich emotional so exponiert habe, wie ich es stets am meisten fürchtete, und da die Gruppe mich nicht geißelte, sondern mir Hilfe und Vertrauen zuteil werden ließ, konnte es mir vielleicht gelingen, diese schreckliche Angst zu überwinden.

Was geschehen war: Wie bei den anderen nichtverbalen Methoden, scheint auch hier das durch die tatsächlich gewährte physische Unterstützung ausgelöste Gefühl stärker zu sein als das Gefühl, das durch eine verbale Methode hervorgerufen werden kann. Vertraut ein Mensch sich wirklich mit seinem ganzen Körper anderen Menschen an und stellt er fest, daß sie sich tatsächlich seiner annehmen, muß er seine Empfindungen gegenüber diesen Menschen in einem neuen Licht sehen. Aber auch die Erfahrung, einem Menschen mit Hilfe solcher physischer Mittel etwas geben zu können, erweist sich meist als sehr lohnend. Es ist ein sehr viel unmittelbarerer und umfassenderer Prozeß als alle verbalen Versuche. Das Zusammenwirken mit anderen Menschen bei der Aufgabe, einem anderen Freude zu bereiten, erzeugt ein starkes Gefühl der Zusammengehörigkeit.

In Evelyns Fall wurde durch die Bewegung sofort eine Verbindung zu zwei bedeutsamen Ereignissen in ihrem Leben hergestellt: Geburt und Geschlechtsakt. Ziemlich rasch erkannte sie, was vermutlich ihrem Mißtrauen gegenüber allen Gruppen zugrunde liegt: ihre Angst, man könnte mit dem Finger auf sie zeigen und sie sexueller Vergehen beschuldigen und sie auspeitschen. Die Gruppe vermochte ihr dabei zu helfen, ihren Schuldkomplex, der auf frühe sexuelle Phantasien zurückzuführen war, zu klären. Die Verbindung der verstandesmäßigen Erkenntnis mit einem neuen physischen Erlebnis, bei dem die Gruppe sie nicht geißelte, sondern ihr Hilfe und Vertrauen zuteil werden ließ, scheint sie ein großes Stück vorangebracht zu haben bei dem Versuch, Furcht und Mißtrauen gegenüber anderen zu überwinden und sich selbst stärker zum Ausdruck zu bringen, Das Gefühl überwältigender Liebe, das sie nach dem Erlebnis ergriff, ist ein weiteres Beispiel dafür, daß körperliche Entspannung und die Weiterentwicklung des Empfindungs- und Ausdrucksvermögens Quellen der Freude sind.

Die Methoden zur Entfaltung der Zuneigungsfähigkeit stützen sich weitgehend auf die enge Verbindung zwischen physischer Berührung und zärtlichen Empfindungen. Sowohl bei der *Roll and Rock*-Methode als auch beim «Geben und Nehmen» steht im Mittelpunkt die zärtliche Berührung – mit deren Hilfe sich Gefühle der passiven und der aktiven

Zuneigung zum Vorschein bringen und klären lassen. Beide Methoden bieten ferner Gelegenheit, zärtliche Gesten auszuprobieren, die oft jahrelang unterdrückt worden sind, und schließlich ermöglichen sie es einem Menschen, seine Fähigkeit, Liebe zu schenken und zu empfangen, gründlich zu erforschen. Das kann zu einer weitgehenden Erneuerung des Selbstbewußtseins führen und einem Menschen dazu verhelfen, daß er sich für liebesfähiger und liebenswerter hält.

Die Methoden zur Förderung der zwischenmenschlichen Beziehungen helfen bei dem Prozeß der Begegnung, der Konfrontation und der Umarmung. Werden sie erfolgreich angewandt, intensivieren sie die Empfindungen des Menschen gegenüber seinen Mitmenschen und erhöhen seine Fähigkeit, an anderen Menschen Gefallen zu finden.

Oft üben kulturelle und gesellschaftliche Einflüsse eine abschrekkende Wirkung aus und verhindern das Aufkommen von Gefühlen der Freude. Um diese Probleme zu bewältigen, bedarf es komplexer Mittel und Wege und gelegentlich der Kombination mehrerer Methoden.

5 Beziehungen im gesellschaftlichen Bereich

Für einen Menschen, der sich selbst verwirklicht hat, ist es wesentlich, daß er über einen ausgeglichenen, gut funktionierenden Körper verfügt, daß er seine schöpferischen und persönlichen Fähigkeiten entfaltet und daß er es lernt, sein Leben durch befriedigende Beziehungen zu anderen Menschen zu bereichern. Aber der Mensch lebt nicht allein, sondern in einer bestimmten kulturellen Umgebung. Er lebt in einer Familie, er arbeitet, er gehört einer bestimmten Rasse und oft einer bestimmten Religionsgemeinschaft an, ferner einer bestimmten Generation, und er lebt in einem bestimmten politischen System. Jede dieser Zugehörigkeiten kann die Entwicklung der ihm gegebenen Möglichkeiten hemmen oder fördern.

In den letzten Jahrzehnten war zu beobachten, wie in zunehmendem Maße das Interesse daran wuchs, unter Berücksichtigung solcher gesellschaftlicher Zusammenhänge auf eine Weiterentwicklung der individuellen Persönlichkeit hinzuwirken. Methoden zur Bewältigung von Konflikten und zur Förderung des Verständnisses werden in den verschiedensten Zusammenhängen entwickelt und angewandt.[1]

Diese Neuerungen haben sich hauptsächlich aus der Anwendung der Erkenntnisse der Verhaltensforschung auf verschiedene organisatorische und gesellschaftliche Einrichtungen ergeben. Im allgemeinen unterscheidet man drei Arten von Einwirkungen:

1. *Trainingsprogramme für Kontaktgruppen (T-Gruppen).* Die Tätigkeit von Gruppen dieser Art ist bereits an Hand zahlreicher Beispiele beschrieben worden. Bevor wir uns der Gruppenarbeit im organisatorischen oder institutionellen Bereich zuwenden, soll noch einiges über ihre Vorgeschichte gesagt werden. Die Idee zu solchen «Trainings-Seminaren», Seminaren also, bei denen die Teilnehmer an einem vom Alltagsgeschehen abgelegenen Ort in der Gestaltung zwischenmenschlicher Beziehungen unterwiesen werden, entstand 1947 in Bethel, im Staate Maine, unter den Auspizien der National Training Laboratories der National Education Association. Die T-Gruppe erwies sich als eine der bedeutendsten Komponenten bei der Abhaltung von Trainings-Seminaren und ist in den letzten zwanzig Jahren zu einem wichtigen Instrument zur Herbeiführung organisatorischer Veränderungen geworden.

Die T-Gruppe entwickelt sich im Rahmen einer unstrukturierten Gruppe, deren Teilnehmer ihre zwischenmenschlichen Beziehungen studieren. Sie geht in ähnlicher Weise vor wie die Kontaktgruppe, versucht aber darüber hinaus, die Dynamik von Gruppennormen und Gruppenrollen zu erforschen, ferner die Auswirkungen von Autorität auf eine Anzahl von Verhaltensmustern usw. Die Teilnehmer werden aufgeschlossener für die Prozesse gegenseitiger Beeinflussung, sie lernen sie zu analysieren und entwickeln Konzepte, um diese Phänomene zu ordnen und zu kontrollieren.

Heute machen sich Organisationen die Arbeit der T-Gruppen in verschiedener Weise zunutze. Leitende Angestellte nehmen als «Delegierte» ihrer Organisationen an Seminaren teil. Die Dachorganisation hofft, ihre Struktur zu verbessern, indem sie auf diese Weise eine genügende Anzahl von Managern «aufbaut».

Manche Seminare werden von Teilnehmern besucht, die alle etwa den gleichen Status, aber ganz verschiedene Tätigkeiten haben. Hier kommen also beispielsweise höhere Angestellte der gleichen Rangstufe oder gleichrangige Werkmeister zusammen. Manchmal setzen sich T-Gruppen auch aus Angehörigen des gleichen Betriebs zusammen, die aber verschiedene Rangstufen bekleiden und aus verschiedenen Abteilungen kommen. Es trifft also niemand in der Seminargruppe mit jemandem aus seiner eigenen Arbeitsgruppe zusammen.

Sehr beliebt sind auch die Seminare, bei denen sich alle Angehörigen einer organisatorischen Gruppe zur T-Gruppe zusammenfinden, also zum Beispiel ein leitender Angestellter mit seiner ganzen Abteilung oder ein Schuldirektor mit seinen Lehrern.

2. *Beratende Tätigkeit.* Der als Berater tätige Verhaltensforscher arbeitet ähnlich wie ein praktizierender Arzt oder Psychotherapeut. Er geht von dem erkennbaren «Krankheitsbild» der betreffenden Organisation aus, artikuliert es so, daß die sich dahinter verbergenden kausalen Mechanismen des Problems deutlich werden und leitet dann das «Heilverfahren» ein.

Er verfügt über ein ausgedehntes Repertoire von Verfahren, das er flexibel anwendet und das ihm einen weiten Spielraum gewährt. Er kann Gespräche führen, beobachten, Fragebogen ausfüllen lassen, T-Gruppen zusammenstellen, eine Konfrontation von Konfliktstoffen veranlassen, lehren, bestimmte Situationen zur Klärung bestimmter Fragen herbeizuführen – kurz, er kann alles das tun, was ihm auf Grund seiner Kenntnisse als Verhaltensforscher und auf Grund seiner Erfindungsgabe an Möglichkeiten zu Gebote steht, die zur Lösung der Probleme seines Klienten beitragen können.

3. *Praktische Forschung.* Eine weitere Methode, Organisationen zu einer besseren Funktionsfähigkeit zu verhelfen, besteht darin, daß zunächst innerhalb der Organisation Untersuchungen durchgeführt und daß die Ergebnisse dann bei der Beratung in den Mittelpunkt gestellt werden.

Zunächst werden Unterlagen und Informationen gesammelt und dann bei sogenannten *feedback*-Zusammenkünften den betreffenden Abteilungen wieder unterbreitet: hier haben die Mitarbeiter Gelegenheit, sich mit den vorliegenden Ergebnissen auseinanderzusetzen, sie mit ihren eigenen Erfahrungen zu vergleichen und notfalls die mit der Untersuchung Beauftragten aufzufordern, einige ihrer Hypothesen zu überprüfen. Im Gegensatz zu den traditionellen Untersuchungsmethoden technokratischer Art, wo die Ergebnisse «in dreifacher Ausfertigung» eingereicht werden und dann meist in der Versenkung verschwinden, strebt diese Methode an, daß sich die Mitarbeiter aktiv beteiligen.

Mit anderen Worten: bei den meisten Forschungsmethoden werden Informationen gesammelt und an irgendeine Stelle weitergegeben, und damit endet die gegenseitige Beziehung. Bei der *feedback*-Untersuchungsmethode ist das Sammeln von Informationen und das Berichten über die Ergebnisse erst der Anfang der gegenseitigen Beziehungen. Auf der Grundlage der Untersuchungsergebnisse wird die Mitarbeit bei weiteren Planungen sowie beim Sammeln, Analysieren und Interpretieren weiterer Unterlagen aktiviert. Macht man die Beteiligten mit den Ergebnissen vertraut, ist das oft schon ein erster Schritt auf die geplante Veränderung hin.

Die Wirkungsweise dieser Methoden soll nun an verschiedenen Beispielen demonstriert werden, die aus der praktischen Erfahrung des Autors stammen. Die Einteilung richtet sich nach der Art des gesellschaftlichen Problems, das jeweils im Mittelpunkt steht.

Generationsproblem und Erziehung

Es gehört zu den Realitäten jeder Epoche, daß mehrere Generationen nebeneinander leben und daß es zwischen ihnen unvermeidlich zu Konflikten kommt. Gelingt es jedoch nicht, diese Konflikte zu lösen, so kann das weitreichende Folgen haben und sich nachteilig auf alle Versuche auswirken, die den Menschen gegebenen Möglichkeiten über die von der vorhergehenden Generation erreichte Stufe hinaus weiterzuentwickeln.

Zwei Beispiele mögen veranschaulichen, wie verschieden die Ergebnisse unterschiedlicher Methoden bei der Behandlung dieser Probleme sein können. Vor mehreren Jahren baten die Studentenführer einer großen Universität im Westen der Vereinigten Staaten den Autor, für etwa achtzig Leiter verschiedener Studentenorganisationen eine Art «Führungsseminar» zu veranstalten. Sie wollten lernen, wie sie ihre Funktionen besser ausüben konnten, wie sie untereinander besser zusammenarbeiten konnten und wie sie zu einem besseren Verhältnis zur Universitätsverwaltung gelangen konnten. Aus dem zuletzt genannten Grund luden sie zwanzig bis vierzig höhere Beamte der Universitätsverwaltung ein.

Es handelte sich um eine Universität, an der die Studenten sich große Sorgen machten um die zunehmende Unpersönlichkeit des Lehrbetriebs und um ihren Mangel an Kontakt zur Administration. Ihre Einladung war ein bewußter Versuch, ein Verhältnis zur Universitätsverwaltung herzustellen, das sowohl ihren studentischen als auch ihren individuellen Belangen förderlich war. Die Begegnung sollte mehrere hundert Meilen vom Campus entfernt an einem abgelegenen Ort stattfinden, wo eine zwanglose Atmosphäre herrschte und ein freimütiger Gedankenaustausch möglich war.

Das Seminar fand statt und war ein großer Erfolg – mit einer Einschränkung. Die achtzig Studentenführer waren fast alle gekommen, doch von den eingeladenen Verwaltungsbeamten erschien nicht ein einziger. Der Appell der Studenten war vollkommen verhallt.

Zwar gab es in jener Zeit noch viele andere wichtige Ereignisse, doch ist es vielleicht nicht ganz uninteressant, daß wenige Monate später an eben dieser Universität heftige Studentenunruhen ausbrachen. Unter anderem ging es dabei um das Gefühl der Entfremdung zwischen den Studenten und der Universitätsverwaltung. Die Haltung der Verwaltungsbeamten, die darin zum Ausdruck gekommen war, daß sie auf die Einladung nicht reagiert hatten, mag einer der Faktoren gewesen sein, auf die die Studenten nun ihrerseits so heftig reagierten.

Genau entgegengesetzt verhielt man sich in einem Schuldistrikt auf Long Island. Hier erkannte die Schulverwaltung die gespannte Atmosphäre innerhalb der Schulgemeinschaft und ergriff die Initiative, um das Problem zu bewältigen. Spannungen bestanden zwischen einem liberalen und einem konservativen Flügel, zwischen der Schulverwaltung und der Schulgemeinschaft sowie zwischen den Eltern und der heranwachsenden «jungen Generation».

Der Direktor der Schule bat einige als Verhaltensforscher ausgebildete Berater, darunter den Autor, ihm bei der Bewältigung seiner Probleme zu helfen. Man einigte sich darauf, eine Kontaktgruppe zusammenzustellen, deren Mitglieder einen Querschnitt der Schulgemeinschaft darstellten. Die Gruppe sollte sich zusammensetzen aus dem Direktor der Schule, vier Elternteilen, drei Lehrern und sieben von der Schülerschaft gewählten Schülern des elften Schuljahrs. Man hoffte, daß im Rahmen dieser einen Gruppe alle wesentlichen Schulprobleme gründlich erforscht werden konnten.

Das Unternehmen war ein voller Erfolg, und zwar unter den verschiedensten Gesichtspunkten. Da das, was geschah, nicht nur die Beziehungen zwischen den einzelnen Generationen illustriert, sondern auch die Beziehungen innerhalb einer Gemeinschaft und das Zusammenwirken zwischenmenschlicher und fachlicher Probleme (im vorliegenden Fall im Bereich der Erziehung), soll das Wirken dieser Gruppe und alles, was es auslöste, etwas näher beschrieben werden.

Der erste merkliche Unterschied zwischen dem Verhalten der Schüler und dem der Erwachsenen war das Tempo, mit dem beide Seiten in einen offenen und ehrlichen Austausch ihrer Empfindungen eintreten wollten. Die Schüler wollten sofort beginnen, die Erwachsenen dagegen meinten: «Wir sollten uns erst etwas besser kennenlernen», «Wir wollen nichts überstürzen», «Wir haben Zeit genug» usw. Schließlich setzten sich die Teenager durch, und die Gruppe diskutierte über Themen wie Marihuana, Sex, Gehorsam, Ausgangsbeschränkungen, Respekt, Einsamkeit und Rivalität. Aus diesem ersten Treffen und vor allem aus einem gemeinsam fern vom Schulort verbrachten Wochenende erwuchs ein neues Verständnis zwischen den Erwachsenen und den Teenagern. Sie setzten sich über ihre gegenseitigen stereotypen Vorurteile hinweg und versuchten, einander mehr von der menschlichen Seite zu sehen. Das führte schließlich auch dazu, daß die Schüler ihre Eltern besser zu verstehen begannen und die Eltern ihren Kindern mehr Verständnis entgegenbrachten.

Nicht weniger gewinnbringend als die Arbeit dieser Gruppe war das, was sich in der Folge daraus ergab. Mitglieder der Gruppe regten an, auf freiwilliger Basis eine aus Schülern des zwölften Schuljahrgangs bestehende Kontaktgruppe zu bilden, die sich mit den zwischenmenschlichen und emotionalen Problemen innerhalb einer Klassengemeinschaft beschäftigen sollte.

Diese Gruppe kam drei Wochen lang täglich zusammen (es fanden insgesamt fünfzehn zwei- bis dreistündige Treffen statt), und zwar im Rahmen des Gemeinschaftskundeunterrichts. Der Lehrer, der den Unterricht gab, war Mitglied der Querschnittsgruppe gewesen und gehörte jetzt auch der Schüler-Kontaktgruppe an. Die Resultate waren vielfältig und manchmal überraschend.

Es zeigte sich zum Beispiel, daß die jungen Menschen sich ihrer Wünsche, Bedürfnisse und ihrer Identität weitaus stärker bewußt waren, als man hätte annehmen sollen. Sie waren auch weit weniger auf Anpassung bedacht. Die Beziehungen zu ihren Eltern besserten sich im großen und ganzen erheblich. Schließlich wurde ein Elternabend veranstaltet, um die Eltern über die Fortschritte der Gruppe zu informieren und zu hören, wie sie darauf reagierten.

Im folgenden werden einige Reaktionen aus dem Kreis der Querschnittsgruppe und aus dem Kreis der Schülergruppe wiedergegeben. Sie lassen deutlich erkennen, welche Auswirkungen das Unternehmen auf den einzelnen persönlich hatte, auf die Beziehungen zwischen einzelnen Menschen, auf die Arbeit der Schülergruppe und auf die Anschauungen über Erziehung. Sie zeigen zugleich die Grenzen dieser Methode und repräsentierten schließlich eine Vielzahl von Standpunkten.

Der Schuldirektor hatte die Initiative zu dem Projekt ergriffen und wohl auch am meisten zu seinem Ergebnis beigetragen. Seine Reaktionen sind sowohl in persönlicher als auch in beruflicher Hinsicht interessant.

Reaktion des Schuldirektors: Ein aus Bürgern und Mitgliedern der Lehrerschaft bestehender Ausschuß, dem ein gewisser Geldbetrag zur Verfügung stand, war der Ansicht, man sollte versuchen, mit Hilfe dieses Betrags eine sinnvolle Möglichkeit zu finden, junge Menschen, die in einer ziemlich homogenen Gesellschaft leben, Verständnis für andere Menschen zu lehren. Wir wollten uns zunächst mit dem jahrhundertealten Problem des mangelnden Verständnisses zwischen jungen Menschen und Erwachsenen auseinandersetzen. Ich war Mitglied der aus sieben fünfzehn- bis sechzehnjährigen Schülern und acht Erwachsenen bestehenden Versuchsgruppe. Da ich auch Leiter des Schulbezirks bin, in dem die Treffen stattfanden und in dem die anschließenden Projekte durchgeführt wurden, habe ich die Gruppenarbeit unter drei Aspekten erlebt: als großartige persönliche Erfahrung, als wertvolle Übung und Erfahrungsquelle für einen Verwaltungsfachmann und als Pädagoge, der gesehen hat, mit welchen Mitteln die Humanisierung und Individualisierung im schulischen Bereich, von der wir so viel reden und für die wir so wenig tun, tatsächlich herbeigeführt werden kann.

Alle diese Aspekte hängen natürlich eng zusammen. Hätte ich nicht die Freude gehabt, unter den Mitgliedern meiner Gruppe wirkliche Freunde zu finden, hätte ich sicherlich nicht erkannt, wie wertvoll ein solches Unternehmen für den Verwaltungsfachmann und für den Pädagogen ist, und wäre wohl auch nicht in der Lage gewesen, denjenigen Mut und Zuversicht zu geben, die das neuartige Experiment am liebsten aufgegeben hätten, als sie erkannten, daß es mit den herkömmlichen Methoden nichts zu tun hatte.

Die persönliche Erfahrung besteht darin, daß ich nun besser verstehe, wie ich auf andere Menschen einwirke und wie sie aufeinander einwirken; daß ich nicht mehr in so starkem Maß das Verlangen habe, andere Menschen nach meiner Vorstellung zu formen, und schließlich, daß ich in viel stärkerem Maß bereit bin, meine Mitmenschen so zu sehen und zu nehmen, wie sie wirklich sind. Ich war überrascht, wie bereitwillig Mitglieder der Gruppe andere Teilnehmer trösteten und ihnen halfen, wenn sie von einem oder mehreren Mitgliedern der Gruppe gekränkt oder gedemütigt worden waren. Es war eine große Freude, von vielen falschen Vorstellungen und Konventionen, die unsere gegenseitigen Beziehungen umgeben, befreit zu werden, aber es ist sicher auch nicht ganz ungefährlich, denn Außenstehende sind wohl kaum auf eine solche Ehrlichkeit und Offenheit gefaßt, noch erwarten sie, daß ein Schuldirektor nach den Sommerferien einen Schüler mit einer herzlichen Umarmung begrüßt. Wie traurig, daß wir Erwachsenen so selten unsere freundschaftlichen Empfindungen spontan und physisch zum Ausdruck bringen können.

Ich war fasziniert von der Wechselwirkung zwischen Erwachsenen und Jugendlichen. Erstens waren es seit vielen Jahren meine ersten jugendlichen Freunde, und zweitens konnten wir Erwachsenen unsere Welt einmal durch die Augen der jungen Menschen sehen, ohne daß wir uns dabei an unseren ergrauten Bärten zupfen und die Rolle von Weisen spielen mußten. Und doch haben wir mit unserer Erfahrung und unseren Ansichten vielleicht einiges erhellt, was die Jungen für unrealistisch gehalten haben mögen. Und schließlich ist es erfreulich, wenn man eine Veränderung seiner Einstellung gegenüber anderen zu spüren beginnt, so wie es enttäuschend ist, wenn man erkennt, daß es erst eine geringe Veränderung ist.

Die Möglichkeiten, die sich einem Verwaltungsfachmann eröffnen, der mit Lehrern in einer Gruppe zusammenarbeitet und an die üblichen Treffen und Begegnungen denkt, scheinen geradezu utopisch, und vielleicht sind sie es in der Tat. Wie schön wäre es, wenn man offen und ehrlich seine Meinungen austauschen und dem Rat eines Kollegen trauen könnte, der sich auch wie ein Kollege fühlt und nicht wie ein Unterdrückter oder ein Speichellecker. Wieviel leichter ließe sich die Arbeit bewältigen, wenn wir sie nicht mit allen unseren heimlichen Absichten und Empfindungen belasten würden. Aber diese Welt ist nun einmal nicht zum Entzücken der Administratoren geschaffen. Die nächste Gruppe muß den Gruppenmitgliedern helfen, sich wirksamer mit den Uneingeweihten auseinanderzusetzen. Wir haben damit begonnen, die Gruppenerfahrungen Lehrern zu vermitteln, die sich daran interessiert zeigen. Andere Mitglieder der Lehrerschaft sind der Ansicht, sie wüßten hinreichend Bescheid, und ziehen aus den Unterhaltungen im Speiseraum ihre Schlußfolgerungen über das, was ihrer Meinung nach in der Gruppe vor sich geht. Ihre Vermutungen, was aus den Gruppenmitgliedern werden soll, sind wahrscheinlich höchst unrealistisch.

Ich meine, wir alle sollten füreinander aufgeschlossen sein, damit unsere Zusammenarbeit besser funktioniert. Allerdings sollten wir bei unseren ersten Versuchen, unser bisheriges Leben zu ändern und ihm eine neue Form zu geben, einige Geduld walten lassen.

Diese Anmerkungen machen deutlich, wie wichtig es ist, daß man die Unterstützung des an der Spitze stehenden Mannes hat, wenn man in einer Organisation oder Institution etwas bewirken will. Die persönliche Erfahrung überzeugte den Schuldirektor von der Bedeutung der Gruppenarbeit und veranlaßte ihn, den Verhaltensforschern dabei behilflich zu sein, ein möglichst realistisches und nützliches Programm auszuarbeiten. Ist der Mann an der Spitze nicht zur Zusammenarbeit bereit, so kann das zu Schwierigkeiten und zum vorzeitigen Abbruch des Projekts führen. Seine Bemerkungen über die übrigen Mitglieder der Lehrerschaft unterstreichen die Tatsache, daß jede Organisation ein System vieler voneinander abhängiger Teile ist, die alle berücksichtigt werden müssen, wenn auch nur an einem von ihnen eine Veränderung vorgenommen werden soll. Im vorliegenden Fall übt die Schülergruppe einen beträchtlichen Einfluß auf die nicht an dem Projekt beteiligten Lehrer und Schüler sowie auf die Eltern aus. Die Reaktionen der Eltern werden wir später erörtern.

Der Schuldirektor war auch sehr beeindruckt von den Folgerungen, die sich aus dieser Methode für das Erziehungswesen ergaben. In seinem Bericht heißt es weiter:

Ich komme nun zu dem meiner Ansicht nach wichtigsten Teil unserer Gruppenerfahrung. Es scheint mir durchaus möglich, Erfahrungen dieser Art als Grundlage für bessere Lehr- und Lernmethoden zu verwenden. Tatsächlich machen wir bereits praktische Versuche in dieser Richtung.

Es ist schwierig für mich zu sagen, welche Methode die beste ist, aber einige überraschende Punkte sind bereits klar geworden. Von einem hervorragenden Lehrer, vielleicht einem der besten Lehrer überhaupt, waren die Schüler (vor dem Gruppenerlebnis) immer der Meinung gewesen, er wisse nicht genügend über sie und es hätte daher keinen Sinn, ihn um Empfehlungsschreiben für Colleges zu bitten. Allerdings hatte er vorher auch nie so zahlreiche Konferenzen mit beratenden Verhaltensforschern mitgemacht. So wie ich die Sache sehe, glaube ich, daß wir in unserem Bestreben, die Schüler möglichst gründlich in den einzelnen Fächern zu unterrichten, versäumt haben, uns um sie persönlich zu kümmern und auf ihre Wünsche Rücksicht zu nehmen.

Ich glaube, ich sehe jetzt, daß es wünschenswert wäre, viele Lehrer zu haben, besonders für die unteren Klassen und für Englisch, Gemeinschaftskunde und Leibeserziehung, die befähigt sind, Gruppenübungen zur Förderung der Selbsterkenntnis zu leiten. Ich bezweifle dagegen, ob es ratsam ist, die Klasse in eine Kontaktgruppe umzuwandeln. Dagegen erscheint es mir sehr nützlich, wenn ein Lehrer weiß, wie er den Schülern helfen kann, ihre Persönlichkeit beim üblichen Unterricht zum Ausdruck zu bringen. Das intensive Gruppenerlebnis sollte den Schülern wahrscheinlich am besten in einem Jugendlager (oder in einer ähnlichen Atmosphäre), fern vom Schulort, vermittelt werden.

Die Folgerungen, die sich aus dem Experiment für Erziehungsfragen ergaben, waren ebenso interessant für die Lehrer, die der Querschnittsgruppe angehört hatten, und für den Lehrer der Schulklasse, die das Kontaktgruppenerlebnis gehabt hatte.

Reaktion eines Lehrers: Erziehungsmaximen wie «Eingehen auf die individuellen Bedürfnisse des einzelnen» und «Mit anderen auskommen» müssen einmal von ungeheurer Bedeutung für diejenigen Männer gewesen sein, die derartige Redewendungen geprägt haben. Neue Generationen erfinden neue Begriffe, in denen sich dann widerspiegelt, was *ihnen* bedeutungsvoll erscheint. In Hudson sprechen wir von «Übertragung». Wir sind der Ansicht, das einzige legitime Ziel beim Unterricht in den humanistischen Bildungsfächern ist, den Schüler dahingehend zu verändern, daß er über die rein verstandesmäßige Bildung hinausgelangt und zu einem besseren, zufriedeneren Menschen wird. Ich glaube, wir streben nach dem, was Sie als «Freude» bezeichnen. Wir möchten, daß sich den Schülern ein Gefühl der Lebensfreude einprägt, das ihnen auch nach ihrer Schulzeit im Alltag erhalten bleibt. Pädagogisch gesehen möchten wir den Schülern «bedeutsame Erfahrungen» vermitteln.

Unsere Mißerfolge bei diesen Versuchen sind für mich im Laufe der Jahre immer deutlicher erkennbar geworden. Meine Erfahrungen im letzten Jahr haben viel dazu beigetragen, diesen Prozeß der Desillusionierung selbst hinsichtlich unserer fortschrittlichsten Methoden und Ziele noch zu beschleunigen. Das Experiment hat deutlich gezeigt, daß wir uns vergeblich darum bemühen, den Schülern diejenigen Ideale einzuimpfen oder zu vermitteln, für die wir selbst einmal gekämpft haben. Es ist uns nur gelungen, eine Generation von jungen Menschen heranzuziehen, die sich in überraschendem Maße von anderen lenken lassen. Sie sind unfähig, Gedanken von Gefühlen zu unterscheiden – und sie können ihre Gefühle selbst dann nicht ausdrücken, wenn sie sie klar erkennen. Sie sind nicht imstande, zwischen ihren eigenen Bedürfnissen und denen, die man ihnen einredet, zu unterscheiden. Am schlimmsten ist wohl, daß viele glauben, Liebe sei ein Zeichen von Abhängigkeit oder Furcht und bedrohe den Individualismus.

Vor einem Jahr hätte ich es noch nicht geglaubt, aber jetzt ist mir klar, daß der Kult, den man mit ausgezeichneten schulischen und wissenschaftlichen Leistungen treibt, bereits so weit gediehen ist, daß es bald erforderlich sein wird, besondere Erlebnisformen zu entwickeln, wie zum Beispiel die T-Gruppen, mit deren Hilfe die jungen Leute ermutigt werden können, sich die notwendige Zeit zu nehmen, um zu entdecken, was es heißt, zu leben und ein Mensch zu sein.

In meiner augenblicklichen Verfassung erscheinen mir selbst die fortschrittlichsten Methoden als vorsintflutlich. Ich habe mich, zumindest theoretisch, zu den radikalsten Ideen hinsichtlich der «Selbstentfaltung» im Erziehungsbereich bekehren lassen. Zugleich bin ich überzeugt, daß die Einrichtung von T-Gruppen bei älteren Schülern nur eine Art Nachhutgefecht darstellt und daß wir unsere Hoffnungen nur darauf setzen können, daß unsere Grundschullehrer eine entsprechende Ausbildung erhalten und diese Methode wirksam anwenden werden. Wie sieht die Situation nun für mich selbst aus? Nicht sehr hoffnungsvoll, denn meine Karriere ist mehr oder weniger unterminiert. Ich will nicht zurückstecken, aber wie ich fortschrittlich handeln soll, weiß ich nicht.

Vielleicht bin ich allzu pessimistisch. Oft komme ich mir vor wie ein Musiker, der sich mit einer im Grunde unspielbaren Tonfolge abmüht, aber gleichzeitig bewegt mich die Aussicht, daß neue Herausforderungen zu einem Zeitpunkt an mich herantreten, zu dem ich sonst vielleicht gelangweilt resigniert hätte. Trotzdem – ich wünschte, das alles wäre mir zwanzig Jahre früher begegnet.

Das Bedürfnis, traditionelle Wertbegriffe zu überprüfen und bekannte Maximen in Frage zu stellen, ist ein wichtiger Bestandteil der durch das Projekt eingeleiteten Suche. Es hat den Anschein, als vermittle die Kontaktgruppe eine Erfahrung, die für Erziehungsmaximen wie «Eingehen auf die individuellen Bedürfnisse des einzelnen» und «Den ganzen Menschen im Kind unterrichten» von erheblicher Bedeutung ist – eine Methode, die dazu beitragen wird, solchen Redewendungen einen neuen Sinn zu geben. Die pointierte Feststellung, die der Lehrer hinsichtlich seiner «unterminierten Karriere» getroffen hat, weist auf ein sehr dringliches Problem hin. Dieser Lehrer war außerordentlich beliebt und hatte als «Unterhalter und Lehrer» offenbar großen Erfolg. Jetzt leidet er darunter, daß er nicht recht weiß, wie er seine neuen, bei der Gruppenarbeit gewonnenen Einsichten in seine Unterrichtsmethode integrieren soll. Wie kann er lernen, seine «im Grunde unspielbare Tonfolge» zu spielen? Die Lösung besteht darin, daß er an einem Kurs für Erzieher teilnimmt, wie sie in den Sommermonaten in Bethel, Maine, stattfinden. Auf diese Weise kann er die Erfahrungen, die er bei der Gruppenarbeit gemacht hat, vertiefen und zu einem neuen, befriedigenderen und wirksameren Unterrichtsstil verarbeiten.

Die Auffassung der Elternvertreter in der Querschnittsgruppe unterscheidet sich von der des Schulpersonals in erster Linie dadurch, daß hier andere Interessen im Mittelpunkt stehen. Es folgt nun der Bericht eines der erwachsenen Teilnehmer, der als Elternvertreter fungierte und in einem benachbarten Distrikt als Lehrer tätig ist.

Reaktion eines Elternvertreters: Als ich mich zur Mitarbeit in unserer aus Schülern und Erwachsenen bestehenden T-Gruppe entschloß, geschah das mit erheblichem Zögern und mit einiger Neugier. Mein Zögern ging darauf zurück, daß ich mir nicht darüber im klaren war, ob ich genügend Zeit für das Unternehmen aufbringen konnte, zumal ich kaum einen blassen Schimmer hatte, was wir eigentlich in der Gruppe tun würden. Die Neugier resultierte aus meinem Interesse an Teenagern (sowohl als Elternteil als auch als Lehrer) und daraus, daß mir die meisten erwachsenen Teilnehmer der Gruppe bisher noch unbekannt waren. Ich war also ziemlich ratlos, aber das Ganze erweckte den Eindruck, als könnte es recht unterhaltsam oder lehrreich – oder gar beides – werden.

An einige meiner Empfindungen während der ersten Treffen der Gruppe kann ich mich noch ziemlich deutlich erinnern, obwohl ich kaum in der Lage wäre, sie mit bestimmten Vorgängen in Zusammenhang zu bringen. Die meiste Zeit über war mir ziemlich unbehaglich zumute. Die langen Schweigepausen, die offenkundige Ziellosigkeit unserer Gespräche, der Mangel an Systematik und Präzision – das alles kam mir höchst seltsam vor. Außerdem fühlte ich mich etwas ängstlich und ziemlich gelangweilt. Ich erinnere mich, daß ich mit Freunden verschiedentlich über die Gruppe sprach und daß ich damals sagte, ich verstünde im Grunde gar nicht, worum es überhaupt ginge und was man eigentlich von uns erwartete. Besonders schwer fiel es mir, die Vorstellung zu akzeptieren, daß wir offenbar nicht einmal in der Lage waren, unsere Aufgabe genau zu umreißen; bevor ich mich der Gruppe anschloß, war ich zumindest davon überzeugt gewesen, die Gruppe würde sich als erstes ein bestimmtes Ziel setzen und dann, bei der Ausführung dieser Aufgabe, versuchen, den Prozeß der Wechselwirkung innerhalb der Gruppe zu erkennen und zu verstehen. Als ich begriff, daß es nicht um ein außerhalb der Gruppe liegendes Ziel ging, war ich einigermaßen besorgt, da ich mir sagte, wenn wir uns gegenseitig mit unseren ehrlichen Empfindungen konfrontierten, so könnte das peinlich oder aber sogar gefährlich werden. Es ist mir immer leichtgefallen, im Rahmen der Gruppe frei und offen zu sprechen, aber ich glaube doch, daß es mir bei den ersten Gruppentreffen außerordentlich schwergefallen, wenn nicht gar unmöglich gewesen wäre, Gefühle wirklich zum Ausdruck zu bringen.

Als mich der Leiter der Gruppe mit der Tatsache konfrontierte (und es handelte sich um eine Tatsache, obschon ich sie noch nicht als solche erkannt hatte), daß ich mit ihm in einen Machtkampf um die Führung der Gruppe verwickelt war, fiel es mir keineswegs schwer, seine Art der Interpretation zu akzeptieren und mich ganz bewußt dazu zu entschließen, mich eine Weile aus allem herauszuhalten. Ich wollte versuchen, herauszufinden, was wir nun eigentlich tun sollten. Von diesem Zeitpunkt an stand die Gruppe für mich im Mittelpunkt des Interesses. Ich begann zu begreifen und zu fühlen, was da vor sich ging, und freute mich, an diesem Experiment teilzuhaben. Einerseits hatte ich eine gewisse Einsicht in meine Art gewonnen; andererseits begann ich jetzt auch die Art anderer Gruppenmitglieder besser zu verstehen und zu bejahen und vermochte mit einiger Wärme, ja sogar mit einer gewissen Zärtlichkeit die bei unserer gegenseitigen Beeinflussung zum Ausdruck kommenden Empfindungen zu akzeptieren.

Was mich bei unseren täglichen Treffen und bei unserem Wochenendseminar am meisten beschäftigte, waren die Kinder und meine neue Einstellung zu ihnen. Ich entdeckte verborgen gebliebene Tiefenschichten mütterlicher Empfindungen in mir, und es bereitete mir eine geradezu unglaubliche Freude, daß die Kinder mit so viel Wärme auf mich reagierten. Es gab Momente, in denen ich am liebsten das ganze Häufchen, so seltsam es auch zusammengewürfelt war, adoptiert hätte. Was ich jetzt am meisten vermisse, das ist die Fortsetzung des engen Kontakts mit den Teenagern, die damals zur Gruppe gehörten.

Meine Gefühle Erwachsenen gegenüber waren eher gemischter Natur. Ich gewöhnte mir an, jeden einzelnen in stärkerem Maße zu akzeptieren; während des Gruppenseminars fühlte ich mich zu einer Reihe von Leuten hingezogen, die mir auf den ersten Blick hin ziemlich uninteressant und farblos erschienen waren. Es gab sogar Augenblicke, in denen mir ein emotionaler Kontakt zu einigen der Erwachsenen eine echte Freude bereitete. Allerdings ist davon nicht sehr viel übriggeblieben. Ich kann nicht gerade sagen, daß ich die Erwachsenen als Gruppe irgendwie vermisse, aber ich bin heute toleranter gegenüber anderen Menschen, als ich es vor unserer T-Gruppe war.

Und wie sieht es heute, fast ein Jahr später, aus? Ich glaube, die Wirkung war tiefgreifend, obwohl ich nicht genau weiß, wie ich sie beschreiben soll. Zweifellos ist in mir eine Veränderung vorgegangen. Ich kann jetzt meine Empfindungen leichter zum Ausdruck bringen – nicht immer freilich, aber doch in den meisten Fällen –, und ich nehme aus diesem Grund den Unterschied zu meinem Wesen in der Zeit vor der T-Gruppe ganz bewußt wahr. Ich habe heute ein besseres Verhältnis zu meinen Kindern und auch zu vielen meiner Schüler. Auf emotionaler Ebene kann ich mich jetzt ungezwungener mitteilen, und darüber freue ich mich aufrichtig. Ich möchte hier nicht übertreiben – ich bin nicht ein völlig neuer Mensch geworden, und oft bringe ich einen Kontakt zu anderen Menschen nur schwer oder überhaupt nicht zustande; häufig scheint mir aber mein emotionaler Kontakt zu anderen auch tiefer und reicher zu sein als je zuvor. Ich verstehe mich selbst etwas besser, und ich verstehe besser, wie andere auf mich reagieren. Ich will auch nicht unterschätzen, daß sich aus dem Kontakt in der T-Gruppe einige dauerhafte Bekanntschaften – sowohl mit Jugendlichen als auch mit Erwachsenen – ergeben haben, Bekanntschaften, die ich sehr schätze und die mir ohne die Teilnahme an der T-Gruppe versagt geblieben wären.

Die Eltern der Kinder, die an der Schüler-Kontaktgruppe teilgenommen hatten, zeigten natürlich sehr verschiedenartige Reaktionen. Ihre Kinder, die damals sechzehn oder siebzehn Jahre alt waren, rebellierten ohnehin – mit und ohne Gruppe. Außerdem vollziehen sich bei Teenagern Veränderungen in so raschem Tempo, daß es äußerst schwierig ist, eine bestimmte Ursache dafür zu erkennen. Trotzdem waren die meisten Eltern bereit, die Situation von ihrem Standpunkt aus zu kommentieren.

Sie wurden gebeten, den folgenden Satz zu vervollständigen: «Seit mein Kind an der T-Gruppe teilgenommen hat...» Hier einige repräsentative Antworten.

Reaktionen der Eltern: ... ist der Junge angeregter, mitteilsamer, aufmerksamer im Unterricht und allgemein umgänglicher.

... ist es sehr glücklich. Unsere Tochter hat viele neue Freundschaften geschlossen und viele neue Interessen gefunden. Sie scheint andere Leute besser zu verstehen und ist auch bereit, viel von sich selbst zu geben. Das hat meiner Tochter geholfen, mehr Selbstachtung zu gewinnen, worüber sie sehr glücklich ist. Sie ist jetzt aufrichtiger sich selbst und anderen gegenüber. Sie ist sehr mitteilsam und voller Enthusiasmus.

... Joel hat sehr viele Anregungen bekommen, etwas, was ihm bei seinem Kontakt mit Hudson gefehlt hat. Ich kann dieses Erlebnis nur allen jungen Menschen empfehlen. Es ist herrlich, wenn man schon in jungen Jahren lernt, Einsicht in sich selbst zu gewinnen, und wenn man abzuschätzen versucht, wie man beim Lernprozeß zu Erfolgen bzw. Mißerfolgen kommt und welches die Ursachen für beides sind – ich bin immer noch auf der Suche!

... scheint es «offener» und ungezwungener – auch in seinen Beziehungen zu anderen Menschen.

... ist es zunehmend toleranter gegenüber anderen Menschen und ihren Meinungen geworden. Vorher hatte unsere Tochter eine ausgeprägte Tendenz, nicht zuzuhören, die anderen zu unterbrechen und gleich verärgert zu sein; jetzt hört sie mehr und mehr zu und fragt sogar andere nach ihrer Meinung. Die T-Gruppe war etwas Neues und Erregendes, etwas, das nicht auf dem Stundenplan stand, und sie vermittelte den jungen Menschen zusätzliche Anregungen.

... zeigt es größeres Interesse an geistiger und schöpferischer Tätigkeit. Auch der Freundeskreis unseres Sohnes hat sich geändert. Früher waren es hauptsächlich uninteressierte, aber ausgeprägt sportliche Jungen, jetzt sind es solche, die nachdenklicher sind und stärker zu geistigen Interessen neigen.

... ist kaum ein Unterschied festzustellen. Der Einfluß der T-Gruppe war zweifellos zuerst zu spüren, und zwar in Form einer stärkeren Bereitschaft, andere Schüler auch in ihrer menschlichen Haltung besser zu verstehen, aber es scheint, daß das nicht von langer Dauer gewesen ist.

... ist es nicht mehr so interessiert an seinen Schularbeiten, zeigt weniger Respekt gegenüber seinen Eltern und ist viel egozentrischer. Unsere Tochter tut so, als hätte sie «die Weisheit mit Löffeln gefressen».

Die Teilnahme an der T-Gruppe hat mit Sicherheit nicht dazu beigetragen, unsere Tochter zu intensiverem Lernen anzuspornen, und das war doch, wenn ich mich recht erinnere, das Hauptziel der Gruppe. Es sollte dadurch erreicht werden, daß die Schranken zwischen den Schülern, aber auch die zwischen Schülern und Lehrern abgebaut wurden. Was das Lernen anlangt, so kann ich dieses Jahr wohl als Verlust abbuchen... Ich muß leider feststellen, daß unsere Tochter kaum noch irgendwelche Hausarbeiten macht. Mit Sicherheit kann man sagen, daß sie es in jeder Hinsicht an Reife und Selbstdisziplin vermissen läßt. Es ist jetzt auch daheim viel schwieriger, mit ihr auszukommen. Sie muß immer das letzte Wort haben. Was ich als Höflichkeit, Aufmerksamkeit, Taktgefühl und Rücksichtnahme bezeichne, nennt sie frech «Doppelzüngigkeit». Nach meiner Ansicht ist die Teilnahme an dieser Gruppenarbeit, die drei Wochen lang unter Aufsicht stattfand und seither bei jeder Gelegenheit praktiziert wird, nur eine Art Sport, eine kleine Ablenkung, ein Vorwand, um nicht arbeiten zu müssen.

... scheint unser Sohn recht arrogant und intellektuell zu sein. Ob das auf die Teilnahme an der T-Gruppe zurückzuführen ist, läßt sich natürlich nicht mit Sicherheit sagen, fest steht jedoch, daß die Veränderung zu diesem Zeitpunkt stattfand. Er scheint sich jetzt mehr für die Weltpolitik zu interessieren und erweist sich, wenn er darüber spricht, durchaus als versiert.

... führte sich unsere Tochter etwas merkwürdig auf. Zu Beginn war sie sehr begeistert. Mit der Zeit entwickelte sie sich jedoch zu einem etwas schwierigen Hausgenossen. Zeitweilig war sie deprimiert und sehr sensibel. Mir gefiel ihre Begeisterung für dieses Unternehmen und ihr guter Kontakt zur gesamten Gruppe (zu Beginn). Als die Gruppe ihre Tätigkeit aufnahm, ging meine Tochter sehr aus sich heraus. Sie hatte auch eine gute Meinung von sich selbst. Mit der Zeit wurde sie jedoch unsicherer und begann daran zu zweifeln, daß sie von der Gruppe akzeptiert würde. Sie hatte sogar Angst, weiter an den Gruppentreffen teilzunehmen. Inzwischen hat bei meiner Tochter das Pendel wieder nach der anderen Seite ausgeschlagen. Sie glaubt jetzt, daß es eine gute und nützliche Sache war.

In den verschiedenartigen Reaktionen spiegeln sich sowohl die unterschiedlichen Wirkungen, die die Gruppe auf die einzelnen Schüler ausgeübt hat, als auch die unterschiedliche Einstellung der einzelnen Eltern. Einige Eltern scheinen erstaunt über das, was dort geschah, und sie können die Veränderung im Wesen ihrer Kinder offenbar nicht begreifen, so zum Beispiel jene Mutter, die sich wundert, daß ihre Tochter kaum noch Schularbeiten macht und daß sie das, was die Mutter als «Höflichkeit» bezeichnet, schlicht «Doppelzüngigkeit» nennt. Teilweise ist natürlich die Tatsache daran schuld, daß die Eltern nicht als

Mitglieder der Gruppe aufgenommen wurden, ein Versäumnis, das von der gleichen Mutter folgendermaßen kommentiert wurde: «Der T-Gruppe sollten Kinder und ihre Eltern angehören, damit beide Teile ihre gegenseitigen Probleme besser verstehen lernen können. Das wäre meiner Meinung nach eine gute Grundlage für einen echten Reifeprozeß.»

Hier haben wir ein ausgezeichnetes Beispiel dafür, wie Vorschläge für weitere Schritte im Rahmen eines bestimmten Projekts durch die ursprüngliche Aktion angeregt werden können. Die überwiegende Mehrzahl der Eltern zeigte sich von den Ergebnissen des Gruppenprojekts sehr angetan. Aber von einer unzufriedenen Mutter kam der Vorschlag, die Wirksamkeit eines solchen Projekts dadurch zu erhöhen, daß man die Kinder gemeinsam mit ihren Eltern zu einer Gruppe zusammenfaßt. Solche Vorschläge können ebenso von den Teilnehmern der Gruppe wie von den Beratern kommen.

Auch die Schüler wurden aufgefordert, ihre Reaktion zu beschreiben. Es folgen nun ein paar repräsentative Beispiele für ihre Antworten.

Reaktionen der Schüler: ... Hat den Grundstein für dauerhafte Beziehungen zwischen mir und anderen Klassenmitgliedern gelegt. Eine geeignete Gelegenheit, meine Empfindungen mit anderen zu teilen und über das zu sprechen, was ich liebe. Reißt die Mauern nieder, die die Sicht auf das Licht versperren, das in jedem einzelnen Mitglied der Klasse leuchtet.

... Eine Gelegenheit, mich frei und ungezwungen zu geben, ohne auf die im Alltagsleben geltenden Einschränkungen achten zu müssen.

... Ich könnte nahezu alle verfügbaren Adjektive gebrauchen, um zu schildern, welchen Einfluß die T-Gruppe auf mich gehabt hat. Zeitweilig war sie etwas bedrückend, zeitweilig halbwegs interessant, und zeitweilig machte sie mir richtig Spaß. Meine Rolle reichte von der des aktiven Teilnehmers bis zu der des neutralen Beobachters. Dieses Erlebnis hat bei mir auch seine ungünstigen Auswirkungen gehabt, aber sie erscheinen mir geringfügig angesichts der neuen Einsichten, die ich im Verlauf der vielen zwanglosen Gespräche gewonnen habe, die ein so wichtiger Bestandteil des gesamten Unternehmens gewesen sind. Diese Einsicht in das Wesen anderer Menschen hat das ganze Experiment, trotz seiner vereinzelten negativen Aspekte, zweifellos zu einem Erfolg werden lassen. Als Mitglied der T-Gruppe habe ich erkannt, wie ähnlich – trotz aller religiösen und sozialen Unterschiede – die Menschen einander sind. Alle hatten fast die gleichen Probleme, und häufig waren ihre Probleme sogar schwerwiegender als meine eigenen. Es war in der Tat ein ziemlicher Schock für mich, als ich merkte, wie schrecklich normal mein Leben bisher verlaufen war. Natürlich können solche Einsichten auch gelehrt werden, aber wirklich lernen und begreifen kann man sie nur durch persönliche Erfahrung.

... In den letzten drei Wochen habe ich als Individuum etwas ganz Einzigartiges erlebt. Die T-Gruppe hat mich wesentlich verändert und mir viele Ängste genommen, die ich in bezug auf mich selbst, aber auch in bezug auf andere Menschen hatte. Als besonders segensreich hat sich eine Überprüfung meiner Beziehungen zu Mitgliedern von Gruppen und zu einzelnen Menschen erwiesen. Da ich meine psychischen Angstgefühle und Vorurteile überwinden konnte und meine Empfindungen aufrichtiger zum Ausdruck bringe, wirke ich entspannter und für andere Menschen interessanter. Die Ehrlichkeit mir selbst und anderen gegenüber läßt keinen Raum mehr für unschöne Gefühle der Unsicherheit, die die Gefahr heraufbeschworen hatten, daß Unsicherheit, Angst und Labilität zu bleibenden Persönlichkeitsmerkmalen bei mir würden. Ich besitze jetzt ein neues Selbstbewußtsein. Ich habe das Gefühl, als hätte ich eben erst begriffen, was in mir steckt, und ich muß sagen, ich bin sehr zufrieden mit meinem neuen «Ich».

... Ich erwartete keineswegs, daß auf Grund eines nur drei Wochen andauernden Experiments gleich alle meine Probleme gelöst sind. Aber gibt es einen besseren Weg, als den, sich selbst und seine Mitmenschen zu erforschen und besser zu verstehen? Zu wissen, was ich wirklich empfinde, wer ich eigentlich bin, und warum all diese Dinge so sind, das ist ein unschätzbarer Vorteil. Schon allein die Tatsache, daß ich Zeuge der Selbstverwirklichung anderer Menschen sein durfte, hat mir ein Gefühl der Befriedigung und der Erfüllung vermittelt. Ich leide nicht mehr unter der Furcht, von anderen zurückgewiesen zu werden. Ich habe herausgefunden, daß viele Ängste und Mißverständnisse ausgeräumt werden, wenn ich mich frei ausspreche und mich so gebe, wie ich wirklich bin. Jetzt, da ich den richtigen Weg gefunden habe, wie man mit anderen Menschen in Verbindung tritt, finde ich, daß das Leben viel lebenswerter ist. Ich bin zu der Erkenntnis gekommen, daß das Leben nicht immer ein mühsamer Kampf sein muß.

... Für alle diejenigen, die bewußt einen Erfolg angestrebt haben, ist dieses Experiment auch wirklich zu einem Erfolg geworden. Für diejenigen aber, die sich aus ihrer eigenen unrealistischen Welt nicht lösen wollten, konnte es natürlich kein großer Erfolg werden.

... Zuerst schien die Aktion etwas gekünstelt und neuartig für die Mitglieder der Gruppe, und es herrschte eine äußerst gespannte Atmosphäre ... Nach einigen Tagen jedoch war die Atmosphäre wesentlich gelöster und freier. Sie war so, wie sie eigentlich in allen Schulklassen sein sollte ... – die Schüler sollten gern zur Schule gehen und auch gern bereit sein, zu lernen. Die Schule sollte nicht ein Ort sein, an den man sich nur höchst ungern begibt. In der Schule sollte so viel Freiheit und Freude wie nur irgend möglich herrschen. Je glücklicher die Schüler sich fühlen, desto eher werden sie bereit sein, etwas zu lernen. Das Experiment ist ein Schritt, ein erster, aber bemerkenswerter Schritt auf dieses Ziel hin.

... Denke ich an dieses Experiment zurück, dann muß ich sagen, es war eines der bemerkenswertesten Erlebnisse, die ich bisher in meinem Leben hatte, und ich hoffe, daß ich davon noch lange profitieren werde.

Die Verschiedenartigkeit der Reaktionen der Schüler ist offensichtlich. Charakteristisch für diese Antworten ist, und damit unterscheiden sie sich von denen der Erwachsenen, daß man in ihnen häufig auf schöpferische Formulierungen und poetische Wendungen stößt. Von der Freiheit, sich selbst zu erforschen und zum Ausdruck zu bringen, haben die Teenager in weit größerem Ausmaß Gebrauch gemacht als die Erwachsenen.

Dieses Unternehmen ist deshalb so ausführlich behandelt worden, weil es ein gutes Beispiel für fast alle diejenigen Probleme ist, die bei der Einwirkung organisatorischer oder institutioneller Faktoren auf die Entfaltung der dem Menschen gegebenen Möglichkeiten eine Rolle spielen. Die Menschen, die in dieses Training einbezogen wurden, waren Schüler, Lehrer, Administratoren und Elternvertreter. Die Zielbereiche, auf die es gerichtet war, waren die zwischenmenschlichen Beziehungen, die Entfaltung der Persönlichkeit und die produktive Tätigkeit. Die Institutionen, in denen eine Veränderung herbeigeführt werden sollte, waren die Schule und die Schulgemeinschaft. Um die dem Menschen gegebenen Möglichkeiten zu entwickeln, muß man sich mit einer ganzen Reihe von Faktoren auseinandersetzen; dazu gehören: die bei allen Menschen – sowohl Teenagern als auch Erwachsenen – vorhandenen Hemmungen; Befangenheit gegenüber gesellschaftlich gleichrangigen Gruppen; Konflikte zwischen den Generationen; der Ausgleich zwischen einzelnen institutionellen Gruppen, damit sie einander gegenseitig nicht behindern, sondern fördern; die Integration etablierter und erfolgreicher Verhaltensmuster – im vorliegenden Fall des Unterrichtsstils – mit neueren Methoden, die zu einer Verbesserung des alten Unterrichtsstils beitragen können; und schließlich die Einbeziehung neuer Methoden in ein etabliertes System – im vorliegenden Fall die Einbeziehung der Kontaktgruppe in den Lehrplan –, um so zu einem wirksamen Verfahren zu gelangen.

Ein Sozialwissenschaftler, der eine Organisation so zu verändern sucht, daß sie der Entfaltung der dem Menschen gegebenen Möglichkeiten förderlicher ist, darf seine Tätigkeit als erfolgreich betrachten, wenn die Mitglieder der Organisation seine Ziele übernehmen und zu ihren eigenen machen. Das ist ein Grund für mich, warum mir dieses Projekt so ermutigend erscheint. Alle an dem Experiment Beteiligten – der Schuldirektor, die Eltern, die Lehrer und die Schüler – scheinen sehr darauf bedacht zu sein, den Lehrplan, ihre gegenseitigen Beziehungen und alles, was mit der Schule zusammenhängt, ständig zu verbessern. Viele arbeiten hart daran, neue Gedanken zu entwickeln, neue Ideen auszuprobieren, ihre gegenseitigen Beziehungen zu vervollkommnen und neue Verhaltensweisen auszuprobieren. Um sicherzustellen, daß auch nach dem Fortgang des Beraters diese rege und vitale Tätigkeit anhält, müssen bestimmte institutionelle Strukturen geschaffen werden. In dem Schulsystem, von dem hier die Rede ist, werden solche Strukturen zur Zeit entwickelt, und zwar in Form von regelmäßig zusammenkommenden Kontaktgruppen für die Lehrkräfte sowie regelmäßig zusammentretenden Querschnittsgruppen. Dazu gehören auch die Gesuche um Gewährung von Geldmitteln für die Fortsetzung des Projekts, die Bildung einer Kommission zur Planung und Überwachung des Programms usw. Bezieht eine Organisation in ihre Tätigkeit das Streben nach Verbesserung und Entfaltung der Persönlichkeit ein und verbindet sie dieses Bestreben mit dem Wisscn, wie man dabei die modernsten Methoden zur Förderung einer solchen Entfaltung anwendet, darf man sagen, daß sie Freude schafft und mehrt.

Gruppentherapie

«Funktionelle Gruppen» einzelner Arbeitsorganisationen – Menschen, die zusammenarbeiten – können ebenfalls den positiven Einfluß ihrer Organisation auf die Entfaltung der Persönlichkeit fördern. Ein Hauptziel dieser Gruppen besteht darin, die Arbeitsbeziehungen zwischen Kollegen zu verbessern. Meist ist es ziemlich schwierig, funktionelle Gruppen in Einklang zu bringen, aber wenn es gelingt, sind sie gewöhnlich sehr nützlich. Drei Beispiele sollen die Spannweite nützlicher Phänomene andeuten, die durch solche Gruppen bewirkt werden können.

Eine Finanzierungsgesellschaft, die in einem berühmt gewordenen Fall einen Verlust von mehr als einer Million Dollar hatte hinnehmen müssen, kam zu dem Schluß, daß die Kreditabteilung einer gründlichen Analyse bedürfe. Der Autor erhielt den Auftrag, mit den Angestellten der Abteilung – zwölf Personen – in ein Hotel zu ziehen, dort einen Versammlungsraum zu mieten und darin eine Woche mit ihnen in Klausur zu verbringen.

Wir taten das und erzielten sehr gute Resultate. Zunächst herrschten Vorsicht und Abwehr, doch nach und nach lockerte sich die Atmosphäre und man war offener miteinander. Aus den Diskussionen ergab sich die Erkenntnis, daß der stellvertretende Direktor der Abteilung fast das ganze Arbeitspensum allein erledigte. Das hatte einen plausiblen

Grund. Er kannte sich im Kreditwesen besser aus als alle anderen Mitarbeiter, die das auch zugaben. Es machte ihm jedoch Schwierigkeiten, jüngeren Mitarbeitern Aufgaben zu übertragen und sie stärker heranzuziehen. Das Ergebnis war, daß er mit Arbeit überladen und daher in seiner Leistungsfähigkeit beeinträchtigt war.

Es dauerte etwa drei Tage, bis diese Situation ganz geklärt war. Dann sahen wir uns die Organisationsstruktur genauer an. Und hier spielten die Diskussionen im Rahmen der T-Gruppe eine entscheidende Rolle. Die Gruppe war jetzt in der Lage, die Struktur der Organisation zu überprüfen, die Persönlichkeit und die berufliche Kompetenz der Mitarbeiter zu beurteilen und auch die Erfordernisse der einzelnen Planstellen zu berücksichtigen. Man kam zu folgendem Ergebnis: ein anderer, ebenfalls beliebter, aber fachlich weniger kompetenter Mann wurde zum zweiten stellvertretenden Direktor ernannt und mit der Verteilung der Arbeit auf die Angestellten betraut. Ferner erklärte sich der erste Vizepräsident, der zugleich amtierender Leiter aller Zweigstellen war, bereit, in jeder Zweigstelle einen Angestellten innerhalb von sechs Monaten so weit ausbilden zu lassen, daß er die Leitung der Zweigstelle übernehmen konnte.

Diese Lösung bot mehrere Vorteile: sie ersparte dem stellvertretenden Direktor die Dinge, die ihm nicht lagen – die Verteilung der Arbeit und die Ausbildung der jüngeren Angestellten –, aber sie gestattete ihm, diejenigen Funktionen beizubehalten, in denen er sich als besonders tüchtig erwiesen hatte, und überdies ließ sie ihm genügend Zeit, seine Aufgaben gründlich und nach besten Kräften zu erledigen. Die Aufgaben, denen er weniger gut gewachsen war, lagen dem neuen stellvertretenden Direktor gerade ganz besonders. Wichtig ist die Tatsache, daß man zwar erst nach einer längeren und ziemlich hitzigen Debatte zu dieser Lösung gelangte, diese Lösung dann aber allgemein akzeptierte.

Nachdem die Empfindungen der Beteiligten zutage getreten waren – ein Prozeß, der gewöhnlich längere Zeit in Anspruch nimmt –, war es also möglich, die Situation realistisch einzuschätzen und eine Lösung zu finden, mit der sich die Situation für alle Beteiligten verbesserte.

In einem Schuldistrikt an der amerikanischen Westküste hatte der Schuldirektor eine Kontaktgruppe für sein Verwaltungspersonal ins Leben gerufen. Nach mehreren Monaten machte sich eine zunehmende Offenheit bemerkbar. Im Verlauf von drei Jahren ergaben sich einige wichtige Prinzipien. Eines zeigte, wie der Mangel an gegenseitigem Verständnis zu Unzulänglichkeiten im organisatorischen Bereich führen kann.

In einem Fall stellte sich zum Beispiel heraus, daß der Musiklehrer und der Klassenlehrer der fünften Klasse nicht gut miteinander auskamen und daß sie eine «elegante» Lösung für ihr Problem gefunden hatten. Sie behandelten sich gegenseitig mit distanzierter Höflichkeit und versuchten im übrigen, ihren Kontakt auf ein Minimum zu beschränken. Das schien zunächst durchaus vernünftig, aber bald zeigten sich die unangenehmen Folgen dieser Abmachung. Im Geographieunterricht erfuhr die fünfte Klasse alles über die verschiedenen Länder, nur nichts über ihre Musik. Mit anderen Worten, die Kinder mußten dafür büßen, daß der Musiklehrer und der Klassenlehrer der fünften Klasse unfähig waren, eine bessere Lösung für ihr problematisches Verhältnis zueinander zu finden.

Die Entdeckung, daß die Kinder für die Unfähigkeit der Erwachsenen, eine vernünftige Lösung für ihre gegenseitigen Beziehungen zu finden, büßen mußten, machten wir an der gleichen Schule noch in mehreren anderen Fällen. Erst die auf Grund dieser Vorkommnisse zusammengestellte Kontaktgruppe ermöglichte es, die einzelnen Situationen genauer zu erfassen, die sich daraus ergebenden Folgen besser zu begreifen und in allen Fällen eine vernünftige Lösung zu finden.

Erfahrungen, die in vielen verschiedenen Institutionen und Organisationen gewonnen wurden, lassen erkennen, daß solche Situationen keinesfalls nur im Schulbereich eintreten. Gelingt es nicht, für irgendein zwischenmenschliches oder organisatorisches Problem eine vernünftige Lösung zu finden, muß immer irgend jemand dafür büßen – meistens derjenige, der in der Ranghierarchie einen niedrigeren Platz einnimmt. Das gilt sowohl für elterliche Probleme, bei denen stets die Kinder die Opfer sind, als auch für Reibungen zwischen Ärzten und Krankenschwestern, die stets auf dem Rücken der Patienten ausgetragen werden, sowie für problematische Beziehungen zwischen verschiedenen Lehrern, für die immer die Schüler büßen müssen. Um eine optimale Atmosphäre für die Entfaltung der menschlichen Möglichkeiten zu schaffen, muß man gleichzeitig die anderen Mitglieder und Abteilungen einer Organisation im Auge behalten, während man intensiv mit einer speziellen funktionellen Einheit zusammenarbeitet.

Zum Abschluß noch ein weiteres Beispiel für ein erstrebenswertes Ziel der Gruppentherapie. Bei dem bereits erwähnten Projekt in einem Schuldistrikt auf Long Island ergab sich im Verlauf der mit der zwölften Klasse veranstalteten Kontaktgruppenarbeit ein weiteres Prinzip, das wegweisend für eine Verbesserung des Lernprozesses ist.

Bei den letzten Treffen dieser Kontaktgruppe spielten wir ein Ratespiel, bei dem es darum geht, berühmte Persönlichkeiten auf Grund geringer Andeutungen zu identifizieren. Wurde zum Beispiel das «V»-Zeichen gemacht, lautete die Antwort: «Churchill». – «Das begreife ich nicht», sagte ein Mädchen. «Was? Das kapierst du nicht?» sagte daraufhin eine Mitschülerin. «Hast du noch nie etwas von dem ‹V›-Zeichen für *Victory* im Zweiten Weltkrieg gehört?» – «Nein, hab ich nicht», verteidigte sich die andere Schülerin, «als ob das so wichtig wäre!»

Später haben wir diesen Vorfall analysiert, und zwar hinsichtlich seiner Bedeutung für den Lernprozeß. Die Schülerin, die bei dem Vorfall den kürzeren gezogen hatte, gab zu, daß sie sich etwas dumm vorkam und daß sie vermutlich in Zukunft stets vermeiden würde, jemals wieder über den Zweiten Weltkrieg zu sprechen. Das Ereignis dieser Auseinandersetzung bestand also darin, daß die Beteiligung am Unterricht und vermutlich auch die Lernfreudigkeit eines Klassenmitglieds ernsthaft beeinträchtigt worden war. Wie konnte das geschehen?

Die Angreiferin war ziemlich zerknirscht und mußte zugeben, daß sie vermutlich sich selbst in ein günstiges Licht hatte rücken wollen, indem sie eine Mitschülerin herunterzumachen versuchte. Das führte zu einer Diskussion, bei der jeder sagte, für wie kompetent er sich hielt, während die anderen Klassenmitglieder zu dieser Selbsteinschätzung Stellung nehmen mußten. Die Folge war, daß das Bedürfnis, jemand anders herabzusetzen, allgemein nachließ. Dann wandte sich die Diskussion der Kehrseite der Medaille zu. Wie konnte man erreichen, daß die Mitschüler sich gegenseitig nicht nur keine Schwierigkeiten bereiteten, sondern einander halfen und förderten? Von wem glaubten die einzelnen Schüler noch etwas lernen zu können? Wem konnte der eine oder andere noch etwas beibringen? Wir hatten also damit begonnen, zu ergründen, wie man mit Hilfe der gesamten Organisation – in diesem Fall mit Hilfe der Schulklasse – die ihr angehörenden Mitglieder fördern kann. Das ist ein schwieriges Problem. Man muß sich mit den verschiedensten Faktoren auseinandersetzen: Rivalität, Neid, Unsicherheit usw. Und an einem Tag konnte man natürlich nicht alle sich für die Schüler daraus ergebenden Fragen klären. Trotzdem war diese Diskussion eine Hilfe und trug dazu bei, daß die Schüler sich weiter mit dem Problem auseinandersetzten.

Rassenprobleme in Amerika

Ein ernsthaftes Hindernis für die Selbstverwirklichung des Menschen sind die bestehenden Vorurteile gegen einzelne Rassen, Religionen oder gegen verschiedene andere Gruppen. Versuche zur Überwindung von Vorurteilen sind uns aus allen Zeiten bekannt. Die Erfolge sind zwar bisher spärlich gewesen, aber in den letzten Jahren hat es einige vielversprechende neue Ansätze gegeben.

Das Problem der Überwindung von Vorurteilen ist allerdings ziemlich kompliziert. Es setzt sich zusammen aus politischen, wirtschaftlichen, wohnrechtlichen, arbeitsrechtlichen und zwischenmenschlichen Aspekten. Um eine Lösung zu finden, muß man sich intensiv um alle diese Aspekte bemühen.

Folgerungen, die sich aus der Hypothese über Intimbeziehungen ableiten, scheinen die meiste Hoffnung für eine Auseinandersetzung mit den *Gefühlen* des Vorurteils zu bieten. Danach – und das verfügbare Beweismaterial unterstreicht diese These – lassen sich solche Gefühle dadurch überwinden, daß man einen engen Kontakt mit dem Menschen eingeht, gegen den sich die Vorurteile richten. So läßt sich zum Beispiel ein rassisches Vorurteil leichter überwinden, wenn man einen Neger zum unmittelbaren Nachbarn hat, als wenn er vier Häuser weiter wohnt.

Vor mehreren Jahren baten die Negerstudenten einer größeren Universität die örtlichen YMCA-Organisationen, ihnen dabei behilflich zu sein, die Beziehungen zwischen den weißen und farbigen Studenten zu verbessern. Die YMCA ihrerseits bat nun einige von uns, die an einem solchen Projekt interessiert waren, zu diesem Zweck Wochenendseminare abzuhalten. Die Ergebnisse unserer Arbeit waren geradezu faszinierend.

An einem Wochenende hielt der Autor ein Wochenendseminar mit etwa zwanzig Studenten ab, unter denen sich Kaukasier, Neger und Orientalen befanden, und zwar je etwa zur Hälfte Teilnehmer männlichen und weiblichen Geschlechts. Wie üblich, kamen wir zunächst nur langsam voran, alle verhielten sich mehr oder minder vorsichtig und abwehrend. Nach und nach begannen die Teilnehmer jedoch, sich gegeneinander aufzuschließen. Als die Atmosphäre einigermaßen entspannt war, wurden die Probleme in Angriff genommen und präzisiert.

«... Welche stereotypen Vorstellungen haben Sie von den Negern?» – «Ihr Neger seid dreckig, stupide, fett und neigt in sexueller Hinsicht zur Promiskuität.» – «Na, ihr Weißen seid doch Ausbeuter, arrogante Burschen und voller emotionaler Hemmungen.» Und was geschah nach diesem Austausch? Die Teilnehmer rückten enger zusammen. Sie begannen miteinander zu reden, zu tanzen, und sie versuchten, das Wesen des anderen besser zu erfassen. Einer der farbigen Studenten sagte: «Natürlich habe ich die stereotypen Vorstellungen, die ich mir zwanzig Jahre lang gemacht habe, nicht gleich am ersten Wochenende über Bord geworfen, aber sobald ich sie einmal ausgesprochen hatte, schienen sie mir nicht mehr so wichtig. Die Karten liegen sozusagen auf dem Tisch, und wir können jetzt von Mensch zu Mensch miteinander reden und einen neuen Weg suchen.»

«... Die liberal eingestellten Weißen sind fast ebenso schlimm wie die ganz bigotten. Sie akzeptieren nahezu alles, was ich tue, anstatt sich auch einmal dagegen auszusprechen. Ich könnte die Schwester eines meiner weißen Kollegen vergewaltigen, und er würde nicht einmal aufmucken, bloß weil ich ein Schwarzer bin. So etwas ist uns gar nicht recht.

Ihr sollt ruhig auch unsere Schattenseiten kennenlernen.»

«... Es genügt nicht, wenn ihr sagt, ihr wollt uns als Gleichberechtigte behandeln. Wie wär's denn, wenn wir uns mal als Menschen näher kennenlernen würden und eine echte menschliche Beziehung zwischen uns aufbauten?»

«... Ihr Neger wollt mit eurer Hautfarbe alles entschuldigen. Warum unternehmt ihr nicht endlich etwas, anstatt euch dauernd nur zu beklagen?»

Dann gewannen wir eine neue Einsicht in das Problem der Motivation. Die Juden sind ausgezeichnete Schüler. Das ist hinreichend belegt. In letzter Zeit haben die Orientalen den Juden in dieser Hinsicht ernsthafte Konkurrenz gemacht. Die Neger dagegen sind gewöhnlich schlechte, wenn nicht sehr schlechte Schüler. Weiße Nicht-Juden sind auf der Leistungsskala überall zu finden, und die meisten stehen irgendwo in der Mitte.

Wie sieht es nun mit den Vorurteilen aus? Mit Sicherheit richten sich die wenigsten Vorurteile gegen die weißen Nicht-Juden und die meisten gegen die Neger. Die Juden und Orientalen stehen irgendwo dazwischen. Es könnte sein, daß ein gewisses Maß an Vorurteilen ein erhöhter Anreiz zur Leistung ist. Besteht kein Vorurteil, dann wird der Ansporn zur Leistung durch andere Faktoren bestimmt, zum Beispiel das Milieu im Elternhaus, den Intelligenzgrad, den gesellschaftlichen Status usw. Allzu starke Vorurteile wirken dagegen niederdrückend und ersticken jeden Anreiz im Keim. Vielleicht verhält es sich so, vielleicht auch nicht. Jedenfalls tauchte dieser Gedanke bei dem Wochenendseminar auf. Die Teilnehmer haben sich viel Gedanken gemacht, und sie haben versucht, aus ihrer eigenen Erfahrung heraus fruchtbare Gedanken zu entwickeln.

Es besteht wohl kein Zweifel darüber, daß ein solcher enger Kontakt eine befreiende Wirkung auf die Menschen ausübt. Die Beziehungen, die sich auf dem Wochenendseminar zwischen einzelnen Teilnehmern angebahnt hatten, blieben in vielen Fällen auch weiter bestehen. Ein kleiner Berg Vorurteile war abgetragen worden. Und das geschah in einem institutionellen Rahmen, der dieses Projekt unterstützte.

Familie und intime Beziehungen

Einer der Eckpfeiler unserer Gesellschaft ist die Institution der Familie. Ihr Einfluß bei der Formung des Individuums ist kaum zu überschätzen. Aber erst in jüngster Zeit wurde dieser Einfluß für die Wissenschaft nutzbar gemacht. Im Bereich der Psychiatrie zeigt die Betonung, die seit kurzem auf die Sozialpsychiatrie gelegt wird, welche Bedeutung man der Familie bei der Behandlung von Geisteskrankheiten beimißt. Was nützt es auch, wenn man einen Patienten behandelt und ihn anschließend in das gleiche Familienmilieu zurückschickt, das Schuld an seiner Erkrankung trägt.

Aus solchen Überlegungen heraus wurde die «Familientherapie» entwickelt. Erfahrene Praktiker werden heute darin geschult, die Familie als ein in sich geschlossenes System zu betrachten. Unter Umständen sind Änderungen innerhalb des Familienverbands erforderlich. Zuweilen führt eine Besserung im Befinden des Patienten bei der Mutter oder einem seiner Geschwister zu einem Nervenzusammenbuch. Deshalb ist es das beste, die ganze Familie zu behandeln.

Untersuchungen auf diesem Gebiet entwickeln sich nach und nach zu einer Erforschung des gesamten Bereichs der ehelichen Beziehungen. Die Institution der Ehe selbst wird in Frage gestellt. Hat sie sich bewährt? Ist sie für alle Menschen die beste Form der Intimbeziehungen? Was ist von intimen Beziehungen zu halten, die nur von kurzer Dauer sind? Oder von Beziehungen, die periodisch wiederaufgenommen werden? Wie kann man lernen, auch Beziehungen von kurzer Dauer zu genießen? Sie sind sehr viel häufiger als lebenslange Beziehungen, und die Gesellschaft tut kaum etwas dazu, daß die Menschen lernen, auch von diesen Kontakten möglichst viel zu profitieren.

Gruppen, die sich mit solchen Überlegungen auseinandersetzen, erschließen neue Bereiche, die für jeden Menschen von entscheidender Bedeutung sind. Manche schrecken davor zurück, «das Undenkbare zu denken». Viele aber finden es erregend, daß sie in der Lage sind, über diese Empfindungen zu sprechen und sie zu erforschen, statt sie zu verbergen und Schuldgefühle anzuhäufen. Es ist eine Art Befreiung. Es ist der Versuch, eine gesellschaftliche Institution zu prüfen, die die Selbstverwirklichung eines Menschen in hohem Maße fördern, aber auch – und das kommt vielleicht noch häufiger vor – weitgehend verhindern kann. Welche Wirkung üben zwei Menschen in der Ehe aufeinander aus? Trägt diese Wirkung zur Entfaltung der Persönlichkeit bei, oder hat sie destruktiven Charakter?

Das Studium der Beziehungen im gesellschaftlichen Bereich erfordert auch eine gründliche Erforschung vieler unserer «geheiligten» Institutionen, und das ist oft riskant. Schickt ein Betrieb einen Mitarbeiter zu einem Gruppenseminar, damit er zu einem besseren Selbstverständnis gelangt, kann es geschehen, daß er nach seiner Rückkehr feststellt, daß er sich am falschen Arbeitsplatz befindet. Läßt eine christliche Organisation wie der «Christliche Verein Junger Männer» seine Mitglieder an einem Kontaktgruppenkurs teilnehmen, damit sie unabhängiger und selbständiger werden, kann es geschehen, daß einige hinterher die Grundsätze des Christentums in Frage stellen. Entwickeln Schüler oder Studenten auf Grund eines Gruppenexperiments mehr Selbständigkeit, kommen sie gelegentlich zu dem Schluß, daß sie nicht mehr Dinge lernen wollen, die ihnen unwichtig erscheinen. Nimmt jemand, der verheiratet ist, an einem Gruppenseminar teil, muß er sich unter Umständen seine Gefühle der Verzweiflung eingestehen und beschließt, sich scheiden zu lassen und nicht wieder zu heiraten. Das alles kommt tatsächlich vor. Es sind notwendige Risiken, wenn das Leben in der Gemeinschaft der Entfaltung des einzelnen förderlich sein soll. Wir müssen ständig bereit sein, unsere gesellschaftlichen Einrichtungen in Frage zu stellen und gewissenhaft zu prüfen. Nur dann kann unsere Gesellschaft in der Lage sein, die intensiven Bemühungen zu unterstützen, die heute unternommen werden, um die den Menschen gegebenen Möglichkeiten zu steigern.

6 Die Möglichkeit, mehr zu sein

Worauf beruht die Wirksamkeit dieser Methoden? Wie kommt es, daß imaginative Methoden, psychodramatische Methoden und nichtverbale Methoden Entspannung und Freude auslösen? Vielleicht sollten wir uns darüber einige Gedanken machen.

Gehen wir wieder von unserer These aus, daß Freude aus der Verwirklichung bestimmter Möglichkeiten entsteht, müssen wir uns als erstes fragen: Was sind das für Möglichkeiten, zu deren Verwirklichung diese Methoden dem einzelnen Menschen verhelfen? Vielleicht ist es die Möglichkeit, eine stärkere Persönlichkeit zu sein, als man es selbst für möglich hielt oder die Möglichkeit, bedeutender, kompetenter und liebenswerter zu sein oder die Möglichkeit, in sinnvoller Weise Mensch zu sein – fähig, mit der Welt besser zurechtzukommen, den Mitmenschen mehr Liebe zu geben und von ihnen mehr Liebe zu empfangen.

Aus dieser Möglichkeit ergibt sich bei der Analyse der Voraussetzungen für die Entfaltung der Persönlichkeit die Notwendigkeit, die Akzente etwas anders zu setzen, als es in der traditionellen Psychotherapie üblich ist. Die Probleme, die sich dem heranwachsenden Menschen stellen und ihn an der vollen Entfaltung der ihm gegebenen Möglichkeiten hindern, sind nicht so sehr die objektiven Ereignisse, die sich in seinem Leben abspielen, sondern vielmehr die ihm daraus erwachsenden Gefühle hinsichtlich seiner Person. So ist es zum Beispiel weniger das zerrüttete Familienleben als solches, das seine Spuren im Kind hinterläßt, sondern mehr die Art und Weise, wie das Kind die Rolle sieht, die es als auslösender Faktor für diese Situation gespielt haben könnte, und wie es damit fertig wird. Bleiben Schuldgefühle und Gefühle der Minderwertigkeit und der Hilflosigkeit zurück, werden sie das Kind in seiner Entwicklung hemmen. Fühlt es sich jedoch frei von Schuld und ist es fähig, sich in dieser Situation zu behaupten, ja sie vielleicht zu verbessern und sich einen Ausgleich für das, was ihm entgeht, zu verschaffen, dann kann eine solche Situation sogar ein Gefühl der Stärke und Zuversicht auslösen.

Diese Auffassung gewinnt noch an Überzeugungskraft, wenn man die frühen Kindheitserlebnisse schwer gestörter Psychosekranker mit denen erfolgreicher Geschäftsleute vergleicht. Bei der Arbeit mit Kontaktgruppen bin ich oft verblüfft, wie ähnlich sich manche dieser Kindheitssituationen sind. Natürlich sind es nicht genau die gleichen, aber es gibt viele erfolgreiche Geschäftsleute, deren Vater oder Mutter Selbstmord begangen hat, die sich nicht an einen einzigen frohen Augenblick in ihrer Kindheit erinnern können, deren Eltern sich scheiden ließen oder früh verstarben, die ihre Kindheit im Waisenhaus verbracht haben oder die sich nicht erinnern können, daß ihre Eltern sie je geküßt oder auf den Arm genommen hätten. Wenn solche Ereignisse sich in der Kindheit erfolgreicher Menschen abgespielt haben, dann können nicht nur die traumatischen Kindheitserlebnisse für die Richtung verantwortlich sein, in der das Kind sich zum Erwachsenen entwickelt.

Eine solche Analyse legt den Schluß nahe, daß man sich, wenn man nützliche Veränderungen im Menschen bewirken will, nicht so sehr auf die zurückliegenden traumatischen Begebenheiten konzentrieren sollte, sondern mehr auf die Vorstellung, die der einzelne von sich selber hat. Vielleicht ist das der Schlüssel für die Wirksamkeit der imaginativen, der psychodramatischen sowie der nichtverbalen Methoden.

Im Phantasieerlebnis erlebt der Phantasierende, daß er etwas überwindet, dem er sich vorher nicht gewachsen glaubte. So hat Rose schließlich die furchtbaren Augen zerstört, so hat Sally, obwohl es unmöglich schien, eine Brücke zu ihrem Herzen gebaut, so hat Nora doch noch die Botschaft entziffert, und so hat Fran nach langem Ringen schließlich die hinderliche Mauer gesprengt. Sie alle hatten, als sie in das Phantasieerlebnis eintraten, das Gefühl, sie seien zu derartigen Leistungen nicht fähig, aber nach harter innerer Arbeit, ohne Unterstützung von außen, waren sie imstande, ihr Ziel zu erreichen und ihre Leistung mit ihrem ganzen Wesen zu empfinden. Sie erkannten, daß ihre Möglichkeiten, mehr zu sein, größer waren, als sie geglaubt hatten; das verhalf ihnen zu Gefühlen der Freude, der Stärke und der Zufriedenheit. Fran ist jetzt in der Lage, auch schwere Speisen zu sich zu nehmen, und sie vermag gegenüber anderen Menschen offener zu sein; Rose berichtet, sie sei gewillt, Neues auszuprobieren, neue Menschen kennenzulernen und mehr Risiken einzugehen . . .; Sally war in der Lage, aus ihren Ehe- und Bewußtseinskonflikten auszubrechen und definitive Beschlüsse zu fassen, und ist mit ihrer neuen Situation sehr zufrieden; Nora schließlich ist bereit, sich selbst als attraktive Frau zu akzeptieren, mit anderen Frauen zu konkurrieren und ihre Weiblichkeit stärker zur Geltung zu bringen.

Ähnliches läßt sich über die Erfahrungen mit nichtverbalen Methoden sagen. Nancy brach physisch aus ihrer Zwangslage aus; Tom konnte die Empfindungen, von denen er geglaubt hatte, er könne nicht mit ihnen fertig werden, mit Hilfe der Schlagübung abreagieren; Deborah machte die gefürchtete Begegnung mit ihrem Vater durch und fühlte sich danach stark und weniger schuldbewußt; John ließ sich hochheben, und Harold wurde gestoßen, und beide entdeckten, daß sie wirklich existierten und daß andere Menschen sich um sie kümmerten. Evelyn wurde von der Gruppe hin und her geschwungen und erkannte, daß sie gar nicht schlecht und verkommen war. Bei allen stellten sich Gefühle der Erneuerung ein. Nancy konnte das Gefühl des Eingeengtseins überwinden; Tom war in der Lage, seinen Eltern gegenüberzutreten und ihnen seine Liebe wirklich zum Ausdruck zu bringen; Deborah war jetzt besser imstande, sich mit ihrem Vaterproblem auseinanderzusetzen; John ist dank seines gehobenen Selbstgefühls eher bereit, größere Risiken auf sich zu nehmen.

Es hat also den Anschein, daß wir mit Hilfe dieser Methoden uns selbst neu erleben können und imstande sind, mit unseren Minderwertigkeitsgefühlen und den Gefühlen der Unzulänglichkeit und der inneren Kälte besser fertig zu werden, und sie uns schließlich helfen, uns selbst mehr zu akzeptieren, zu achten und zu lieben.

Nachwort

Freude sprießt überall. Immer mehr und immer wirksamere Methoden werden entwickelt, die dazu beitragen können, mehr Freude zu gewinnen. Wir finden neue Möglichkeiten, unsere Körper lebendiger zu machen, lebendiger und gesünder, leichter und flexibler, stärker und zäher, anmutiger und vollkommener. Wir wissen, wie man seinen Körper besser einsetzt, wie man tiefer empfindet, wie man leistungsfähiger wird, wie man Fähigkeiten und Empfindungsvermögen entwickelt, wie man phantasievoller und schöpferischer sein kann und wie man Gefühle intensiver empfindet und ihnen längere Dauer verleiht. Immer mehr sind wir in der Lage, uns an anderen Menschen zu freuen, mit ihnen zusammenzuarbeiten und zu spielen, sie zu lieben und zu bekämpfen, sie zu berühren, ihnen etwas zu geben und von ihnen etwas zu empfangen, uns in ihrer Gegenwart wohl zu fühlen, aber auch allein glücklich zu sein, sie zu führen oder ihnen zu folgen – und mit ihnen schöpferisch tätig zu sein. Und wir lernen sogar, mit Hilfe unserer Institutionen, unserer Organisationen und unserer Gesellschaft, Wege zur Freude zu finden. Unsere Institutionen können verbessert werden, so daß sie die Entfaltung der Persönlichkeit fördern, sie können überprüft und neu gestaltet werden, so daß sie zur Selbstverwirklichung des Menschen beitragen. Alle diese Dinge kommen. Sie sind noch nicht da, aber sie sind näher als je zuvor.

Ethans Angst und seine Schuldgefühle sind verflogen. Ganz versunken sitzt er am Fenster und blickt in den nächtlichen Himmel. Laurie und Caleb heben ihn hoch, und Ethan streckt die Hände aus. Wissen diese Kinder nicht, daß die Sterne unerreichbar sind? Nein, ich glaube, sie wissen es nicht. Aber – worüber freuen sich die Kinder denn so? Was hat Ethan denn da in der Hand? Das ist doch nicht etwa ...?

Literaturhinweise für den Fachmann

Anmerkungen zu Kapitel 1

1 Diese These wurde zuerst in einem 1958 unter dem Titel *«FIRO: A Three-Dimensional Theory of Interpersonal Behavior»* herausgegebenen Buch veröffentlicht. Eine Paperbackausgabe dieses Buches erschien unter dem Titel: *«The Interpersonal Underworld»*, Palo Alto, Kalifornien. Zu Testzwecken für viele der von der FIRO-Theorie abgeleiteten Ideen stehen verschiedene Fragebogen zur Verfügung, die von der Consulting Press, Palo Alto, herausgegeben wurden. Die Fragebogen sowie die Theorie selbst werden ebenfalls in dem 1967 erschienenen Werk *«Leaders of Schools»* besprochen.

2 L. Bradford, J. Gibb und K. Benne: *«T-group Theory and Laboratory Method»*, New York 1964; ferner E. Schein und W. Bennis: *«Personal and Organizational Change Through Group Methods»*, New York 1965.

3 Es gibt eine ganze Reihe von Organisationen, die «Kontaktgruppen» oder «T-Gruppen» arrangieren. Zu den aktivsten zählen die folgenden: Esalen Institute, Big Sur, Kalifornien; National Training Laboratories, Washington, D. C.; Western Behavioral Sciences Institute, La Jolla, Kalifornien; Kairos, Wishing Well Hotel, Rancho Santa Fe, Kalifornien; Graduate School of Business, University of California, Los Angeles.

Anmerkungen zu Kapitel 2

1 Ida Rolf: *«Structural Integration»*, *Systematics*, Vol. 1, No. 1, Juni 1963. Die frühen Arbeiten Ida Rolfs sind beeinflußt von M. Feldenkrais: *«Body and Mature Behavior»*, New York 1949.

2 A. Lowen: *«Physical Dynamics of Character Structure»*, New York 1958, pp. 87–94. Zitiert mit freundlicher Genehmigung. Lowen wurde zunächst hauptsächlich von den Arbeiten Wilhelm Reichs beeinflußt.

3 F. Lamaze: *«Painless Childbirth»*, London 1958. Einen populärwissenschaftlichen Bericht über diese Methode gibt Marjorie Karmel in ihrem Buch: *«Thank you, Dr. Lamaze»*, New York 1965

4 Maria Ebner: *«Connective Tissue Massage»*, Edinburgh 1962.

Anmerkungen zu Kapitel 3

1 Ralph J. MacFadyen: *«See Without Glasses»*, New York, 1948, deutsch unter dem Titel: *«Weg mit der Brille»*, Stuttgart 1964.

2 Bernard Gunther ist im Esalen Institute in Big Sur, Kalifornien, tätig. Er hat eine Methode der «Sinnesweckung» entwickelt, die auch die Intensivierung des Körperbewußtseins umschließt. Diese Technik hat er zu einem jeweils anderthalb Stunden dauernden Massage-Verfahren erweitert, das ebenfalls auf Bewußtseinsweckung und Lustgewinn hinzielt.

3 F. Perls, R. Hefferline und P. Goodman: *«Gestalt Therapy»*, New York 1964.

4 W. Gordon: *«Synectics»*, New York 1961.

5 Diese Methoden bespricht Silvan Tomkins in seiner interessanten Studie: *«Affect, Imagery, Consciousness»*, New York 1962.
6 Eine interessante Abhandlung über den Assoziationsprozeß findet sich bei L. Kubie: *«Neurotic Distortion of the Creative Process»*, New York 1961.
7 In seinem Buch *«Synectics»* (Anmerkung 4) verwendet W. Gordon interessanterweise Analogien auch zur Lösung industrieller Probleme.
8 Der Wiener Arzt Jacob L. Moreno hat mit seiner Pionierarbeit auf dem Gebiet des Psychodramas und des Soziodramas eine Anzahl von Methoden begründet, die mit einigen der hier vorgestellten Verfahren vergleichbar und in einigen Fällen sogar identisch sind. Ihm kommt es weniger darauf an, daß die zur Debatte stehenden Phänomene erörtert werden, sondern mehr darauf, daß sie szenisch dargestellt werden. Im Moreno Institute in Manhattan finden allabendlich Demonstrationen dieser Methode statt. Siehe auch J. L. Moreno: *«Who Shall Survive. A new approach to the problems of human interrelations»*, New York 1934, deutsch unter dem Titel: *«Die Grundlagen der Soziometrie»*, 2. erweiterte Auflage, Opladen 1967.
9 Die faszinierenden und außerordentlich wirksamen imaginativen Methoden sind in erster Linie von zwei Männern entwickelt worden. In Deutschland hat Hanscarl Leuner von der Universität Göttingen das sogenannte ‹Symboldrama› oder katathyme Bilderleben entwickelt. Einen Artikel *«Über den Stand der Entwicklung des katathymen Bilderlebens»* veröffentlichte Leuner in der Zeitschrift f. Psychotherapie und medizinische Psychologie, Nr. 5, 1969, Seite 177–187; ferner das Buch: *«Katathymes Bilderleben»*, Stuttgart 1970. Robert Desoille hat seine Methode in Frankreich entwickelt und in seinem Buch *«Le rêve éveillé en psychothérapie»*, Paris 1945, ausführlich beschrieben und erläutert.

Anmerkungen zu Kapitel 4

1 Siehe Anmerkung 1 zu Kapitel 1.
2 Mit diesen und einigen anderen Methoden machten mich Joyce und John Weir vom California Institute of Technology vertraut. Viel verdanke ich auch Robert Tannenbaum, Gene Sagan und Hannah Weiner.
3 Über diese Methode hat Herbert Otto geschrieben. Ein ähnliches Verfahren wird auch beim Psychodrama angewandt.

Anmerkung zu Kapitel 5

1 Weitere Informationen über Beziehungen im gesellschaftlichen Bereich finden sich in dem Buch von E. Schein und W. Bennis: *«Personal and Organizational Change through Group Methods»*, New York 1965, das ich bei meiner Darstellung ausgiebig herangezogen habe.

rororo studium

Psychoanalyse

rororo studium · Herausgegeben von Ernesto Grassi

Hermann Argelander (Sigmund-Freud-Institut, Frankfurt/Main)
Gruppenprozesse
Wege zur Anwendung der Psychoanalyse in Behandlung, Lehre und Forschung **[5]**

Melanie Klein
Das Seelenleben des Kleinkindes
und andere Beiträge zur Psychoanalyse **[6]**

Igor A. Caruso (Univ. Salzburg)
Soziale Aspekte der Psychoanalyse [10]

August Aichhorn
Erziehungsberatung und Erziehungshilfe [13]

Hans Strotzka (Univ. Wien)
Einführung in die Sozialpsychiatrie [14]

Hans G. Preuss (Hg.)
Analytische Gruppenpsychotherapie
Grundlagen und Praxis **[20]**

Michael Balint
Angstlust und Regression
Beitrag zur psychologischen Typenlehre **[21]**

Therapeutische Aspekte der Regression
Die Theorie der Grundstörung **[42]**

David H. Malan (Tavistock-Klinik, London)
Psychoanalytische Kurztherapie
Eine kritische Untersuchung **[23]**

782/3